中華書局

七夕文化

節慶與傳播

潘志賢　葉映均　區志堅　主編

序

　　七夕是中國歷史悠久的傳統節慶，早自先秦時代，《詩經》已有記述天上的牛郎星及織女星，日後更演變成為七夕節，又名「七姐誕」、「乞巧節」，是中國傳統節日中最具浪漫色彩的一個佳節。這天晚上，天上繁星閃耀在長空相連的銀河上，有閃亮的兩顆星宿，遙望對方，相傳喜鵲會搭成鵲橋讓牛郎星和織女七公主相會。因此七夕晚上充滿浪漫的氣氛，家中男女均歡喜擺上時令瓜果，展示巧手廚技，又以七姐秧朝天拜祭，為民間每逢七夕節的習俗。求願者「男望功名、女望乞巧」，女子會求七聖仙娘賦予智慧和巧藝，更求美好姻緣姻配；男士趨向拜高星吉曜，祈求功名顯達。七夕節是滿載為人間帶來幸福期盼的佳節好日子。

　　自古以來，七夕節都是中國最美麗的神話節日，自二〇〇六年更被國務院列入首批非物質文化遺產。二〇一九年，廣州市道教協會與香港泓澄仙觀首次攜手合作，聯合主辦「穗港七夕文化活動」。活動一連三天，於農曆七月初五在廣州舉行「歡迎宴」，七月初六於廣州三元宮舉行開幕典禮，並在七月初七正日假香港北角渣華道球場作節慶晚會，當中包括一系列文藝活動、一連串的精彩表演，及設置多類型手工藝及美食攤位，為市民帶來溫馨愉快喜悅，並於同日晚上舉行閉幕典禮。在穗港兩地道侶共同努力策劃下，活動得到十分圓滿的成功，大大推進七夕道德文化的保育及推廣，更冀望可以多與亞洲地區合作，一起推動七夕文化。為着過去的努力，故編者們誠邀海內外道長、學者撰寫有關研究七夕文化的論文，希望隨着本書的出版，使各界人士從多元文化及跨地域的視角，了解七夕節慶文化的意義。

　　本書得以出版，編者們十分感謝侯杰教授、周佳榮教授、危丁明博士、

賴素春教授、吳高逸道長、洪淑苓教授、衣若芬教授、雷高承道長、儲冬愛教授、宋紅娟教授、賴志成博士、李淨昉博士、張紅霞女士、潘樹仁主席、徐振邦先生、吳佰乘先生，惠賜鴻文，光耀本書；又感謝林浩琛先生協助全書校對工作；更感謝中華書局（香港）有限公司侯明女士及黎耀強先生協助編輯及出版工作，沒有各位的努力，本書未能與讀者會面。最後，編者們更感謝兩位評審學者，給予本書各篇學術論文的評審建議，優化各篇論文。

　　編者們展望在已有的基礎上，推動七夕文化的教研工作。祝願天下情侶佳偶天成、締結良緣，並建立和諧幸福社會。是為之序！

編著者

廣東省道教協會副會長　潘志賢

香港泓澄仙觀主席　葉映均

香港樹仁大學歷史系助理教授　區志堅

謹識

庚子年　夏吉

目錄

廣州道教協會與泓澄仙觀於二○一九年聯合主辦「穗港七夕文化節慶」。首天在廣州三元宮舉行（上），第二天選址香港北角渣華道遊樂場（下），圖中可見兩地鵲橋。下圖為葉文均主席與廣州市民宗局李慶奎副局長、香港民政事務局陳積志副局長及多位嘉賓合照。　照片由泓澄仙觀提供

於廣州三元宮舉行的穗港道教七夕文化節上,廣州三元宮潘志賢會長(上)致開幕詞。 區志堅攝

廣州三元宮於節慶當天設七夕祈願籤（左）
和猜燈謎活動（右）。　區志堅攝

廣州三元宮舉行的舞蹈及音樂表演。　上：區志堅攝　　下：照片由泓澄仙觀提供

香港舉行的穗港七夕文化節慶上所展示的貢品。　照片由泓澄仙觀提供

香港舉行的穗港七夕文化節慶上所展示的七姐盆。 照片由泓澄仙觀提供

香港舉行的穗港七夕文化節慶
中的七仙女台（上）及晚會盛
況（下）。
照片由泓澄仙觀提供

第一篇　道教與七夕

第一章 | 道教與七夕文化

廣州市道教協會會長 / 廣州三元宮 / 純陽觀住持 | **潘志賢**

七夕是我國的一個傳統節日，體現了人們對美好情感的無限嚮往，而在七夕文化的形成和發展過程當中，道教起到了非常重要的作用，也促成了七夕文化最終形成的面貌。

一、七夕文化的來源

七月七日作為一個不尋常的日子，記述最早見於《淮南子》。《太平御覽》卷三十一引《淮南子》曰：「七月七日午時取生瓜葉七枚，直入北堂中向南立，以拭面靨（黑痣），即當滅矣。」又引《淮南萬畢術》曰：「七月七日採守官陰乾之，合（卷九百四十六引此文作「治合」，此處當脫），以井華水和，塗女身，有文章。即以丹塗之，不去者不淫，去者有奸。」

從可信的資料來看，最早提及七月七日民俗活動的是東漢崔寔的《四民月令》（成書於一六六年）。其文云：「七月四日，命治麴室，具薄持槌，取淨艾。六日，饌，治五穀磨具。七日，遂作麴及磨具。是日也，可合藍丸及蜀柒丸，曝經書及衣裳，作於糗，采葸耳也。」這裏提到七月七日有多種民俗活動，但流行於後世的主要是「曝經書及衣裳」。

《世說新語·任誕》云：「阮仲容步兵居道南，諸阮居道北。北阮皆富，南阮貧。七月七日北阮盛曬衣，皆紗羅錦綺。仲容以竿掛大布犢鼻褌於中庭，人或怪之。答曰：『不能免俗，聊復爾耳。』」劉孝標注引晉戴逵的《竹林七賢論》云：「諸阮前世皆儒學，善居室，唯咸一家尚道，好酒而貧。舊俗：七月七日法當曬衣。」說「法當曬衣」，可知是普遍流行的習俗。一直到明清，七夕節還有曝曬的習俗，清時的《永平府志》記載：「七月七日，曝洗，做曲，合藥。」但是，隨着乞巧習俗的盛行，這個風俗漸漸淡出歷史舞台，終至消失。從曝曬習俗表現出來的一貫性來看，七夕最早應該出現在

東漢時期。

　　隨着節日影響力不斷擴大，七夕在廣州有很多有地方特色的節目，比如一個俗稱「七姐誕」的，在當地非常盛行，過去在廣州未婚女子中是最隆重的節日。農曆七月初七為傳說中牛郎織女相會的日子，是為「七夕」，城市街道和鄉間許多村莊都有「拜七姐會」的組織，是姑娘們自願組合的鬆散團體，從五、六月份便開始籌辦擺七夕和拜七姐的活動，各人利用閒散時間巧製各種工藝品，多以通草、色紙、芝麻、米粒，甚至蔗渣、稻草等廢物，製成各種花果、器皿、宮室、仕女、燈飾等。還有用一小杯或小盆子浸發稻穀、綠豆芽等，中間空出一個小圓圈，以備七夕點燈之用。這類盆栽稱為「拜仙禾」、「拜仙菜」。七月初六初更時分，姑娘們便開始盛裝「拜七姐」，拜台上擺上生花、時果以及上列自製之物，不可缺的是脂粉，富有人家還擺上古董珍寶。姑娘們一個個濃妝艷抹，爭妍鬥麗，還邀請親友，暢玩一整夜。

　　廣州女子還有泛舟遊石門沉香浦的習慣，舟用素馨花、茉莉花裝飾一番，意思是運氣好時可觀「石門返照」，即於沉香浦中看到整個廣州城的倒影。拜仙之後，姑娘每於朦朧燈影之中持線穿針，能穿過者便稱巧手（乞到巧了）。然後是焚燒紙紮的「梳妝盒」，內有紙製的衣服、鞋、脂粉、鏡、梳等。拜祭畢，台上的擺設不動，留至初七日間，姑娘在相互訪問時品評器物的精巧程度，恍如各家擺工藝品展覽。據載清代時有巧手人家製小如穀粒的花鞋、指甲般大的扇子、杯般大小的盆花，令人叫絕。初七晚男要「拜牛郎」，拜時立於簷前，謂可免生疥瘡，拜完之後，拜仙桌上的工藝品便可饋贈親友。當然，各地習俗在流傳的過程當中，都吸收了當地特有的一些文化，對七夕進行了相應的改造，所以自然地很多習俗都不盡相同，更為適合當地的傳播和發展。

二、七夕故事中的道教元素

　　在流傳至今的很多七夕故事當中，都有着鮮明的道教元素。道家喜歡將

仙人的活動安排在七月七日。《列仙傳》卷上:「王子喬者,周靈王太子晉也。好吹笙作鳳凰鳴。遊伊洛之間,道士浮丘公接以上嵩高山,三十餘年。後求之於山上,見桓良,曰:『告我家,七月七日待我於緱氏山巔。』至時果乘白鶴駐山頭,望之,不得到。舉手謝時人。數日而去。」道家選擇七月七日作為仙人降臨或凡人成仙的日子,是因為成仙意味着長生不老,而祈求長壽正是七夕節的一項重要內容,它跟數目「七」的意蘊顯然有內在聯繫。

道教是在黃老之道、神仙方術說的基礎上吸納了陰陽五行思想、讖緯之學、鬼神之說等形成的本土宗教,它創立了完善的神仙譜系,供世人膜拜,並形成了「長生不老、羽化登仙」的終極目的。漢魏六朝時期是道教重要的形成期與創制期,道教徒相信仙藥可求、仙境可尋、神仙可遇,所以這時期出現了許多求仙游仙的文學作品,小說中的牛郎織女傳說亦受此風氣影響。西晉張華《博物志·雜說下》便記載人們想像人間與天界是可以相通的,人可以從海上乘浮槎至天河,於是看到了天上的牽牛與織女;任昉的《述異記》中亦將他們看作天上的神仙,更明確了牽牛織女神仙配偶的關係,而織女在這裏的神仙身份也更加明確,是天帝的女兒。天帝可憐她年年勞役,孤獨辛苦,於是將她嫁給牽牛,二人成為神仙配偶。但織女婚後卻貪歡廢織,天帝發怒,罰二人分居天河東西,一年一度相會。

從上面兩則記載,我們可以看出世人眼中的牽牛織女乃是天界的神仙,分居天河兩畔。在漢代以後的牛郎織女傳說中,除了牛郎織女,還逐漸出現了天帝、王母等在道教譜系中的人物,如任昉《述異記》就已出現天帝的形象,到了明清以後的牛郎織女傳說,「天帝」便明確寫為「玉皇大帝」,如在明代朱明世的《新刻全像牛郎織女傳》中,織女成為玉皇大帝之女,玉皇大帝是最高神靈,這與道教認為玉皇大帝是眾神之王相一致。在清代石印本《牛郎織女傳》中,道教神仙譜系非常豐富,除了玉皇大帝之外,還有瑤池聖母、雲錦聖母、太白金星、太上老君、金牛星、二十八宿、十二地支等。牛郎織女的傳說從最初簡單的星象神話,發展到後來小說中出現大量神仙人物形象,不得不說是受了道教文化神仙崇拜的影響。

在西漢,便出現了天帝命令織女下凡,幫助孝子董永還債的下凡濟世型

道教仙話。干寶《搜神記》中記載了漢董永因沒錢埋葬亡父而賣身為奴，主人知其賢孝，給他一萬錢放他去守喪，董永行完三年守喪之禮，回主人家的途中遇到一女子願意與他同行，做他的妻子，並用十天織出一百匹細絹為其還葬父之債。原來女子為天上的織女，天帝看董永孝順，於是派織女下凡替他還債，可以說，西漢時期的董永傳說是在道教吸收孝道觀念的基礎上，用下凡濟世這一道教仙話功能對傳統的牛郎織女傳說進行改造，從而實現對人間孝子的最高獎賞。

到了清代石印本《牛郎織女傳》，牛郎織女的傳說則由織女下凡濟世變為牛郎下凡歷劫，牛郎在這部小說中的身份變為玉帝身邊的十二金童，織女則是玉帝的外孫女，名叫張七姐。金童因對織女動了凡心，被玉帝貶下凡塵受苦，之後又派金牛星下凡幫助金童度過劫難，重回仙界，與織女成為夫婦。

三、七夕與道教的文化

牛郎織女在七月七日相會，跟道教文化中的七夕拜斗有密切聯繫。「長生不老、羽化登仙」是道教的終極目標，因此祈求長生自然是道教徒少不了的活動，七月七日正是道教文化求長生的節日，因為在道教文化中，「七」是生與死的象徵，北斗則是掌管死亡與壽命的星辰，所以才有「七夕拜斗」的道教民俗。選擇讓牛郎織女在七夕相逢，可能是受道家文化「七夕拜斗」的影響。

事實上，古代男人參加的七月七日祭祀活動大多跟道教相關。這天是道教五臘良辰的道德臘，是五帝校定生人骨體枯盛之日，道教宮觀設醮度鬼，為民祈福。《山西志書》說：「平遙縣七月七日在田間莊稼上掛紅紙條，用來辟冰雹；夜裏放河燈，用以濟鬼。」這天還有拜北斗和七星的習俗，道教認為北斗七星「生司殺，養物濟人」，對北斗焚香祝禱，「善無不應，災罪消除」，北斗七星中的魁星與文昌星一樣，是主管文章文運的星君，直接影響文人士子科舉考試的成敗，因此備受讀書人崇拜。由於「魁」這個字的特殊

結構，魁星的形象被設計成跟魔鬼一樣的人，他右手拿着一枝碩大的筆，一隻腳獨立，一隻腳踢向北斗七星。在嶺南，描繪魁星的符籙巧妙應用了八個漢字，那就是儒家提倡的「克己復禮、正心修身」。對於七夕的整個傳承過程而言，道教文化對其產生的影響是毋庸置疑的。

　　道教是中國土生土長的宗教，是中國文化的根柢。在道教流傳的過程當中，借助了七夕這樣的節日，將道教的一些內涵與其進行完美的融合，讓大眾接受節日的同時，也逐漸接受了道教的一些獨有元素。通過這樣簡單易行的一些方式，道教的影響力得以逐漸擴大。

第二章｜香港泓澄仙觀與香港七夕文化的流播

香港泓澄仙觀｜葉映均

　　泓澄仙觀原名為泓澄天師壇，自二〇〇一年成立起，註冊為根據《稅務條例》第 88 條獲豁免繳稅的非牟利慈善機構，道觀面積四千餘呎，乃香港道教聯合會會屬道堂之一。仙觀一直堅守祖天師降乩訓示，以「忠、廉、施、克、道」為綱紀，努力承傳着祖天師及諸神的降鸞訓示，實踐修己渡人立德的精神，勤參學道，積極處理內外道務，扶貧敬老。[1]仙觀一直秉承着祖天師的精神，為正一道的延續在香港盡心盡力，備受外界讚揚。仙觀大殿主神供奉道教教祖張道陵天師，左為始祖軒轅黃帝天尊，右為道祖太上老君道德天尊，是為道教三祖殿。此外，兩旁均設有玉皇殿、斗姥殿、純陽殿、觀音殿、紫微殿、天師法壇、財神殿、廣玄宮等給善信祈福之用。在每年農曆五月均舉行「教祖天師寶誕」及系列活動，例如在仙觀給市民派發福米福品、在社區舉行綜合文藝晚會等。自二〇一二年起，泓澄仙觀更參與東區譚公誕廟會大巡遊，承壇朝賀誦經科儀。為了秉承師訓關愛社群、推廣善業，自二〇一四年開始，亦舉辦「冬至敬老暖心窩」，免費招待東區長者，舉行福宴。同時仙觀亦在社區會堂舉辦健康知識講座，傳播健康資訊等。

一、七夕活動

　　二〇一五年，仙觀在北角球場舉辦「七夕文化園遊晚會」，宣揚並重燃式微中的七夕文化節，獲得大量好評，自此每年參加人數俱增；而二〇一九年八月七日，在香港北角渣華道遊樂場舉辦「穗港七夕文化節慶晚會」，藉此宣傳敬愛和諧之音。該年更與廣州市道教協會聯合主辦，選地在廣州三元宮，於八月五日舉行開幕典禮，至八月七日由香港泓澄仙觀作閉幕禮節慶晚會。活動有多個精彩表演，以及設置手工藝及美食攤位，為市民帶來溫馨愉悅。這是穗港首次攜手合作，活動極具意義，能深化兩地之間的友誼，互助

互勉，推廣七夕節文化。[2]

二、七夕神話與節日的起源

每年農曆七月初七為七夕，七夕就是禮拜七姐。相傳七姐為天上仙女，也是民間傳說〈牛郎與織女〉故事中的織女，有人稱其為七娘媽或七星娘娘。中國民俗學學者鍾敬文認為談及兒時所熟悉的民間愛情故事，其中一個一定是「牛郎織女故事」，[3]馬冰雁、湯菊紅認為，「在四大民間傳說中，牛郎織女是唯一一個與傳統歲時節日緊密聯繫在一起的傳說」。[4]

七夕源自古人對星神及星宿崇拜，也就是對自然崇拜，古人以星象創造神靈，星象的織女星、牛郎星及牽牛星分處銀河兩岸，故被描述為隔河相望的男女，發生戀情成為夫婦。七夕風俗是源自星神崇拜，而不是牛郎織女故事。有關牽牛、織女兩星的故事，早見於《詩經・小雅・小旻之什・大東》篇：「維天有漢，監亦有光。跂彼織女，終日七襄。」句中僅說織女雖有七個時辰織布，卻沒有成果，牛郎亦未能拉大車廂，此時二星宿尚未有戀愛的故事。

至西漢，社會流行天人感應說，將七夕看成牛郎及織女相見的故事，《史記・天官書》有記「織女，天女孫也」，在東漢末《古詩十九首》有載：「迢迢牽牛星，皎皎河漢女。纖纖擢素手，札札弄機杼，終日不成章，泣涕零如雨，河漢清且淺，相去復幾許。」織女在此進一步人格化。據東晉葛洪的《西京雜記》中論及：「漢彩女常以七月七日穿七孔針於開襟樓，人俱習之。」民間開始有敬七姐的習俗。

至魏晉南北朝，民間始有於七月初七舉行節慶活動的記載。如《昭明文選・洛神賦》、《續齊諧記》記載一位孤兒受盡嫂子虐待，並被趕出家門，身邊只有一條老牛，因此被人稱為牛郎。傳說這隻老牛是天上神靈，趁一天仙女下凡，在河裏洗澡，牠勸牛郎藏起仙女衣服，牛郎及仙女因而相識，仙女更因牛郎而留在人間織布，成為他的妻子，仙女被後世稱為織女。及後二人生下兒女，被天庭得知，天帝要處罰私自下凡的織女，牛郎便帶同兒女上

天庭，王母娘娘以銀河阻擋牛郎與織女會面，兩人只得對河而泣。終於，二人的真情感動天帝，決定於每年七月初七讓牛郎及織女相會，由喜鵲為河中架橋鋪路，成為廣為流傳的佳話。此故事在民間廣為流傳，後來百姓更把七月七日晚上牛郎與織女在鵲橋相會之日視為「良辰吉日」。南朝作家宗懍的《荊楚歲時記》便記：「七月七日為牽牛織女聚會之夜。是夕，人家婦女結彩縷，穿七孔針，或以金銀鍮石為針，陳瓜果於庭中以乞巧，有喜子網於瓜上，則以為符應。」反映民間已有乞巧的習俗。

三、七夕的歷史文化演變

有關乞巧的習俗，從西晉士族開始便南傳至鄂、豫南部，及皖、贛之地的長江南北岸，贛江上下游。[5] 後來到唐朝之時，七夕極受民間歡迎，唐代詩人林傑的《乞巧》中指出：

> 七夕今宵看碧霄，牽牛織女渡河橋。
> 家家乞巧望秋月，穿盡紅絲幾萬條。

可見當時乞巧和紡織已為七夕節的習俗，婦女均以乞巧為節慶的要務，並有賞月的活動。七夕節於宋明兩代正式傳到廣東，據南宋詩人劉克莊《後村集》卷二十中的一詩唱及：「瓜果跽拳祝，睺羅撲賣聲。粵人重巧夕，燈火到天明。」這詩指出兩大重點，首先廣東人極重視七夕晚會；其次為晚會的繁盛，有些人以瓜果作貢品，並長跪抱拳祝禱，可見拜七姐是一種普遍的習俗。詩中同時提及有人在賣摩睺羅，據學者郭俊葉研究分析，摩睺羅為一蠟偶，有乞子和順生之意，郭氏更指出七夕乞子為當時重要習俗。[6] 在《歲時紀事》中提及：「七夕，俗以蠟作嬰兒形，浮水中以為戲，為婦人宜子之祥，謂之化生本出西域，謂之摩睺羅。」此舉不但強化七夕作為女性節日的地位，更類近現時的投針驗巧，並回歸至乞巧的基礎之上。

明末清初有關七夕的習俗開始完備。據《花縣志》記載：「七日，士族

曝書帙，衣服。其夕，女兒陳花果於空階祀天孫。置蜘蛛盒中，次早觀其結網疏密，又用彩縷背手穿針觀過否，謂之乞巧。」[7]書中反映了清末七夕晚會的詳細內容，當中論及乞巧、曝書、擺七夕等等，可見其時的七夕習俗已逐漸變得豐富。[8]另外，書中又記七夕晚會定於七月七日舉行，婦女會於家中庭院中設鵲橋，陳列瓜果，焚燒檀木、楠木，燃點巨燭，並在庭院中設錦屏繡椅，使幼年女性列坐。有說這是民間最初的相親形式，為當時適婚男女撮合姻緣，使七夕增添了愛情文化。時至今天，七夕依然是中國的情人節。各家於七夕晚會上各示巧藝，某程度上是對家庭女性的技藝及地位的認可。

七夕在香港的流播方面，七夕節約在清末傳入香港。依學者危丁明研究，上世紀五十年代女性南下，從事家中紡織；及至六十年代，不少婦女始往紡織工廠工作，促使紡織業成為香港四大工業，其時工廠商戶也舉辦七夕為婦女祝禱，婦女在節日中通過製作不同手藝表現自己，以得到未來夫家的青睞及寵愛。當中也有不嫁的自梳女，在七夕誕向七姐禱告，求七姐給予手藝，尋獲佳緣。

香港曾舉辦多次大型七夕慶祝活動。一九二六年，先施公司舉行了天台乞巧會，[9]成為當時香港社會盛事；一九二七年皇后酒店在酒店天台舉行乞巧大會；北角七姊妹的名園遊樂場也於一九二九年八月舉行乞巧大會。[10]戰後，不少工會也組成七姐會，在七夕舉辦活動團結工友，爭取工人權益，尤其在西區、東區、香港仔、中環、深水埗、紅磡等地，為街坊少女及女工友組辦七姐會及拜仙會。港九洋務工會、港九車衣公會也在每年七夕，舉行舞會、歌詠、時裝粵劇、手工展覽晚會、籌款晚會等活動，使七夕節誕及拜七姐成為一時風尚。隨着時代變遷，香港工業北上及金融業崛起，九十年代後，七夕文化不如過去盛行。二○一一年香港歷史博物館在長期展覽項目「香港故事」中，增加「七姐誕」展區，以紀念七夕文化。展區主要展示珍貴藏品，如七姐盆、七姐衣等祀奉七姐的物品。

今天位於香港鰂魚涌的泓澄仙觀、梅窩桃源洞的七姐廟、西貢十四鄉的七聖古廟、坪洲的仙姊廟等也是專門敬拜七姐的道觀。[11]由梅窩桃源洞朝拜七聖仙娘至今，泓澄仙觀除每年賀誕外，舉辦多個盛大的七夕節慶活動，並

設攤位展示傳統手工藝、美食、燈飾、節目表演等，及設七仙女壇、七姐秧、鵲橋、七姐盆等供遊人觀賞，使這個極具特色及意義的節日可在民間恆久流傳。至近年，仙觀仍積極籌辦活動，推廣七夕。如二〇一九年廣州市道協會及香港泓澄仙觀攜手合作舉辦活動，為宣傳傳統七夕文化，將七夕的文化散播出去，創出新的里程碑。

四、廣州七夕歷史 [12]

廣州乞巧文化節有長遠歷史，極具特色。自一九九八年起，珠村的八個婆婆重新發起珠村乞巧文化，引起廣州民眾關注，珠村乞巧節由最初的地下活動，至今已發展為城中盛會。第一屆的廣州乞巧文化節於二〇〇五年在天河區舉辦，成為每年獨特的節日。

節日前夕，少女會預先準備彩紙、通草、線繩等，編製成各種小玩藝，還將穀種和綠豆放入小盒裏用水浸泡，使之發芽，待芽長到二寸多，便用來拜神，成為「拜仙禾」和「拜神菜」。初六晚至初七晚，姑娘們穿上新衣，戴上新首飾，待一切準備好後，便焚香點燭，對星空跪拜，稱為「迎仙」。自三更至五更，要連拜七次，拜仙之後，姑娘們手執彩線對着燈影將線穿過針孔，如一口氣能穿七個針孔者叫得巧，被稱為巧手，穿不到七個針孔則為輸巧。七夕過後，姑娘們還會將親手製作的小手工藝品、玩具互相送贈，以示友誼永固。

乞巧文化節除了保留原有的開幕式、擺七娘、拜七娘、七夕遊園等傳統文化活動，還積極籌辦新的活動，包括對聯徵集、乞巧動漫形象徵集、七夕原創歌曲徵集等，再次引起了社會關注和得到年輕一眾的熱烈反應。因此，在廣州每年堅持舉辦活動下，七夕這個節日的文化得以保留。天河珠村亦因此享有「中國乞巧第一村」盛名，乞巧苑因而成為全廣州唯一的乞巧主題公園。

五、香港七姐盆製作 [13]

　　香港七姐盆製作不可不提著名紮作店天寶樓。坐落在西環東邊的天寶樓是業界翹楚，在一九八〇年開業，至今已有四十年歷史。夏中建師傅則是店中備受尊重的「老師傅」、「老前輩」。夏師傅師承香港花燈大王梁有錦師傅，梁師傅出身自另一紮作名店金玉樓。因夏師傅手藝出眾，香港泓澄仙觀主席葉映均曾邀請夏師傅為泓澄仙觀紮作一個珍貴的七姐盆，放置在穗港七夕文化活動節慶晚會，並特別訪問夏師傅，以增加對七姐盆的紮作工序的了解。

　　夏師傅表示在他學師的時代，「盂蘭會」和「七姐會」已十分盛行。七姐會的參加者大多數是女性。每位參加者都能獲派禮品乙份，包括剪刀、鏡子、胭脂水粉、燒肉等，而七姐盆的製作是為了紀念牛郎與織女的浪漫故事。它的做法是先紮作鵲橋，橋上有六位仙女的紮作，鵲橋下有牛郎與七公主織女相會，牛郎戴牛郎帽，手持蕭，牽着水牛。鵲橋上有喜鵲，喜鵲背上印月亮，象徵「人月兩團圓」。只可惜本港現時的紙紮師傅已經寥寥無幾，青黃不接，因此七姐盆的紮作工藝也漸漸失傳，愈來愈少人懂得製作七姐盆。

　　嶺南廣東的七姐會文化流傳到香港已有過百年歷史。在以往手工業時代的香港，七姐會、拜七夕十分盛行。二〇〇六年，七夕節被中國列入國家級非物質文化遺產，更被譽為「中國情人節」。而七姐盆使傳統七夕文化更具特色。

六、泓澄仙觀與七夕文化傳承

　　香港七夕文化有「擺七夕」的儀式，擺七夕就是陳列供奉七姐的貢品。現時香港由泓澄仙觀葉映均主席獲乩示結緣，並得梅窩桃源洞七聖仙娘廟劉李玩璋住持承傳。二〇〇六年，泓澄仙觀於七聖仙娘廟為其寶誕之期祈福誦經，晚上子時參拜七聖仙娘，及至翌日朝賀節誕。泓澄仙觀供奉有七公主仙

娘，每年均設賀誕。[14]

　　自二〇一五年起，泓澄仙觀每年都會舉辦七夕文化大型活動，而二〇一九年八月特別與廣州市道教協會聯合主辦穗港七夕文化活動節慶晚會。泓澄仙觀主席葉映均邀夏中建師傅製作及介紹七姐盆的出處，「擺七夕」分為「砌作」和「紮作」兩種工藝。「砌作」的材料有果實、草木枝、紡織物碎料，並拼砌成人物衣服、頭飾、古今建築、山河、鵲橋及樓宇；而「紮作」是花卉紮作及大型工藝品紮作，原料主要是竹、鐵絲、色紙（七色紙）、通紙、絹布，由師傅紮作成為花草瓜果樹木、橋樑亭台樓閣、公仔（主要是人物，動物如麒麟、孔雀、龍等）、齋類供品，另外也有七姐的用品，分別是：梅花香、鵲橋的鏡子、剪刀、梳子、鞋、胭脂，也用印紙製成七姐衣，還有七姐盆。七姐盆是為了恭迎七姐從天而降，也叫做七姐下凡。學者黃永豪、潘淑華曾在發表研究七夕節的文章中，指出「七夕這個有着悠久歷史，但又正逐漸被人遺忘的節日，七夕傳統節慶儀式也日漸淡忘，在這股弘揚文化遺產的浪潮下，正被重新包裝及被賦予新的意義」。[15]同時現時因為市區重建，核心家庭搬移至傳統社區，及紡織業北移，婦女不再以紡織為主要工作，以致七夕節被日漸淡忘，「七姐誕與香港也漸行漸遠」。文中雖然肯定七夕文化的意義及地位，更談及伴隨的七夕誕儀祭品，如製作七姐盆、擺七夕、製作七姐衣等傳統手工藝，但它們正被日漸淡忘，甚至消失，極需保存。

　　泓澄仙觀能與廣州市道教協會合辦活動，不但拉近兩地的關係，而且將中華傳統文化發揚。穗港兩地道教界基於深厚的地緣和親緣關係，共同孕育着中國優秀傳統文化的精華，是對其傳承和延續的表現。七夕節亦為道教五齋祭日之一的「道德臘辰」，為此，這次活動特別讓兩地策劃七夕廟會，讓傳統文化活動再次進入現代化的生活，與廣大善信、民眾共同歡聚，讓人們從生活中了解七夕文化的歷史意義，更了解中華文化及民族精神的美好面貌，共用節日歡樂，祈福太平盛世。這次活動的成功，全靠兩地的合作和溝通，使活動得以成功舉行。

七、對普及七夕的祈願

　　七夕是中華源遠流長的傳統文化節日，至近代才式微沉寂，我們需要加強推廣，因為這個節日為社會帶來了正面效益，包括加強經濟、增加社會和諧安定、令伴侶不會容易分開及節日本身具歷史價值。本文冀將七夕於現世推廣，保留文化，薪火相傳，使這個節日不被時代所磨滅而消失。文中所述的七夕文化歷史，是希望透過歷史文化教育，把七夕文化的知識傳播給年青人，達到一個將文化知識持續延伸的作用。今天人們對七夕大多只是聯想到牛郎、織女，卻對其背後的故事內容不詳細了解。時下年青人只認識西方的情人節，對中國情人節 —— 七夕只是一知半解，忽略了這個中國傳統文化節日背後所帶來的意義，令七夕在現今社會上不被重視。藉着介紹七夕的來源、泓澄仙觀對七夕傳播的重要性等，希望能夠將七夕文化進一步普及傳承價值觀，使美麗的牛郎織女在人民的心中永遠存着珍惜和親愛。

注釋

1   泓澄仙觀:〈泓澄仙觀簡介〉,泓澄仙觀官方網頁,http://www.hongcheng.org.hk/index2/index2.html,最後訪問日期:2018 年 9 月 16 日。

2   廣州市民族宗教事務局在是次活動中,給予我們指導工作和寶貴意見,使活動得以順利舉行,成功圓滿。

3   鍾敬文:〈天河配〉,《民間口傳文學》,1985 年,頁 50。

4   馬冰雁、湯菊紅:〈七夕溯源初探〉,《湖北歷史學報》,2008 年,第 6 期,頁 126-127。

5   趙逵夫:〈從廣東七夕節的傳播源流看其文化特徵〉,《文化遺產》,2013 年,第 3 期,頁 91。

6   郭俊葉:〈敦煌壁畫,文獻中的「摩睺羅」與婦女乞子風俗〉,《敦煌研究》,2013 年,第 6 期。

7   轉引至曾應楓:〈廣州乞巧風俗改革探析〉,《探求》,2017 年,第 1 期,頁 103。

8   胡樸安:《中國風俗》(北京:九州出版社,2007 年),頁 281。

9   〈先施天台舉行乞巧大會〉,《香港華字日報》,1929 年 8 月 8 日。

10 〈七夕砌品之暢銷〉,《香港工商日報》,1929 年 8 月 8 日。

11 周樹佳:《香港諸神》(香港:中華書局,2009 年),頁 80。

12 葉映均:〈廣州七夕歷史〉,《穗港七夕文化節慶特刊》(香港:泓澄仙觀,2019 年),頁 20;葉映均:〈七夕文化:節日與知識傳播〉,梁超然、區志堅:《多元視・覺:二十一世紀兩岸四地中華歷史文化》(台北:秀威出版社,2020 年)。

13 葉映均:〈廣州七夕歷史〉,《穗港七夕文化節慶特刊》(香港:泓澄仙觀,2019 年),頁 21;區志堅:〈七夕神話與節日的起源〉,葉映均:〈廣州七夕歷史〉,《穗港七夕文化節慶特刊》(香港:泓澄仙觀,2019 年),頁 18-19。

14 葉映均:〈廣州七夕歷史〉,《穗港七夕文化節慶特刊》(香港:泓澄仙觀,2019 年),頁 22。

15 黃永豪、潘淑華:〈非物質文化遺產與廣州乞巧節〉,《田野與文獻》,2007 年,第 49 期。

第三章 | 七夕文化在本地的推廣與挑戰
—— 以泓澄仙觀為例

香港樹仁大學歷史學系 | 吳佰乘

七夕是我國歷史悠長的傳統節日之一，早自先秦時代，《詩經》已有相關記載。在《詩經》的〈小雅・小旻之什・大東〉寫：「維天有漢，監亦有光。跂彼織女，終日七襄。雖則七襄，不成報章。睆彼牽牛，不以服箱。」[1]此篇是對天上星象的描寫，當中也有提及牽牛星（天郎星神轉世）與織女星（玉帝的七公主轉世）。

七夕的故事隨着時代的變遷而演變，[2]其功能性也會因時代不同而有所調整，過去傳統的七夕節習俗活動主要為乞巧（包括拜禱乞巧、穿針乞巧、觀影占巧、用蜘蛛乞巧等）、乞美（包括用鳳仙花染紅指甲、採樹葉洗頭髮、接露水洗浴等）、乞子、準備享用專門的飲食以及祭祀占卜等信仰活動。[3]但時至今日，大多傳統七夕習俗已幾近式微，隨着七夕文化的沒落，七夕節出現被時代淘汰之危機。幸自近年中國各地有不少關於恢復及改造七夕傳統的討論，在知識份子、民俗學家及政府官員的積極推動下，將七夕重新包裝成為「中國情人節」[4]，成功為這個在現代社會逐漸失去意義的傳統節日，注入新的活力。[5]

而香港方面，現時僅有泓澄仙觀、西貢十四鄉的七聖古廟、梅窩桃源洞的七姐廟、石籬的七聖宮、坪洲的仙姐廟等少數地方或宗教團體仍有保留每年供奉七位仙姐及舉辦七夕祭禮的習俗，而當中只見泓澄仙觀在香港舉辦大型的七夕節慶活動，並有系統地推廣七夕文化。[6]泓澄仙觀為加強推廣七夕節慶文化，更自二〇一五年起在東區多次舉行七夕晚會，成為本港近年唯一舉行大型七夕節慶晚會活動的地方宗教團體；二〇一九年更與廣州道教協會聯合主辦「穗港道教七夕文化活動」，致力弘揚中華傳統優秀文化，加強兩地合作發展。活動安排在廣州三元宮開幕，於香港泓澄仙觀作閉幕及舉行節慶晚會，是次活動對推廣七夕文化意義重大，雙方合作甚歡，交流備至，奠

定了香港泓澄仙觀及廣州市道教協會、三元宮等在日後互相合作的基礎，活動成為兩地共慶七夕佳節之重大盛事。

　　泓澄仙觀成功在地方推廣七夕文化，具有相當的參考價值，尤其它對於傳統七夕節日的「包裝」方式，在地方推廣上取得了一定的成效。本文以泓澄仙觀為例，探討七夕文化在本地的推廣方向和挑戰，進而顯出七夕等傳統節日如想恒久承傳，必需適應時代之改變作出調整。

一、七夕在香港發展的高峰與式微

　　自上世紀五十年代起，香港工業進入黃金時代，其中紡織業作為香港四大工業，不少婦女從事紡織工作，而工廠商戶多舉辦七夕為婦女祝禱、與男工共慶。婦女希望藉不同製作手藝表現自己手巧，以精巧的手藝為夫家寵愛，故在七夕誕向七姐禱告，求七姐給予手藝，令五六十年代成為香港七夕文化發展的高峰期。特別的是，這段時期七夕的功能性與傳統七夕的乞巧求子等不同，七夕配合時代的發展而復興，並衍生出新的「意義」。

　　五十年代起，因工業興盛，不少工會組成七姐會，舉辦七夕會以團結工友，同時爭取工人及女性權益。活動地區遍及西區、東區、香港仔、中環、深水埗、紅磡等地，參與者多為女性街坊及工友，她們會組辦七姐會及拜仙會籌辦七夕活動，包括舉行舞會、歌詠、時裝粵劇、手工展覽晚會、籌款晚會等，如一九五六年的灣仔七夕會就是由四十多位賣菜的女性籌辦，她們每年合共儲起三千元作佈置七夕會經費，三千元在當時是非常可觀的數目，其七夕會也成為當時最大規模的七夕活動。可見七夕節誕及拜七姐活動在民間不但受到重視，更成為了一時風尚。

　　七姐誕成為團結女工的重要節慶活動，七姐在工人婦女心目中成為了團結友愛互助的精神代表。因此，工人們紛紛組織「七姐會」，它的實質功能與地方工會類近，工人亦積極響應工聯會失業醫藥救濟福利運動。如大英煙廠華員職工會舉行的「七夕聯歡晚會」，由婦女部主任主持，參與人數一年比一年增加，形式上由純粹迷信拜仙而改進為聯歡晚會，證明了女工在職

工會和工聯會帶領下走向大團結及逐漸進步；九龍船塢勞工聯合其歌劇團的女同學舉行「七夕聯誼晚會」，當中亦有紅磡街坊婦女參與。七夕拜仙熱潮未減，不少地區有七夕會，會在七夕時在天台設神像、鵲橋等。[7]

一九六〇年，不少社團如期舉行七夕聯歡會，如香港華人革新會婦女部。她們依舊會在晚會中強調「新時代女性不再相信鬼神支配自己命運，要靠自己力量爭取自由和幸福」，[8]晚會中各行女工更展出其手工藝，競賽手巧，配合乞巧習俗。當時各種不同公會在七夕舉辦活動團結工友，「牛郎織女」不再只是傳統男耕女織、夫唱婦隨形象，它因時代的趨勢也作出了變化，促進夫婦共同作業的風氣。

直到六十年代末，《工商晚報》報道指出香港年青人趨向西化，只知西方情人節，加上工業北移風潮，香港工人減少，乞巧會熱潮減退，只有新界農村尚有保留風俗。[9]自八十年代後，輕工業更大規模向內地遷移，紡織業也隨之北上，取而代之的是金融、服務業的崛起，而慶祝七夕的習俗與其文化也因香港工業的萎縮而慢慢式微。

時至今日，七夕的意義又出現了新的變化，因西方情人節的衝擊，七夕節進而成為了「中國情人節」，凸顯了其愛情元素。而近年的七夕活動也不可避免地向「愛情化」的七夕節方向而發展。

二、泓澄仙觀宗旨與承傳七夕

泓澄仙觀，原名為「泓澄天師壇」，[10]於二〇〇一年辛巳年正式成立，並對外宣道弘教，至今已有二十年歷史。二〇〇五年十月，泓澄仙觀成功擴壇遷址，註冊為非牟利慈善機構，道觀面積四千呎，乃香港道教聯合會會屬道堂之一，[11]現位於港島東區北角。[12]香港不少道堂都是屬於全真派，而泓澄仙觀屬正一道。泓澄仙觀在香港一直致力發揚道家傳統文化，包括七夕文化，是香港重要的天師道團體。

泓澄仙觀的宗旨是致力宣揚道教文化精神，修己渡人，關懷社會，這一點可通過仙觀多年來舉辦的活動得以印證。仙觀秉師訓布善行仁、關愛社

會，每週均舉行祈福禮懺並歡迎善信參壇誦經及禱告等，[13] 更在每年農曆五月舉行「教祖張道陵天師寶誕」，活動中會舉辦文藝欣賞晚會及派福米福食贈予市民。[14]

仙觀秉承天師訓示，心繫民眾，尤其關心長者。自二○一四年起，仙觀每逢冬至舉辦「冬至敬老暖心窩」免費設福宴招待長者，另外曾在社區會堂舉辦兩次「健康之逸」，為東區市民免費進行血糖測試、乙型肝炎檢測及提供中醫診脈。

仙觀熱心為地區參與弘道活動，積極推廣道教，除了下文會詳述的七夕文化節慶晚會外，每年亦積極參與香港道教聯合會舉辦的活動，還曾在二○一○至二○一一年承辦「第十一屆香港道教節」作籌委宮觀，二○一二年起更參與東區譚公誕廟會大巡遊，承壇朝賀誦經科儀等等。[15] 在經壇事務方面，除了每週誦經禮懺，每逢仙聖寶誕之期及中元節都會舉行施幽濟煉真科作陰陽普渡利泰功德事。二○一七年仙觀亦參與香港道教聯合會舉辦的「羅天大醮」，並設「天師殿」與同道合行功德，為祈禱世界和平、祖國富強、香港安定繁榮的大型醮會活動。[16]

七夕節對道教有獨特意義，成為仙觀極欲推廣的傳統節日及文化。七夕節定於每年的農曆七月初七，當日不只是七夕佳節，也是道教「五臘日」之一的「道德臘」。五臘日為道教之重要節日，屆時要按傳統設醮祭天，祭祀先祖，以求福壽。而七夕節的主角 —— 七公主織女與天郎星君牛郎作為道教崇拜的星神，泓澄仙觀不忍見七夕文化日漸式微，決心以地方團體力量推廣七夕文化。

早於仙觀成立初年，仙觀對七夕節已有關注，初時葉觀主獲乩示結緣，並得梅窩桃源洞在七聖仙娘廟劉李玩璋住持承傳。但當時只流於在觀內拜七姐等祭祀儀式，二○○六年起，仙觀在七聖仙娘廟為其寶誕之期祈福誦經，晚上子時參拜七聖仙娘，翌日朝賀節誕，因而結緣。至今依舊每年以傳統的祭祀儀式供奉七姐，泓澄仙觀除供奉有七公主仙娘聖像，自二○一五年起開始舉辦大型七夕節文化活動慶祝。[17]

葉觀主十分重視七夕傳統文化，為了保育日漸式微的七夕節文化，讓歷

史悠久的傳統文化節目未至沉寂，仙觀積極舉辦七夕的文教活動，努力保育七夕文化並作出推廣。仙觀供奉玉皇大帝、玉皇天尊、瑤池王母、天后娘娘、七公主等天家組合，因此非常重視七夕的保育。觀主希望在保育道教文化的過程當中，能多推廣道教與中華傳統文化。隨着仙觀的規模和資源均日漸盛大，仙觀開始籌劃如何能夠傳承七夕文化節，最終決定仿效以往的乞巧大會，舉辦七夕文化園遊節慶晚會。

三、泓澄仙觀七夕晚會特色

要把傳統節日文化成功地在香港承傳推廣誠非易事，本文認為其中一個可參考的方法是將傳統節日以「嘉年華」方式作包裝，以歡樂氣氛吸引一家男女老幼參與。泓澄仙觀所舉辦的七夕節慶晚會，沒有過分凸顯其愛情元素，而着重於營造普天同慶的歡樂氣氛，例如設置多個攤位活動，當中的小遊戲與小禮物為整個活動錦上添花，其才藝表演更吸引大量民眾駐足觀賞。難得的是，泓澄仙觀能夠營造「嘉年華」氣氛的同時，兼及推廣傳統的七夕工藝文化，如展示七姐盆及紮作品等，又通過製作大型鵲橋，令市民不但可感受七夕氣氛，更可回味七夕的動人故事。自二〇一五年起，泓澄仙觀已舉辦大型的「七夕文藝節慶晚會」，其活動之成功為日後地方團體在香港推廣傳統節日文化提供重要參考，下文會介紹泓澄仙觀舉辦的七夕活動內容，以見仙觀對節日文化的推動作用。

泓澄仙觀在二〇一五年農歷七月初七首次舉辦七夕節慶習俗晚會活動「七夕情繫社區·愛·繽紛晚會」。[18] 晚會中最矚目是用氣球拼製牽牛織女相會的鵲橋，用新穎的方式展示傳統，吸引民眾的注意。晚會活動重視七夕民間習俗，參加的市民都可以採七夕秧（七姐秧）締結鴛鴦結情緣。七姐秧有特殊意義，它的綠豆芽在水中萌發，並日漸成長，長成一棵苗，其中秧意味着鴛鴦，發芽代表情緣可以生根發芽，男女都能遇到意中人，發展大好姻緣。所以傳統上會買七姐秧供奉雙星，令其心願達成。為營造節日氣氛，晚會更有多個精彩才藝表演以及精美的燈籠球、氣球、燈花樹等裝飾，令晚會

生色不少。

　　晚會中有各個攤檔分別展出七夕節日製品及舉辦各種活動吸引市民參與，為民眾提供接觸七夕節文化的機會。晚會除了設有傳統的展示（如七姐盆）外，更有傳統乞巧習俗的體驗如投針驗巧等。[19]通過不同的攤檔活動，男女老少都可以體驗到七夕的傳統習俗，晚會不但可達至聯繫社區，加強仙觀與社區的聯繫，更有助推廣七夕的傳統文化習俗。

　　二〇一六年的七夕晚會舉辦得相當成功，活動十分精彩。因二〇一五年晚會的參與者眾多，仙觀在二〇一六年決定遷到更廣闊的場地舉辦是年的七夕晚會。由於往年攤位活動吸引不少市民，大受歡迎，此年的攤位安排更為豐富多彩，包括有「許願樹」、「佳節送月餅」、「有獎詩詞對對碰」、「彩虹書法」、「知孝行愛人人德」、「解渴清涼」、「百果園」等，令晚會充滿歡樂氛圍；精彩的演出依然引人入勝，參與人數更勝往年。

　　二〇一七年舉行的七夕晚會，參與人數俱增，多達一千五百人。[20]當中，二〇一七年的七夕晚會與前兩年的晚會有較大差異，是年的晚會名為「七夕文化園遊晚會」，為加強推廣節日，仙觀將晚會進一步打造為園遊嘉年華形式，遊戲攤位設有更豐富的七夕元素，吸引眾多年輕人，如「有獎詩詞對對碰」，增加以七夕為主題的題目，參考日本慶祝七夕的詩箋，改為一個中華詩詞交流活動，吸引眾多投稿者。[21]晚會除了仍設以往都有的精美七姐盆擺設，還增添表演節目，如道樂團表演。仙觀更設有免費中醫診脈服務及設「有福有米」攤位派發福米，[22]可見仙觀在舉行活動的同時，不忘關愛社會。由於晚會目的為傳承七夕，因此花費了不少資源以呈獻傳統的七仙女台，供品、儀式等均跟從傳統標準。同時，也借此機會為居民提供消閒的活動，包括道樂團演奏、特色書法演示等。仙觀一向心繫社區，借此居民齊集的機會，為年長朋友提供免費中醫會診服務，吸引更多的年長居民前來，並投入在晚會氣氛，與眾人歡度佳節。[23]

　　二〇一八年，仙觀接續舉辦七夕文化節慶晚會，深受市民大眾歡迎與支持。該年有精彩的才藝演出與精美的鵲橋供市民觀賞及拍照留念。

　　二〇一九年，為促進穗港大灣區道教文化發展，仙觀首度與廣州市道教

協會共同聯合主辦「穗港道教七夕文化活動」。穗港道教七夕文化活動在廣州、香港兩地分別於八月五日及七日舉行。八月五日上午在廣州的廣州三元宮舉行，廣州方面花了很多心思，特意在廟中舉行活動，當日除了有祈福科儀，亦有不少表演節目，受到市民群眾的廣泛好評。

八月七日，仙觀在香港北角渣華道遊樂場舉辦七夕文化園遊晚會，活動在晚上六時開始，當晚氣氛十分熱鬧，吸引很多市民前來參與。晚會舉行了一連串的表演及設置多個類型的藝術攤位，亦在仙女台設有七夕祈願籤供民眾購買許願，並在七姐秧上印有「和合」及「幸福」的紅絲帶送給民眾，重現了七姐秧供奉雙星許願的七夕傳統習俗，為穗港道教七夕文化活動作完滿的閉幕禮。[24]

晚會中設有一連串精彩表演項目及多個手工藝及美食攤位，供民眾觀賞及參與。如「解渴清涼」一檔，結合了道教文化，以「教法器知多少」的遊戲，讓民眾有認識道教法器的機會，把道教與中華傳統文化一起推廣。另外，是年仍有派祈福福品給民眾及設有中醫診脈，舉行活動同時不忘扶貧救危，可見仙觀秉持一向布善行仁、關愛社會的作風。

泓澄仙觀把七夕節「嘉年華化」的同時，亦不忘傳統的七夕習俗，其中值得一提的就是鵲橋與七姐盆。在仙觀歷年舉行的七夕晚會上，都會出現大型的鵲橋模型，鵲橋在七夕故事中，有特殊而且無可取替的意義。製作鵲橋的寓意是象徵成千上萬的喜鵲在這一天聚集在一起，為這對久別重逢的男女架起愛的橋樑，讓天各一方的牛郎和織女得以相見，彌補相思之苦。如同道教經典《淮南子》裏面有關牛郎織女鵲橋相會的相關記載：「烏鵲填河成橋而渡織女。」場面十分動人。

喜鵲在中國傳統習俗文化當中，被人民予以喜慶、吉祥的象徵。《本草綱目》說喜鵲「靈能報喜，故謂之喜」；人們還認為喜鵲是具有感應預知的能力，能通曉靈性，《易‧通卦驗》載：「鵲者陽鳥，先物而動，先事而應。」可見自古以來喜鵲就深受百姓的歡迎和喜愛，而且喜鵲喜歡成雙成對地一起行動，看起來就像是形影不離的情侶，於是喜鵲也被民間視為相思鳥，被人們寄託上愛情的寓意。

喜鵲的天性使它勝任搭建橋樑這項崇高而浪漫的工作，誕生出七夕「鵲橋會」的動人場面。喜鵲是大自然裏面天生的建築大師，尤其擅長築巢壘窩。《博物志》裏面有云：「鵲巢冬始巢，開戶背太歲，向太乙，知來歲風多，巢必卑下。」喜鵲不僅會築巢，而且還非常講究，做出來的窩能順應自然界的風向等條件，採取適合的結構來遮風擋雨。喜鵲的特點象徵了人們對闔家團圓的美好生活之嚮往，加上其象徵喜慶與愛情的好兆頭，於是喜鵲在民間成為青年男女締結婚姻愛情的吉祥物。

為紀念牛郎織女一年一度在鵲橋上相會，泓澄仙觀舉辦的七夕晚會更特意製作出一道二十多尺長的鵲橋，吸引不少嘉賓、市民在鵲橋上拍照留念，讓他們可代入到牛郎織女一年才能在鵲橋相見一次、難捨難離的感受。這不單為參加者留下美好回憶，也叫時下年輕人「珍惜眼前人」。據悉，為了讓市民在來年更切身感受到傳統手工藝精髓，仙觀正積極籌辦一大型鵲橋紮作工藝品，足見仙觀對七夕發展事業之熱心。

除了鵲橋外，七夕晚會中最令人印象深刻的莫過於「七姐盆」。七姐盆是為了紀念及祭禮牛郎織女的千秋浪漫感人故事，源於歷朝慶賀佳節必用的貢盆。七姐盆的做法是先紮作精美的圓盆，再在盆中製作一道鵲橋，橋上有六位仙女的紮作，鵲橋下有牛郎與七公主織女相會，牛郎頭戴牛郎帽，一手持洞簫，一手牽水牛；橋上有喜鵲，喜鵲背上印有月亮，象徵「人月兩團圓」。通過觀賞七姐盆，可感受到牛郎織女在七夕會面的動人場景。

談到七姐盆的製作，在香港不可不提已有四十多年歷史的紮作店「天寶樓」，店主夏中建師傅便是紮作業中的「老行尊」。泓澄仙觀葉映均觀主在二〇一九年誠邀夏師傅特別為泓澄仙觀與廣州市道教協會聯合主辦的「穗港七夕文化活動節慶晚會」紮作一個巨型、十二尺高的七姐盆，在香港地區展現。七姐盆所呈現的人物衣服、頭飾、用品製作十分精巧，將古代的建築、山河、人物、鵲橋、用品等均設計得極具藝術特色。

晚會上陳設二十多尺長的鵲橋及栩栩如生的七仙女台，均十分奪目。現場的嘉賓及坊眾紛紛攝影留念，吸引很多途人駐足觀賞，充滿歡樂氣氛，加上站在二百支彩波燈下，氣氛更是浪漫詩意。隨着人們抽取吉祥詩句，反映

的是唐宋時代文人雅士的風雅及祝福。

　　七仙女台等紮作品是為恭迎七位公主從天而降而設製,是七夕節不可或缺的重要擺設。有關七夕的花卉紮作,還包括有橋樑亭台樓閣、仙姐公仔、齋類供品等,也有七姐的用品,如梅花香、鵲橋的鏡子、剪刀、梳子、鞋、用印紙製成七姐衣、胭脂等。而七姐盆反映了七夕浪漫的詩意及氣氛,滿載全俱。可惜本港現時的紙紮師傅已經寥寥無幾,七姐盆等紮作工藝也漸漸失傳,令人惋惜。泓澄仙觀極為重視七夕傳統文化的推廣,致力保留在香港近三十年式微中的七夕文化,使七夕再次在民間演現。

　　泓澄仙觀自二〇一五年起在香港推動的七夕文化節慶活動是值得肯定的,尤其在二〇一九年與廣州道教協會合作更是實現了跨地域的文化交流與合作,對日後推動相同的七夕文化活動有了很大的借鑒、參考作用。但另一方面,由泓澄仙觀主力在本地舉辦的七夕節慶活動,雖規模逐年擴展,活動籌備與營運也愈具規模,然而,如想進一步發揚七夕文化,則存在一定的改善空間。

　　需先指出的是,在西方情人節的衝擊下,七夕節為適應時代需要而變得向愛情元素傾斜。尤其以內地的七夕節為首,人們樂於參與的節俗活動主要是其中和愛情情節有關的節俗慶祝活動,而七夕節中其他傳統的乞巧等節俗已不復見,可見在中國內地重新流行的七夕節,因過於強調愛情元素,而無可奈何地忽略了其他民俗元素。泓澄仙觀舉辦之七夕晚會,雖沒有放大七夕的愛情元素,成功地保留七夕傳統文化並傳播到民眾之中,但亦因此失去了對部分年輕人的吸引力。如何配合或突破時代洪流的趨勢,推廣完整七夕文化,重振七夕流行風氣,成為地方團體的一大挑戰。

　　以「中國情人節」包裝七夕,擴大對愛情元素的推廣,是配合當今年輕人的宣傳方式,這種包裝手法的確收到成效,不但成功晉身成為年輕人熱衷節慶活動之一,也為商家帶來利潤,帶動國家消費。固然,更理想的是可在他們參與活動時,進一步滲透傳統文化知識,讓傳統習俗融入新時代的潮流,令年輕一代體驗七夕文化樂趣同時,也可感受到其文化之博大精深。

　　另一挑戰則是如何可擴展其規模,進一步發揮影響力。絕大多數地方團

體的資源都十分有限，他們如想進一步擴大節日推廣的規模，難免需要更多資源支持。以泓澄仙觀為例，其首屆的晚會活動因獨力舉行，缺乏經驗與資金，令其規模受限，而吸收首屆的經驗後，仙觀積極與不同團體合作，甚至在二〇一九年進行跨地域的團體合作，聯手推廣七夕節日，無疑是一成功例子。

　　而地方團體如要進一步擴大規模，亦可與政府、公營及私營機構合作，參考香港潮屬社團總會自二〇一五年起舉辦之「盂蘭文化節」，[25] 它得到政府資助後，活動規模與參與人數皆十分理想。[26] 而有意推廣傳統文化的地方團體，也可向政府申請「非物質文化遺產資助計劃」，得到資金支持後自可以更多的資源實踐計劃；亦可拉攏其他團體進行合作，把各自的人脈與資源最大化地運用。

四、向泓澄仙館借鏡　重燃七夕文化

　　七夕是中華源遠流長千年的傳統文化佳節，二〇〇六年成為國家第一批承認的非物質文化遺產，被譽為「中國情人節」。在過去學者研究七夕節的文章中，指出了這個節日在過往與現今的分別。七夕有着悠久歷史，但又是一個正逐漸被人遺忘的千年文化節日，其傳統節慶祭禮儀式亦日漸式微，但現今在這股弘揚文化遺產的浪潮下，正被重新包裝及被賦予新的意義。[27] 南韓、日本均十分重視七夕文化，其意義及地位是值得肯定的。另一方面，眼見內地及香港的七夕文化鮮為人紀念，尤其香港年輕人崇尚西方節日，所以更覺傳統文化極需保育。

　　正如泓澄仙觀葉映均觀主對仙觀的介紹：「道教徒處於科技文明時代，如何保持固有的傳統，同時配合急速發展中的步伐，道教融入社會，貫徹修己渡，弘揚道教文化。」[28] 泓澄仙觀對於推廣七夕的傳承工作正正是貫徹所說。在現今社會科技日新月異，加上文化全球化的影響下，在香港西方情人節比七夕更受歡迎。如何把七夕固有的傳統融入社會，在香港重燃式微已久的七夕文化不是一件易事。而在七夕日漸式微之際，泓澄仙觀採以嘉年華方

式推行七夕文化，得到普羅大眾的支持及肯定，也借舉辦七夕慶典令香港市民重新認識到過往七姐誕時的時令習俗，這些嘉年華會在帶給民眾歡樂喜慶的同時，也是對下一代極好的教育機會。

注釋

1　有關此篇的註解，詳見王先謙：《詩三家義集疏》（北京：中華書局，1987 年），第 731 頁。

2　有關七夕之源起與故事變遷，見區志堅、葉映均：〈七夕起源與發展〉，《香港泓澄仙觀與七夕文化》（香港：泓澄仙觀，2020 年），頁 6-16，未刊稿。

3　有關七夕傳統習俗，詳見楊琳：《中國傳統節日文化》（北京：宗教文化出版社，2000 年）一書。

4　1993 年中宣部副部長徐惟誠首次提議將七夕節改為「中國情人節」，大概從 2002 年開始，七夕節以「中國情人節」的姿態出現在傳媒中。有關近年來七夕在中國的發展，見張勃：〈從乞巧節到中國情人節 —— 七夕節的當代重構及意義〉，《文化遺產》，2014 年，第 1 期，頁 34-40。

5　例如位於廣州天河區的珠村，被當地官員打造成「中國乞巧第一村」，自 2005 年開始舉辦「乞巧文化節」，而甘肅省隴南市西和縣，亦自稱爲「中國乞巧文化之鄉」，並於 2007 年 8 月舉辦了第一屆「名巧旅遊文化節」。關於廣州的乞巧節文化發展，詳見潘淑華、黃永豪：〈文化遺產的保存與傳統的再造 —— 廣州珠村「乞巧文化節」〉，載廖迪生主編：《非物質文化遺產與東亞地方社會》（香港：香港科技大學華南研究中心，2011 年），頁 239-250。

6　徐振邦：〈七姐文化與通識教育〉〔宣讀論文〕，2015 年；周樹佳：《香港諸神》（香港：中華書局，2009 年）。

7　〈七夕拜仙熱鬧未減〉，《工商晚報》，1955 年 8 月 24 日。

8　〈度七夕姊妹齊聚首　華革婦女舉行聯歡　曹淑娥勉勵姊妹爭取自由幸福　各業女工分別聯歡展出巧手藝〉，《大公報》，1960 年 8 月 28 日。

9　〈新潮阿哥哥姐姐　記否今夕何夕？〉，《工商晚報》，1968 年 7 月 30 日。

10　葉映均：《泓澄仙觀十周年特刊》（香港：泓澄仙觀，2011 年），頁 5。

11　葉映均：《穗港七夕文化節慶》（香港：泓澄仙觀，2019 年），頁 1。

12　葉映均：《泓澄仙觀十周年特刊》（香港：泓澄仙觀，2011 年），頁 5。

13　同上，頁 6。

14　《穗港七夕文化節慶》（香港：泓澄仙觀，2019 年），頁 2。

15　同上。

16　同上。

17　同上，頁 22。

18　葉映均：《泓澄仙觀十五周年特刊》（香港：泓澄仙觀，2016 年），頁 100。

19　《泓澄仙觀十五周年特刊》（香港：泓澄仙觀，2016 年），頁 100。

20　泓澄仙觀：《觀訊》，2017 年，第 1 期，頁 7。

21　同上。

22　同上。

23　同上，頁 7-8。

24　同上。

25 據陳蒨教授的統計 2014 年全港有一百一十八個盂蘭勝會，當中有五十六個潮籍盂蘭勝會，可見其規模之盛大。見陳蒨：《潮籍盂蘭勝會非物質文化遺產、集體回憶與身份認同》（香港：中華書局，2015 年），頁 7。

26 以 2019 年為例，其「盂蘭文化節」一連三日舉行，其最矚目的搶接式搶孤競賽規模更為歷年最大，並新設多種新科技儀器，增加活動趣味，吸引更多公眾參與，入場人次更長期保持在 3 萬至 4 萬上下。詳見〈盂蘭勝會與時並進　增 VR 虛擬實境過鬼節〉，《東方日報》，2019 年 7 月 23 日。

27 潘淑華、黃永豪：〈非物質文化遺產與廣州乞巧節〉，《田野與文獻》，2007 年，第 49 期。

28 《泓澄仙觀十周年特刊》（香港：泓澄仙觀，2011 年），頁 6。

第四章 | 從七夕「鵲橋會」談道教及中華民俗的瑞獸意象

廣州純陽觀 | 雷高承

　　説到七夕節，最令人印象深刻的莫過於每年一度的「鵲橋會」，數萬喜鵲在銀河上架起橋樑，讓天各一方的牛郎和織女得以相見，彌補相思之苦。因此，喜鵲在中國民俗的美學思想中，也被賦予了好運和福氣的象徵。其實類似喜鵲的中國傳統瑞獸並不少見，而且大多與道教的神仙體系或教義思想有關聯，這些瑞獸的背後往往還寄託着人們對吉祥美好的祈願，對崇高生命的禮贊。

一、喜鵲在七夕文化中的背景寓意 [1]

　　農曆七月初七日為道教三會日之慶生中會日，而在中國民間傳統的民俗文化裏面，七夕被賦予了愛情的象徵意義，牛郎織女跨越時空追尋真愛的動人故事也家喻戶曉。傳說裏面，成千上萬的喜鵲在這一天聚集在一起，為這對久別重逢的男女架起愛的橋樑。道教經典《淮南子》裏面有關於牛郎織女鵲橋會的相關記載：「烏鵲填河成橋而渡織女。」[2] 這裏的「鵲」，就是指喜鵲。那為甚麼是喜鵲來搭橋呢？

　　首先，喜鵲自古以來就在中國文化裏被賦予喜慶、吉祥的色彩，《本草綱目》説喜鵲「靈能報喜，故謂之喜」。喜鵲的身形嬌小玲瓏，叫聲清脆悦耳，《禽經》記載：「鵲仰鳴則晴，俯鳴則雨，人聞其聲則喜。」人們還認為喜鵲具有感應預知的能力，能通曉靈性，《易‧通卦驗》載：「鵲者陽鳥，先物而動，先事而應。」可見自古以來喜鵲就深受百姓的歡迎和喜愛。喜鵲和其他喜歡群居生活的鳥類，如烏鴉、白鴿不一樣，喜鵲更喜歡成雙成對地一起行動，看起來就像是形影不離的情侶，於是喜鵲便被民間視為相思鳥，被人們寄託上愛情的寓意，西漢淮南王劉安為此也在《淮南萬畢術》寫道：

「鵲腦令人相思。」多種吉祥寓意齊聚一身，喜鵲也自然成為了中國人最喜歡的鳥類，在民間和中國古典文學作品裏面有類似「喜鵲一叫，家裏就有好事到」的説法。民俗傳統的吉祥圖案裏面，也有用一隻獾和一隻喜鵲構圖做成剪紙或年畫，寓意「歡天喜地」，又或者以一枚古錢和兩隻喜鵲構圖，代表「喜在眼前」。[3]

另一方面，喜鵲擅長築巢壘窩。《博物志》裏有云：「鵲巢冬始巢，開戶背太歲，向太乙，知來歲風多，巢必卑下。」這些擅長為自己營造完美居住家園的喜鵲，恰好跟人們對闔家團圓的美好生活之響往相近，加上其象徵喜慶與愛情的好兆頭，喜鵲自此被認為是青年男女締結婚姻愛情的吉祥物，更成為牛郎織女的相見之地，漸漸更譜出「鵲橋會」的動人故事。

二、被移除七夕祥瑞的烏鴉[4]

其實在早期的傳説中，為牛郎織女搭建愛的橋樑的鳥類，除了喜鵲以外，還有烏鴉，這一點可以參見前文提到的《淮南子》裏「烏鵲填河成橋而渡織女」這句。「鵲」自然是喜鵲，而「烏」則是烏鴉。「烏鵲」一詞是兩個動物的名詞連用，如同其他所講的「貓狗」、「牛羊」、「蟲鳥」一般，一個名詞分別代表着兩種不同的動物。

曾幾何時，烏鴉的地位和喜鵲一樣，都是人民心目中的祥瑞之兆。早期烏鴉象徵着太陽神，被人們稱為「金烏」，《山海經・大荒東經》裏面就有「陽烏載日」[5]的神話，而金烏還能侍奉西王母。此外在民間傳統理念中，烏鴉是倫理孝道的代表，並受讚頌，《增廣賢文》中「烏鴉反哺孝親顏」的典故便為民眾所熟悉。

但是自戰國起，烏鴉逐漸不被人們所待見。當中的一個原因是烏鴉喜食腐肉，在當時兵荒馬亂、民不聊生的時代，野外隨時可見戰死或餓死的人的屍體橫倒荒野，日趨腐爛，烏鴉便群集起來啄食腐肉，加上其叫聲嘶啞尖銳，給人一種凄厲發涼的緊張情緒，這在很多人看來是極其不吉利的。《詩經》曰：「莫赤匪狐，莫黑匪烏。」[6]清代經學家吳懋清在《毛詩復古錄》對

這一句的解讀為：「狐為妖獸，烏為不祥之鳥，為禍亂將至之喻。」可見當時人們已經把烏鴉與禍亂、霉運等各種令人不安的景象聯繫在一起了。

隨着宋代經濟重心逐漸南移，南方文化愈來愈受中原乃至北方一帶所認同和融合，南方民間信仰中對於烏鴉的厭惡情緒也逐漸被社會主流所認識接受，宋陸佃《埤雅》卷十八載：「今人聞鵲噪則喜，聞烏噪則唾，以烏見異則噪，故唾其凶也。」這種觀念在後世的歷史中不斷被強化鞏固，於是烏鴉開始成為「喪門星」的代名詞，經過民間對故事傳說的口耳相傳代代演化，烏鴉漸漸在牛郎織女的神話故事中消失，只剩下喜鵲依舊在見證愛情的浪漫。

三、道教及中華民俗中的其他吉祥瑞獸

像喜鵲這類被人們賦予各種吉祥寓意的動物形象，被稱為瑞獸。瑞獸有時也稱吉祥獸，是指寓意吉祥的動物，可以是現實中客觀真實存在的生物，如前文介紹的喜鵲，也可以是現實生活中雖未見過，卻常見諸於各類神話傳說裏面的靈獸，如眾所周知的龍和鳳凰。瑞獸是中國歷史上最早的一種圖騰崇拜文化現象，從上古時期一直延續至今，無論是在道教的神仙體系還是民間傳說裏面，都代表着中華民族獨特正向的精神意識和價值追求。

在道教的神仙體系裏面，最具代表性的瑞獸莫過於是青龍、白虎、朱雀、玄武這四象了。四象源於中國古代的星宿信仰，天空被劃分為東西南北四宮，青龍、白虎、朱雀、玄武分別作為對應天宮區域的守護者，維護這一片區域的秩序。晉代葛洪祖師在《抱朴子·雜應》中描述老子太上老君的形象時如是描述：「（老君）左有十二青龍，右有二十六白虎，前有二十四朱雀，後有七十二玄武。」由此可見四象擔當着道教守護神的角色，能辟邪惡、調陰陽。

在四象之中，龍是中華民族的文化圖騰，也是至高皇權的代表，能呼風喚雨，造化萬物，被視為強盛騰飛的象徵，中國人也被稱為「龍的傳人」。白虎代表勇猛剛勁，能降伏鬼妖、懲惡揚善，古代很多和軍事有關的畫像、

石刻、建築上多見其形象，以道教宮觀為代表的中國傳統建築也常將青龍白虎作為鎮守大門的神將。朱雀又稱朱鳥，其身覆火焰，終日不熄，主管世間一切殺戮，能接引死者靈魂上升於天，是南方之主宰。玄武形似龜而有蛇鱗，為龜蛇合體之物，是長生不老的象徵。四象不僅屬於道教，在中國傳統文化中也是最常見的吉祥物，時常被運用於戰場爭鬥之上，成為打仗時的保護神。

在中國各種民間傳說裏面，也各自存在不同的瑞獸，這些瑞獸的吉祥寓意也是和道教思想或神仙體系有關聯，如蝙蝠、仙鶴、鹿、麒麟等。

蝙蝠諧音「遍福」，其兆頭不言而喻。《抱朴子・仙藥》中說：「千歲蝙蝠，色如白雪。集則倒懸，腦重故也。此物得而陰乾末服之，令人壽萬歲。」可見當時蝙蝠已經被人們視為福氣、好運的表現。在傳統的民俗年畫「天官賜福」裏面，上元天官大帝手執一軸誥命，頭頂腳下祥雲環繞，身邊還有五隻蝙蝠飛舞，意指上天降福人間，表達吉祥之意。

仙鶴在中華傳統的話語裏一般寓意着長壽，《淮南子・說林》記載到：「鶴壽千歲以極其游。」民間給老人祝壽常用的《壽星圖》裏，往往是有一隻仙鶴陪伴在壽星公前後。日常中仙鶴閑庭信步、悠然自得的姿勢也給人清高安寧的享受，與道士超凡脫俗的修煉形象極為貼切，所以道士也被稱呼為「羽士」，道士穿的一種服裝被稱為「鶴氅」。而根據道教經典裏面的記載，仙鶴可以是得道仙人的坐騎，西漢《列仙傳》中便有仙人王子喬乘白鶴的故事，給予人們有關神仙境界無限逍遙灑脫的想像空間。

鹿與「祿」同音，其本意有福氣、福運的意思，一般代表着財富、官運，在古代也有帝王的象徵意義，因此形容諸侯爭霸的時候也會說是「逐鹿中原」。而鹿在中國民俗意象之中也具有長壽的特質，《抱朴子・對俗》云：「虎及鹿兔，皆壽千歲，壽滿五百歲者，其毛色白。」在道教的神仙體系中，壽星南極老人的坐騎便是仙鹿，如《壽星圖》除了有仙鶴，往往也有一頭梅花鹿作為襯托，寓意福祿壽喜。

麒麟也是吉祥的象徵，能為人帶來子嗣，民間素來有「麒麟送子」的說法。麒麟具有仁義的品質，多數比作是仁厚賢德的子孫，古人讚美別人家的

孩子時也會稱之為「麒麟兒」。西漢人劉向所著的《說苑》在介紹麒麟時如此描述:「含仁懷義,音中律呂,行步中規,折旋中矩,擇土而後踐,位平然而後處,不群居,不旅行,紛兮其質文也,幽間循循如也。」在神話故事《封神演義》中,道教三清祖師之一元始天尊就以「四不相」[7]—— 即以麒麟作為坐騎,贈予姜子牙。道教的一些符咒、法器裏面,也有使用到麒麟的形象或者意象,體現無邊法力。

除了上述這些瑞獸形象以外,還有靈龜、蟾蜍、貔貅、鴻鵠、九尾狐等,分別代表着長壽、財富、助運、志向、盛世等,大多都是以祈福求祥、消災辟邪等為主要兆頭,都是在道教文化思想影響下而形成。

時至今日,瑞獸的形象依然常見於中華民族的建築、工藝、服飾之上,體現了中國人自古以來的精神審美需求及對吉祥美好生活的嚮往祈願,《易‧繫辭》下曰:「吉事有祥。」這些瑞獸意象和道教神仙體系與教理教義思想之間的關係,又與道教向來對生命的謳歌禮贊是分不開的。道教思想扎根於中華大地文化沃土之上而得以成長繁榮,又反哺中國傳統文明,中華民俗傳統與道教文化之間的關係是一脈相承的。正是因為道教「我命由我」、「仙道貴生」的重生態度影響着一代又一代的中國人,讓華夏民族能夠孜孜不倦地讚頌生命,享受人生,積極奮鬥追求幸福美滿的生活,以堅定不移的意志應對人生的磨難,超越世間的桎梏,達到靈魂的洗禮、精神的解放。也正因為如此,中華民族精神才得以代代相傳,生生不息,源遠流長。

注釋

1 參自李炳海：〈從雀巢到鵲橋 —— 中國古代文學中的喜鵲形象〉，《求索》，1990 年，第 2 期，頁 90。

2 今本《淮南子》無，引自宋人陳靚《歲時廣記》

3 見《中華文化習俗辭典》（北京：中國國際廣播出版社，1998 年），頁 656、659。

4 參自鍾葵：〈烏鴉也曾幫喜鵲為牛郎織女搭橋〉，《廣州日報》，2016 年 8 月 7 日。

5 「陽烏」也就是「金烏」。上古神話裏面，紅日中部有一隻黑色的三足烏鴉蹲守，金光在周圍閃爍，故稱「金烏」。

6 見《國風・邶風・北風》。

7 元始天尊有兩個坐騎，一個是「九龍沉香輦」，另外一個是「四不相」；麒麟外貌有四個特點：頭像龍，身像鹿，體有鱗，尾如牛，故因此被稱為「四不相」。

第二篇　七夕文化的演變

第五章｜牛郎織女故事結構形成初探

香港道教聯合會圓玄學院第一中學老師｜徐振邦

一、牛郎織女故事的演變

牛郎織女是家喻戶曉的故事，早見於先秦《詩經‧小雅‧大東》[1]的詩句。根據《詩經》，牛郎與織女只是對星辰的描寫，並未發展成完整的故事。然而，經過歷代文人的共同創作，令牛郎織女的故事成為中國四大著名的愛情故事之一。根據現存清末《牛郎織女》的版本所見，故事已有完整的結構，齊備了民間所流傳的故事重點。以下嘗試運用所見的文學作品、俗文學等素材，組織牛郎織女的故事，呈現由先秦《詩經》發展到清末《牛郎織女》的演變。

在《詩經‧小雅‧小旻之什‧大東》篇中，有詩句描寫牛郎和織女：「……維天有漢，監亦有光。跂彼織女，終日七襄。雖則七襄，不成報章。睆彼牽牛，不以服箱。」詩中所寫的只是對天上星辰的描繪，跟日後我們所認識牛郎織女的故事有很明顯的差別。這是牛郎織女故事的最初形態。

至於清末《牛郎織女》的版本，約成書於一九一〇年。《古本平話小說集》收編了多部小說，其中有〈牛郎織女〉一文。在《古本平話小說集》中，有關於〈牛郎織女〉的描述是：「〈牛郎織女〉……無序無跋，不知作者姓名。全書十二回。觀此書格式，約為一九一〇年左右印本。」[2]〈牛郎織女〉可能是根據明代小說《牛郎織女傳》[3]改寫而成的。以故事內容作分析，這個一九一〇年的版本跟民間流傳的故事內容很接近；以此推斷，牛郎和織女的故事約於明清年間定形。自此之後，故事的內容或許有所增刪，但已離不開這個結構。這是牛郎織女故事的最終形態。

二、牛郎織女：由星辰到人格化

由先秦《詩經》到清末〈牛郎織女〉，已由星辰發展到愛情故事。這段期間的演變並非出自一人之手，而是經過漫長的歲月，經多人改編以後成為約定俗成的版本。

先秦時期，牛郎織女是天上的星辰，《詩經》所描述的並沒有故事的情節。由漢到魏晉，是牛郎織女故事的形成期。故事在這段期間滲入了不少重要元素，使故事結構趨向完整。其中漢代將兩顆星辰擬人化，以及為擬人化後的角色注入了中國傳統思想的成分，構成了故事的主要骨架。

以漢代《古詩十九首》為例，詩中提到牛郎和織女兩顆星：「……迢迢牽牛星，皎皎河漢女。纖纖擢素手，札札弄機杼。終日不成章，泣涕零如雨。河漢清且淺，相去復幾許。盈盈一水間，脈脈不得語。」[4] 詩中的內容比《詩經》豐富，但仍欠缺具體的故事內容。然而，詩中的牛郎和織女已擬人化，具備了人的性格和情感，亦為故事的發展奠定了基礎。

到了南朝梁殷芸的《小說》，故事內容得到進一步發揮，其對牛郎織女有了以下描寫：「天河之東有織女，天帝之子也。年年機杼勞役，織成雲錦天衣，容貌不暇整。帝憐其獨處，許嫁河西牽牛郎，嫁後遂廢織紝。天帝怒，責令歸河東，但使一年一度會。」[5] 雖然故事的字數不多，但《小說》所提到的牛郎織女，已有較清楚的故事情節，當中加入了一些新的元素，包括提及織女是天帝的女兒，並指天帝答允了牛郎和織女二人的婚事；最後由天帝拆散牛郎和織女，只准許他們一年見面一次。

根據《古詩十九首》和《小說》的敍述，是擬人化了的牛郎和織女故事，成為了民間流傳的故事藍本。不過，故事架構還是較為簡單，需要有更多的故事元素。

事實上，兩漢魏晉年間誕生了不少與牛郎織女故事相似的民間故事，並漸漸將幾個不同的故事融為一體，變成了牛郎織女故事的組成部分。其中，較為重要的故事是來自《搜神記》的情節。

東晉干寶所著的《搜神記》，[6] 對牛郎織女的故事有較大影響，尤其是

以「董永故事」和「羽衣仙女故事」兩個故事的配合，令牛郎織女的故事內容更加豐富。

《搜神記》第一卷，有「董永故事」：

> 漢董永，千乘人。少偏孤，與父居。肆力田畝，鹿車載自隨。父亡，無以葬，乃自賣為奴，以供喪事。主人知其賢，與錢一萬，遣之。永其行三年喪畢。欲還主人，供其奴職。道逢一婦人曰：「願為子妻。」遂與之俱。主人謂永曰：「以錢與君矣。」永曰：「蒙君之惠，父喪收藏。永雖小人，必欲服勤致力，以報厚德。」主曰：「婦人何能？」永曰：「能織。」主曰：「必爾者，但令君婦為我織縑百匹。」於是永妻為主人家織，十日而畢。女出門，謂永曰：「我，天之織女也。緣君至孝，天帝令我助君償債耳。」語畢，凌空而去，不知所在。

《搜神記》第十四卷，有「羽衣仙女」的故事：

> 豫章新喻縣男子，見田中有六七女，皆衣毛衣，不知是鳥。匍匐往得其一女所解毛衣，取藏之，即往就諸鳥。諸鳥各飛去，一鳥獨不得去。男子取以為婦。生三女。其母后使女問父，知衣在積稻下，得之，衣而飛去，後復以迎三女，女亦得飛去。

董永的故事早見於劉向的《孝子傳》，[7] 唐代的《法苑珠林》[8] 和宋代的《太平御覽》[9] 都有收錄這個故事；發展到明代，董永的事跡更成為了《二十四孝》[10] 的基本素材。董永的故事本來與牛郎織女無關，但兩個故事有不少共通點，於是慢慢合流，出現了「董永牛郎化」的現象。這個將董永與牛郎結合的安排還一直發展下去，並發展成《槐蔭樹》[11] 等一類傳統劇目。

另外，羽衣仙女的故事將織女作為仙女的形象表現得更為突出，更補充了織女靠外衣能飛上天的情況，令仙女飛天的事更為完整。這種配有仙女身份的故事、稱為「異妻類」[12] 的角色，在中國民間故事中並不罕見。於是，董永與牛郎結合，而羽衣仙女亦跟織女合二為一，令牛郎織女的故事加添了不少神秘的素材。

其實，自《山海經》開始已有不少故事描述人鳥的關係，甚至有「鳥人」或「人鳥化」的出現；亦有很多民間故事以人和鳥為題材，把人和鳥描寫成有獨特的關係，如《翠衣國》[13]、《九姐》[14] 等。透過鳥化，「潛意識所流露的自我異化，化而為鳥，是身、心、魂各種形式的離家出走，暗示着既獲得自由，卻也就此消逝。」[15] 因此，織女的羽衣是具有鳥化的意義，亦凸顯了織女是仙，不是凡人的一種形態。

本來，牛郎和織女都是來自星辰，二人的身份應該是仙，現在關於牛郎和織女的故事，主要流傳着兩個不同的版本：一、牛郎和織女皆是天上的仙；二、牛郎是人，織女是仙。無論是哪一個版本，織女都是以仙女的身份出現，牛郎的身份卻沒有定型。在不少的民間故事中，都有類似以「男主角是凡人，女主角是仙」的故事情節，例如：《人參仙女》[16]、《牡丹仙女》[17] 等。

當然，在故事合流的過程中，並不是將全部情節一字不漏的融入牛郎織女的故事裏。例如，在講述董永的故事中，只是仙女下凡成為織女，為董永還債，待替董永還清債務後，仙女亦飛天離他而去了。而「羽衣仙女」則提及有七仙女下凡，並被一男子取去羽衣，後來仙女取回羽衣，則飛天而去，二人並沒有構成凄美的愛情故事，仙女更因此而帶走在凡間所生的三個女兒。

儘管如此，「董永故事」和「羽衣仙女故事」還是強化了牛郎織女的故事，令故事的情節更豐富、完整。

三、牛郎織女與中國傳統思想的糅合

此外，漢代的傳統思想亦補充了牛郎織女的故事，包括「男耕女織」[18]和「父母之命，媒妁之言」[19] 等的思想。

牛郎和織女本來是天上的星辰，在人格化的過程中，故事直接將牛郎和織女的身份具體化，於是牛郎需要耕田，織女需要織布，使牛郎織女配上「男耕女織」的事變得合理化。至於上天要將牛郎和織女分開，顯然是父母之命。為了配合情況的發展，殷芸《小說》其中一句「帝憐其獨處，許嫁

河西牽牛郎」又被改寫，變成織女私自下凡，並沒有得到父母的同意便跟牛郎結成夫婦，最後更引申成王母要拆散牛郎和織女二人，故事有違「父母之命，媒妁之言」的傳統思想。

至於牛郎織女故事的結尾，以南朝梁宗懍撰的《荊楚歲時記》所記載的情節較為完整，為牛郎織女的故事再作補充：「天河之東有織女，天帝之子也。年年機杼勞役，織成雲錦天衣。天帝憐其獨處，許嫁河西牽牛郎。嫁後遂廢織紉。天帝怒，責令歸河東，惟每年七月七日夜，渡河一會。時夕人家婦女結彩縷，穿七孔針，或以金銀鍮石為針，陳瓜果於庭中以乞巧。」[20] 這裏已清楚提到：天帝要分開牛郎和織女二人，只能在七月七日夜見面；而民間女士亦開始有拜祭織女，稱為「乞巧」。

根據台灣學者的研究，牛郎和織女故事由先秦發展到兩漢魏晉年間，故事的情況已有很大的變化，形成了六個主要的故事情節：[21]

1. 男主角已經從星神轉變成凡人「牛郎」。
2. 牛郎因各種原因而遇織女，描述「遇仙」的過程的。
3. 育有一子／無育子。
4. 孩子尋母／牛郎追妻（尋妻）。
5. 牛郎登入仙籍，成牛郎星。
6. 七夕鵲橋相會。

儘管牛郎織女的故事有很多演繹版本，但仍離不開這六個故事情節。不過，最後一個情節 ──「七夕鵲橋相會」的內容，文人的着墨比較少，而喜鵲成為牛郎織女故事的次要角色，亦欠缺具體的陳述。根據殷芸的《小說》和宗懍的《荊楚歲時記》，都沒有提到喜鵲於七月七日築成鵲橋。

在這段期間，有提及喜鵲的只有《爾雅翼》：「涉秋七日，鵲首無故皆髡。相傳以為是日河鼓與織女會於漢東，役烏鵲為梁以渡，故毛皆脫去。」[22] 內容大意是指：相傳牛郎和織女在銀河相會，天帝派喜鵲搭成橋，讓二人從頭頂上走過去相會，因此喜鵲頭上的毛都被踩光了。

至於成書於近代的民間傳說《喜鵲姑娘》，[23] 亦只交代喜鵲於七月七日要飛到天上的天河築成鵲橋，方便牛郎和織女二人會面，卻沒有說明個中的

原因，亦沒有顯示於何時滲入了喜鵲的元素，似乎是以主流的牛郎織女故事構成《喜鵲姑娘》的藍本。

　　或許，這個說法只是文人筆下所創作並營造出來的美感，以凸顯牛郎織女的故事，是值得世人所同情的。從科學的角度來說，喜鵲頭上的毛脫光，是鳥類換毛的現象，與築成鵲橋不一定有關。於明代李時珍的《本草綱目·禽之三》中，對喜鵲的描述是：「人若見之，主富貴也。鵲至秋則毛頭禿。」[24] 由於喜鵲會為人們帶來喜的兆頭，似乎很適合化身為牛郎與織女之間的橋樑；而喜鵲因換毛而引致的「毛頭禿」，因一個美麗的誤會而成為鵲橋會的重要情節。

　　由此可知，由漢到魏晉南北朝，牛郎織女的故事所需要的元素已經齊備，但資料仍較為零碎，只是發展成多個不同的故事版本而已。其後，自魏晉以降，歷朝文人不斷修改故事的內容，並將不同的故事素材合成一個完整故事，終於發展成明清年間的《牛郎織女》。

注釋

1. 陳致：〈導讀〉，《詩經》（香港：中華書局，2016 年）。
2. 路工、譚天合編：《古本平話小說集》（北京：人民文學出版社，1984 年）。
3. 明代的《牛郎織女傳》，全稱《新刻全像牛郎織女傳》，題儒林太儀朱名世編，凡四卷五十七則。朱名世，是江西臨川人，生卒年均不詳，大概是明神宗萬曆年間人士。
4. 陳道復：《古詩十九首》（香港：商務印書館，2003 年）。
5. 殷芸：《殷芸小說》（成都：四川人民出版社，1997 年）。
6. 干寶：《搜神記》（上海：商務印書館，1957 年）。
7. 劉向的《孝子圖》有記載董永的故事。此書已亡佚。
8. 唐高宗時釋道世所編撰之《法苑珠林》第 62 卷。書中記載：董永者，鄭緝之孝子感通傳曰：永是千乘人。少偏孤，與父居，乃肆力田畝。鹿車載父自隨，父中，自賣於公，以供喪事，道逢一女呼與語云：願為君妻，遂俱至富公，富公曰：女為誰。答曰：永妻，欲助償債。公曰：汝織三百疋遣汝。一旬乃畢。女出門謂永曰：我天女也，天令我助子償人債耳。語畢，忽然不知所在。
9. 《太平御覽》董永故事，在卷 411 人事部 52 孝感條。書中的記載是：劉向孝子圖，前漢董永，千乘人，少失母，獨養父，父亡無以葬，乃從人貸錢一萬，永謂錢主曰：「後若無錢還君，當以身作奴」，主甚憫之。永得錢葬父畢，將往為奴，于路逢一婦人，求為永妻。永曰：「今貧若是，身複為奴，何敢屈夫人之為妻。」婦人曰：「願為君婦，不恥貧賤。」永遂將婦人至，錢主曰：「本言一人，今何有二？」永曰：「言一得二，理何乖乎？」主問永妻曰：「何能？」妻曰：「能織絹。」主曰：「為我織千匹絹，即放爾夫妻。」於是索絲，十日之內，千匹絹足。主驚，遂放夫婦二人而去。行至本相逢處，乃謂永曰：「我是天之織女，感君至孝，天使我償之，今君事了，不得久停。」語訖，雲霞四垂，忽飛而去。
10. 元代人郭居敬編撰《二十四孝》，概述了我國古代二十四位著名孝子的孝行故事。董永的故事是〈賣身葬父〉，原文是：漢董永，家貧。父死，賣身貸錢而葬。及去償工，途遇一婦，求為永妻。俱至主家，令織縑三百匹乃回。一月完成，歸至槐陰會所，遂辭永而去。
11. 《槐蔭樹》又作《槐蔭記》，是婺劇西安高腔傳統劇目，故事情節大致如下：董家貧，賣身葬母，玉帝感之，命七仙姑下凡與其結百日姻緣。永遇仙姬於槐蔭樹下，始不允婚，後經太白金星化為姬叔調停，才以槐樹為媒結成夫婦，同往傅家為奴。姬邀六姐下凡相助，晝夜織絹十匹替永還清債務。百日滿，夫妻回家途經槐蔭樹下，仙姬道明身世及來歷，即帶着三個月的孕體奉命返回天庭。永悲痛欲絕，以實告傅，傅持錦獻上，擢永為進寶狀元。永奉旨還鄉祭祖，於皇都寺遇仙姬送子歸還，從此成永訣。後娶傅女賽金為妻，為官清正。其子因道人嚴金定指點，曾於七月初七日在洛陽太湖石遇其母，贈其寶葫蘆三枚。
12. 「異類妻」的類型有很多，除了以鳥為形態外，還有化為白螺螄的《白螺仙子》等。
13. 《翠衣國》是一個人和鸚鵡互相幫助的故事。透過主角到了翠衣國，得到一件翠衣，便可以化成鳥。故事充滿傳奇色彩，亦是典型人鳥化的故事模式。
14. 《九姐》的主角王二哥，巧遇化成大白菜的九個姐妹，並與九姐結成夫婦，但九姐卻被大

姐害死。變成家雀的九姐最後變回人身，跟王二哥過着幸福美滿的生活。

15　陳器文：〈神鳥／禍鳥：試論神族家變與人化為鳥的原型意義〉，《與大中文學報》，2008年，第 23 卷，頁 121。

16　《人參仙女》是講孤兒出身的牛倌，贏得人參仙女的愛情，期間被黑蛇精所阻，最後在山林老把頭的幫助下，二人回復幸福的生活。

17　《牡丹仙女》是改編自《聊齋志異》的作品，講牡丹花精葛巾，與書生常大用的愛情故事。

18　《鹽鐵論‧園池》：「夫男耕女織，天下之大業也」。

19　《孟子‧滕文公下》：「不待父母之命，媒妁之言，鑽穴隙相窺，踰牆相從，則父母國人皆賤之。」

20　宗懔：《荊楚歲時記》（台北：台灣中華書局，1974 年）。

21　鄭菲芸：〈「牛郎織女」與「孝子董永」故事合流之探討〉，《台灣民俗藝術彙刊》，第 3 期，頁 128。

22　羅願：《爾雅翼》（天津：天津古籍出版社，1999 年）。

23　田啓宇：《喜鵲姑娘》（北京：北京美術攝影出版社，1984 年）。

24　原著李時珍：《本草綱目》（北京：人民衛生出版社，2004 年）。

第六章│傳統文化與教化 —— 以七夕節為例

深圳市福田區教育科學研究院│張紅霞

迪耶・薩迪奇的《設計的語言》中說:「物品是我們用來衡量自己生命流轉的方式,是我們用來定義自己,標識自己是誰、又不是誰的方法。」文化亦如是。文化是在一定的歷史時期內,人們在長期的生產生活實踐基礎上形成的物質成果與精神成果的整體集合,也不失為一種「設計」。借助物品、習俗等文化因素,人們得以增進彼此間的認同感,形成一個文化共同體。在歷史發展的過程中,文化也承擔了一定的教化功能。對於「教化」一詞,我們不能狹義地理解為統治者對民眾的規勸和引導,還要關注其中包含的社會含義,即民眾在某種公認的文化環境中陶冶自身,最終凝聚共同體意識,建構起一種區分「我者」與「他者」的世界觀。本文擬以七夕節為例,探討傳統文化中節俗流變的歷史意義、世界意義與現代意義。

一、從自然界到人世間 ——「七夕」的節日與節俗

正如加繆所言,「一切偉大的行動和思想,都有一個微不足道的開始」。在某個清涼如水的夜晚,坐看牽牛織女星的古人或許想不到,他們就此開啟了一項綿延數千年的文化傳統。起初,人們關注的是自然現象,直觀地觀察到織女星和牽牛星,還有將兩者隔開的銀河。《詩經・小雅・大東》中就有「維天有漢」、「跂彼織女」、「睆彼牽牛」的詩句。這個時期,人們還沒有將它們人格化。

大概在戰國時期,人們賦予上述因素以人格化的特點,通過講述牛郎織女的故事,把自然與人世聯繫起來,形成了牛郎織女的故事。睡虎地秦簡中有記「牽牛迎取(娶)織女」,可見當時已有牽牛織女愛情故事的說法。漢代的樂府詩進一步發展了這個故事:「迢迢牽牛星,皎皎河漢女。纖纖擢素手,札札弄機杼。終日不成章,泣涕零如雨。河漢清且淺,相去復幾許。盈

盈一水間，脈脈不得語。」牛郎織女的故事在此具備了更生動的情節，有了一種打動人心的情感力量。成書於魏晉南北朝時期的《荊楚歲時記》為這則故事添加了一個喜劇式的結尾，稱七月七日為「牽牛織女聚會之夜」。至此，我們今天熟知的牛郎織女故事大體成形。後來故事中又加入了鵲橋會的細節，講述二者「如何相會」，傳說故事進一步完善，幾乎與今時無異。在此基礎上，逐漸形成了七夕節。

那麼牛郎織女的故事是如何與七月七日聯繫起來，並成為這一天的標誌性符號的呢？從古人對北斗星的崇拜開始，中國人就開始了對數字「七」的崇拜，小說家喜歡將帝王的生日說成七月七日，道士也喜歡將仙人的活動安排在七月七日，可見古人對這個日子的重視。《西京雜記》最早將七月七日作為一個節日，書中記載：「漢彩女常以七月七日穿七孔針於開襟樓，俱以習之。」所謂「彩女」，就是宮女。「開襟樓」是一種彩樓，也有「乞巧樓」、「穿針樓」的說法。由此可見，早在西漢，宮廷中就已存在七月七日穿針乞巧的習俗。「七夕」的說法最早見於東漢時期應劭所著的《風俗通義》一書。大概同一時期，《四民月令》也記載七月七日「可合藍丸及蜀漆丸，曝經書及衣裳，作乾糗，采葸耳也」，可知當時人們已有曝曬衣物書籍等習俗。以牛郎織女的故事為紐帶，這些習俗雜糅在一起，串聯起古人的農業生產、手工業生產與文化生活。七月七日逐漸演變成「七夕節」、「乞巧節」。如崔顥所言「長安城中月如練，家家此夜持針線」，當時已有穿針乞巧的習俗；又見如《帝京景物略》中記載的將繡花針丟入經過曝曬的水盆，根據水底針影的形狀驗證是否「乞得巧」，可知有浮針試巧的習俗，亦比如以蜘蛛為「喜子」，通過其是否結網以及網的疏密來判斷是否乞巧成功。

《周易》中說「觀乎人文，以化成天下」。這些頗具儀式感的習俗，隱約折射出農業時代人們對經濟生產的殷切期待，表現了古人對美好生活深深的願望。在傳承的過程中，它也起到了教化的功用，凝聚出一種文化共識。

二、從亞文化到文化圈 ──「七夕」在東亞地區的傳播

趙達夫認為，「乞巧的風俗從漢代開始，流傳兩千多年，並傳到了日本、朝鮮和越南等東南亞一些國家。至今還在很多地方流傳。」[1]他還指出，牛郎織女傳說與七夕風俗最早產生於西北地方，隨着歷史上的人口遷徙與中華文化圈的擴大而傳播到南方，變成一種全國性質的節日習俗，也構成了中華民族傳統文化的重要組成部分。[2]以廣東地區為例，歷史上客家人的遷徙帶來了七夕的節日和習俗。宋人劉克莊作詩説「粵人重巧夕，燈火到天明」。牛郎織女的故事、董永和七仙女的故事也逐漸糅合在一起，民國時的《博羅縣志》中就記載「女兒具瓜果乞巧，醵錢祀神宴飲，謂之做七姊會，亦謂之拜七姊，蓋俗呼織女為七姊也」。不少地方將七夕節的乞巧活動稱為「七姊會」或者「拜七姊」，可見織女和七仙女的形象也有所重疊。除此以外，一種節俗傳到異地後，總會結合當地風俗而有所變化。廣東地區的七夕節俗發展出「七夕江中爭汲水」、焚香敬貢「小女星」乞求好容顏等新的形式，體現出了南北文化的交流與融合。

隨着人的流動，七夕節俗逐漸超出中國，傳播到周邊的朝鮮、日本、越南等國。以日本為例，當地古代廣泛流傳着「棚機津女」的傳說，講的是關於在水邊織布等待神靈到訪的少女故事，這與中國牛郎織女的故事有一定的相似之處，因此日本文人迅速接受了七夕的傳說與節俗。據指，七夕文化最早在西元五、六世紀隨着織機和新紡織技術傳入日本，到七世紀後因為遣隋使、遣唐使、留學僧等，中國的七夕文化傳入日本上流社會。和歌集《萬葉集》就收錄了一百三十多首與七夕有關的和歌，漢詩集《懷藻集》中的六首七夕詩能明顯看出模仿中國七夕傳說的痕迹。[3]大約在奈良時期，日本將七夕定為節日，在這一天開展觀看相撲、詩歌會、乞巧奠等活動。江戶時期，日本的七夕文化發生了較大的變化。在參與人群方面，從貴族、武士拓展到平民，就連兒童也逐漸成為重要參與者。在七月七日這天，人們寫詩歌、吃掛麵，將寫有詩歌的樹葉與短冊，還有茄子、豆角、西瓜等放入河中，順流漂走。[4]當地七夕節在原有的中國元素之上，逐漸日本化。比如七月七日被

叫作「七日盆」，是稱為盂蘭盆節的一個環節。再比如日本東北及關東地區的「睡魔祭」，也是要在農忙時節將睡魔驅趕到河川大海。這些逐漸成為日本獨特的文化，演變出七夕節日的日本化模式。

此外，七夕節俗傳入朝鮮後，當地人也形成了祭拜牽牛星、織女星的習俗，時至今日發展成為一種乞求平安的祭祀。在越南，當地人也把七夕節稱作「牛公牛婆日」，衍生出許願乞求美好愛情的習俗。結合這些現象，我們不難發現，圍繞七月七日形成的一系列節日和習俗起初只是局部地區的「亞文化」。隨着人的遷徙與文化的交流，這種亞文化的影響力日益提高，逐漸串聯起不同地區人們的物質和文化生活，成為一個重要的文化紐帶，塑造了一個地域廣闊的文化圈。

三、從老傳統到新文化 ——「七夕」文化的重構與更新

到近代社會，由於歐風美雨的衝擊，西方文化和節日習俗對中國產生了巨大的衝擊。其中很有代表性的就是源自西方的情人節（Valentine's Day）對中國七夕節的衝擊。近年來，隨着情人節的流行，白色情人節、黑色情人節、綠色情人節等節日也在中國年輕人中流行。贈送賀卡、玫瑰花、巧克力等習俗也深入人心，影響到中國人的行為方式。

七夕節這一中國傳統節日，其內涵也潛移默化。「乞巧節」、「穿針節」、「巧夕」等名稱逐漸讓位給中國情人節、七夕情人節等。從節日習俗方面來說，傳統的乞巧、乞美、準備享用專門的飲食及祭祀占卜等活動幾乎失散，取而代之的是燭光晚餐、紅酒牛排、玫瑰巧克力等行為。[5] 再加上消費主義的推波助瀾，七夕節似乎變成了一場商業的狂歡，其在文化傳承方面的意義反有退居其次的趨勢。

這種蛻變是典型的文化重構，也迫使我們在繼承和發揚傳統優秀文化的過程中，必須直面一個問題 —— 如何賦予傳統文化以新時代的意義，使其能夠聯結古今，煥發新的生機與活力？相關調查中提到一些「傳統再造」的現象似乎能提供一些啟示。[6]

浙江省金華市武義縣有個「接仙女」的節日儀式，自上世紀九十年代到本世紀初，村中重修了村廟，便恢復了一些舊有的節日儀式，比如七夕的「接仙女」。該儀式在方志上並無文字記載，最早可追溯至何時已不可考。但在很多村人的記憶中，它是上世紀九十年代由村內一群老年婦女自發組織的，此後便每年定於七夕這天。節日儀式的祭祀物件是仙女，人們會準備許多祭祀供品，比如紙花、塑膠荷花、時令水果與乾果、香燭等等。祭祀所念的經文反映了七仙女的傳說，比如《仙女織綢綾經》。在念經的同時，老人們還自己編出一套動作，邊唱邊表演，吸引了大量人群圍觀。

　　對於這些活動，當地的村民一方面聲稱這是自己的傳統，具有一定的獨特性，同時中青年群體又會覺得它過時了，還有點滑稽。通過這種矛盾的態度，我們一方面能看出當地文化氛圍對社會群體的「教化」，同時也深深感受到傳統文化過往斷層與當下意義重構、推陳出新面臨着重重的困難。

　　對於傳統文化意義的再發現，無論是政府官方主導的活動，還是民間社會自發形成的活動，均有其探索意義。傳統貫穿於歷史發展的脈絡當中，往往是一個穩定與變異並存的過程。我們必須認識到，整理是最好的保護。與其質疑某些「復興傳統」的行為不夠「正統」，不夠「純粹」，不如冷靜下來思考其背後隱藏的文化涵義，思考新時代人們需要怎樣的文化來滿足其精神生活，更好地詮釋個人的價值以及生活的意義。

　　習近平總書記說：「國家之魂，文以化之，文以鑄之。」在當今社會，我們要堅定文化自信，一方面要發掘中國傳統文化的固有價值，也要推動傳統文化的更新與發展，讓其煥發出新的活力，在中國悠久的歷史文化傳統和日新月異的當代生活實踐之間，架設起一座溝通的橋樑，成為人們生活牢固的思想支柱和不竭的精神泉源。

注釋

1　趙逵夫:〈七夕節的歷史與七夕文化的乞巧內容〉,《民俗研究》,2011 年,第 3 期。

2　趙逵夫:〈從廣東七夕節的傳播源流看其文化特徵〉,《文化遺產》,2011 年,第 3 期。

3　張婧:〈從日本七夕的發展看傳統文化的傳承〉,《安徽文學》,2015 年,第 8 期。

4　邱麗君:〈中國傳統七夕節文化在日本的傳播與演變〉,《中州學刊》,2017 年,第 6 期。

5　張勃:〈從乞巧節到中國情人節 —— 七夕節的當代重構及意義〉,《文化遺產》,2014 年,第 1 期。

6　陳映婕、張虎生:〈非物質文化遺產保護下的「傳統」或「傳統主義」—— 以兩個七夕個案為例〉,《非物質文化遺產保護》,2008 年,第 4 期。

第七章｜神靈呈現：七夕文化從傳統走向現代節慶 [1]

香港樹仁大學歷史學系｜區志堅

　　很多研究民俗文學的學者也指出中國有四大民間故事，即牛女、孟姜女、梁祝、白蛇。[2] 學者曾永義更認為牛郎織女的民間故事更具備「民族故事」的特色，能夠傳達一個民族具有的共同思想、情感、意識、文化，流播空間遍及全國，是個流傳了逾千年的民間故事。[3] 研究中國神話故事的學者袁珂認為，牛郎織女神話是「健康和富有人民性的內容」。[4] 因為牛郎織女的故事具有中華文化的特色，故二〇〇一年中華人民共和國國務院公布第一批國家級非物質文化遺產名錄，七夕節獲選為五百一十八項文化遺產中的一項，希望藉此保存及宏揚七夕文化。[5]

　　前人已有不少研究成果探討七夕文化的由來、發展及演變；[6] 也有研究七夕文化在日本的流播、[7] 七夕本文在傳統及現代戲劇的流播；[8] 也有從女性宗教文化及非物質文化的角度研究七夕文化，[9] 或從情感人類學的觀點表述西南地區慶祝乞巧節的情況。[10] 然而，牛郎織女的故事怎樣在中國地方文獻上呈現？會否出現「同節不同慶」的圖像？[11] 更重要的是，近年廣州珠村、三元宮及香港，也於農曆七月初七舉行「七夕節慶」，但七夕本為中國農村的宗教信仰文化，其怎樣在「現代」及「商業化」的廣州、香港，配合現代物質文明，使牛郎、織女的「神靈」概念，得以形象化及具體化地呈現在群眾面前？[12] 以七夕為代表的中國傳統文化節慶，是怎樣以現代「節慶」（Festival）活動模式表現出來？[13] 近年學者已談及不能只以昔日「迷信」的觀點研究宗教文化，而是要從信徒的精神世界研究「宗教」文化，[14] 故本文也闡述崇信及參加七夕文化的群眾怎樣表述本是精神上、形而上及概念化的「七仙娘」（七姐）的「神靈」形象。[15] 在現代社會，參加七夕節慶的道教信徒及群眾又為甚麼會在感情上認同七仙娘「神靈」？[16]

一、七姐從天上的星宿至奉為祭祀乞巧手藝的神靈[17]

七姐誕又名乞巧節、七夕節、七巧節、擺七夕，主要是民間在七月初六或初七晚上祭祀七姐（部份信眾稱為七仙娘），即民間牛郎織女傳說故事中的織女，民間多習慣稱為「七夕」。[18]更有一些人士認為「七夕」是「女兒節」或「少女節」，[19]具有「海枯石爛，堅定不移」的愛情、[20]「詩情畫意」[21]、「美麗而浪漫的愛情故事」之特色，[22]但因牛郎織女一年一次會面，有些人士認為七夕有「悲傷的愛情故事」的特點。[23]更有研究中國節日的學者稱：「西方有傳統的『情人節』，中國有獨具風采的『七夕節』。」以中國的七夕節與西方「情人節」並列，進一步倡導以七夕為「中國的情人節」。[24]

中國人應甚了解牛郎織女的愛情故事，此故事至二十一世紀仍為民間流傳。[25]牛郎織女的故事主要分為以下三種故事內容：

其一，織女是天帝的第七位孫女，在天河織雲錦天，牛郎在天河西面看牛，兩人均勤奮工作，天帝憐憫他們，讓二人結婚。婚後兩人只顧玩樂，荒棄勞動，天帝大怒，使之分開，把二人分隔於銀河的兩岸，命烏鴉告訴他們七天見一次。但由於烏鴉傳錯話，將話說成了每年七月初七才見面。[26]

其二，織女為王母娘娘的外孫女，在天上織雲彩，牛郎為人間一個看牛郎，受兄嫂虐待，一天牛告知他織女和其他仙女往銀河沐浴，叫他去取一件仙衣，織女找衣服時，他去還給她，並要求她和他結婚，她一定會答應，牛郎照樣做。織女和牛郎婚後，生一男一女。王母娘娘知道了，把織女捉回天上。待牛郎挑了兩個小孩追至天上時，王母娘娘拔下髮簪在織女後面一劃，就成天河，把這一對夫妻隔開了。但他們常隔河相望啼泣，感動王母，遂允許他們每年七月七日相會一次，相會時由喜鵲架成橋。[27]

其三，織女為天帝孫女，王母娘娘外孫女長於織布，常與其他仙女於銀河澡浴。牛郎為人間的貧苦人，常受兄嫂虐待，分與一老牛，令其另立門戶。其時天地相離未遠，銀河與凡間相連。牛郎遵老牛囑咐，去銀河竊得織女天衣，織女不能去，遂為牛郎妻，經多年後誕兒女各一，男耕女織，生活幸福。但天帝得知此事十分震怒，立派天神逮織女，王母慮天神疏虞，亦偕

前行。織女被捕上天，牛郎未能跟上，與兒女仰天痛哭。時老牛將死，囑牛郎於其死後剝皮衣之，便可登天。牛郎如其所言，偕兒女上天。當他差點能夠追到織女，王母娘娘忽拔頭上金簪，憑空劃之，成為波濤滾滾天河。後感動天帝，許其每年七月七日鵲橋相會。[28]

雖然牛郎織女不同版本的故事內容有些不同，但主要有一個情節公式：一，兄弟二人，弟受虐待。二，分家後，分得一頭牛。三，弟因牛告之，得一在河中洗澡的仙女為妻。四，仙女生下兒女。五，仙女往見王母。六，牛郎追之。七、兩人一年一度，由喜鵲築橋相會。[29]

此外，談及七夕文化，自然會問及為甚麼會是「七」的數目字，有些學者指出普通話的「七」與「期」同音，月和日均是「七」，給人們有一種時間限期，而古人以日、月與火、水、金、木、土五行星合稱為「七曜」，「七曜」為現時一個星期的七天，日曜日是星期天，月曜日是星期五，故民間在計算時間時，也以「七七」為終結，故為亡人做法事，以「七七」為完滿。「七」又與「吉」諧音，「七七」也有雙吉的意思，是好的日子。同時，「七夕」是一種崇拜現象，如正月正、二月二、七月七、九月九，故將「七重」列為吉慶日。也有學者指出普通話的「七」與「妻」同音，故七夕帶有與女子相關的節日之意味。[30] 吳慧穎在《中國數文化》一書中，指出「奇數七往往和女性聯繫一起，和女子的生長、衰老密切相關，在民間習俗和古老的傳說、故事中七往往還是伴隨婦女愛情、婚姻等終身大事和一生體戚的命運之數」。[31]「七」字既代表人間圓滿、吉祥，與女子相關的愛情及終身大事有關，古代女子以成婚為終身志願，除了家族安排婚姻外，男女初悅時，從男性的角度而言，往往重視女孩的外貌及手巧，故女子為求夫君，向上天乞巧甚為重要，手巧精美成為女孩獲美好婚姻的要素。

此外，也有研究人員指出依許慎《說文解字》：「七，陽之正也，從一微陰中衰出也。凡七之屬皆從七。」「七」是一個陽數，又有「陰」的因素，即為「微陰」，因女性的成長是合於「七」數，如《黃帝內經・素問》中，指出女童七歲時開始換牙，十四歲有月經，二十一歲腎氣平址，牙齒換齊，二十八歲髮長而亮，三十五歲面容憔悴，四十二歲始掉頭髮，四十九歲進入

絕經期，故女性成長與「七」字，甚有關係。[32]

由此可以推測先民結合中國人崇信數字代表的超自然力量、吉祥文化及女子求手巧的風尚，賦予了數字「七」的奧秘，將排第七位的仙女命名為「七姐」。此被命名的「七姐」，更演變為日後知識份子及民間表述牛郎織女故事的女主角——七姐。

依天文學知識，牛郎及織女本是天鷹座及天琴座中明亮的星星，二星位於銀河的兩岸。[33]牛郎織女為星斗的名字，早於春秋時《詩經》已有記錄牛郎及織女星。《詩經·小雅·小旻之什·大東》云：「維天有漢，監亦有光。跂彼織女，終日七襄。雖則七襄，不成報章。睆彼牽牛，不以服箱。」[34]漢即為銀河，織女、牽牛均是星名，在西周時期，這兩顆行星已冠為織女及牽牛的名字，「維天有漢，監亦有光。跂彼織女，終日七襄。雖則七襄，不成報章。睆彼牽牛，不以服箱」，寫織女星能一夜七次來回天上與人間，但未能織出有花紋的布匹，而明亮的牽牛星不能拉車廂的情形。詩中的織女星已被人格化，織女在人間做針織女紅的工作，但牽牛仍是指牛，未有被人格化。可見，牽牛星未被當作人類看待，加上兩星主要是作為星宿出現，可見當時未有描述牽牛、織女兩星戀愛的故事，也沒有談兩星在七月初七相會，及人們在當天任何的祭祀活動。《詩經·小雅·小旻之什·大東》中把天河、牽牛、織女三星並提，顯示出織女星和牽牛星的密切關係。詩中有銀河、織女、牽牛三大要素，是神話故事的架構基礎。而織女「不成報章」及牽牛「不以服箱」的怠工情形亦成往後形成牽牛織女神話的故事情節線索之一。

西漢時期，牽牛織女的傳說故事有明顯的發展。漢初《淮南子·俶真訓》記載「若夫真人，則……臣雷公，役夸父，妾宓妃，妻織女……」把織女與雷公、夸父、宓妃等神話人物相提並論，證明漢初時人民眼中的織女星已是一位女神。[35]西漢史學家司馬遷《史記·天官書》記載「織女，天女孫也」，指織女是天帝女孫，說明西漢時期的織女是天上星辰的神，有顯赫地位。漢緯書《春秋·運斗樞》記載：「牽牛神，名略。」[36]可見牽牛星在漢代也被奉為星神。

東漢時也有織女與牽牛關聯的記載。《昭明文選》中的班固〈西都賦〉記載「集乎豫章之宇，臨乎昆明之池。左牽牛而右織女，似雲漢之無涯」，[37]李善注引〈漢宮闕疏〉「昆明池有二石人，牽牛織女象」，而呂延濟注曰「豫章，館名也。言集此館，武帝鑿昆明池作牽牛織女於左右，以象天河，言廣大猶雲漢無涯際」。還有，《昭明文選》收入了漢人張衡的〈西都賦〉，當中記載「牽牛立其左，織女處其右」。以上都是詠吟西漢時在長安的昆明池，當時武帝開鑿昆明池並立牽牛和織女像於左右，以昆明池象徵雲漢（即天河）。[38]現今考古學發現在漢朝昆明池遺址有兩座石像，現分別位於陝西省西咸新區灃東新城斗門街道的常家莊村和斗門鎮棉紡廠內，兩座石像分別位於當地的昆明池遺址兩邊，此亦是中國現存年代最早的大型石刻，石像的位置及形狀與東漢時期的記載吻合，相信正是東漢班固和西漢張衡所寫的牽牛織女像的故事。[39]

從東漢時期的記載可見，織女不是西漢時人記載的女神，而牽牛不再是先秦時期所記載的一頭牛，而是以人形出現。牽牛織女更下凡到人間，立了人形的牽牛織女像，成為後世牽牛織女傳說的人物雛型。雖然此時未有牽牛織女間戀愛關係的記載，但牽牛織女化為人形，亦象徵牽牛織女不是先秦時期的一牛一女，而是有對等的地位，才有後世成為民間愛情神話傳說的基礎。

東漢後期，有民間詩人就牽牛織女的天象作詩，故有《古詩十九首》記載「迢迢牽牛星，皎皎河漢女。纖纖擢素手，札札弄機杼。終日不成章，泣涕零如雨。河漢清且淺，相去復幾許。盈盈一水間，脈脈不得語」，[40]詩中借牽牛織女星被銀河相隔的天象，抒發愛情中男女的離別相思之情。此詩顯示當時人們已將男女之間的分離之苦附會到銀河、織女和牽牛三者的關係中，確立了牽牛織女的戀愛關係，可見牽牛織女的故事雛形已經出現。當時文人學士也會以牽牛織女為喻，吟詠閨中思婦。[41]另外，東漢應劭的《風俗通義》記載，「織女七夕當渡河，使鵲為橋」，可見鵲橋相會的傳說在東漢時期已出現。[42]

東漢時期已確立牽牛織女的戀愛關係，還有每年七夕於鵲橋相會的神話

傳說也在民間廣為流傳。另一方面，最早有關七月七日乞巧的記載在漢朝出現。據東晉葛洪的《西京雜記》所記：「漢彩女常以七月七日穿七孔針於開襟樓，人俱習之。」可見漢代已有七月初七穿針乞巧的習俗。但是當中未有提及此乞巧習俗是與牽牛織女的傳說有所關聯，但可印證七月七日的乞巧習俗由來已久。

兩漢時期，七月七日雖未成七夕節日，但在西漢，七月七日也有不一樣的意義。《西京雜記》卷三寫：「戚夫人侍兒賈佩蘭，後出為扶風人段儒為妻⋯⋯至七月七日，臨百子池，作於闐樂。樂畢，以五色縷相羈，謂之相連愛。」[43]可見西漢的七月七日有祈求子嗣的風俗。

曹魏時期，曹丕的《燕歌行》寫道「明月皎皎照我床，星漢西流夜未央。牽牛織女遙相望，爾獨何辜限河梁」，曹丕抒發了對被銀河相隔的牽牛織女的同情和嘆息。[44]而《昭明文選》所載曹植〈洛神賦〉中，李善注引曹植的《九詠》曰：「曹植九詠注：牽牛為夫，織女為婦。織女、牽牛之星，各處河鼓之旁。七月七日，乃得一會。」依曹植《九詠》原來的記載「臨回風兮浮漢渚，目牽牛兮眺織女。交有際兮會有期，嗟痛吾兮來不時」，[45]他以牽牛織女交會有期，感嘆自身卻不得君上垂青。以上明確顯示曹魏時期已有牽牛織女為夫婦的說法，也有他們被銀河相隔，只有逢七月七日乃得一會的故事情節。

南朝宗懍所著的《荊楚歲時記》曾引傅玄《擬天問》：「七月七日牽牛織女會於天河。」[46]傅玄為西晉時人，他的《擬四愁詩四首》也有寫到「牽牛織女期在秋」，相信秋是指於秋天的七月七日。晉詩人李充《七月七日詩》則寫「牽牛難牽牧，織女守空襄，河廣尚可越，怨此漢無梁。」[47]此詩特意題名為「七月七日」。晉詩人蘇彥亦寫《七月七日詠織女》：[48]

> 火流涼風至，少昊協素藏。
> 織女思北沚，牽牛嘆南陽。
> 時來嘉慶集，整駕巾玉箱。
> 瓊珮垂藻葰，霧裾結雲裳。

金翠耀華輜，軿轅散流芳。
釋轡紫微庭，解衿碧琳堂。
歡宴未及究，晨輝照扶桑。
仙童唱清道，盤螭起騰驤。
悵悵一宵促，遲遲別日長。

詩中描述了織女渡河與牽牛相會的情節，可見晉朝民間已流傳牽牛織女每年在七月七日才能相會的故事。

南朝也有流傳牽牛織女的故事，如梁朝的吳均《續齊諧記》所載的桂陽城武丁故事：「桂陽城武丁，有仙道。謂其弟曰：七月七日，織女當渡河，諸仙悉還宮。弟問曰：織女何事渡河。答曰：織女暫詣牽牛，世人至今雲織女嫁牽牛也。」[49] 南朝殷芸所撰《小說》也記載了有關牽牛織女的故事：「天河之東有織女，天帝之子也。年年機杼勞役，織成雲錦天衣，容貌不暇整。天帝憐其獨處，許嫁河西牽牛郎，嫁後遂廢織紉。天帝怒，責令歸河東，惟每年七月七日夜渡河一會。」[50]

上文提及兩漢時期確立了牽牛織女的神話傳說，至魏晉時，七夕的故事已逐漸定型，而情節亦更為詳盡。南朝亦有表述牽牛織女為夫婦及他們二人於每年七月七日渡河一會的說法。魏晉南北朝的牽牛織女故事廣泛流傳。

另一方面，前文提及漢朝在七月七日已有乞巧習俗。首次記載七月七日有向牽牛織女祈求的風俗出現在西晉時。據西晉周處〈風土記〉記載：「七月初七，其夜灑掃於庭，露施幾筵，設酒醣時果，散香粉於筵上，以祈河鼓、織女。言此二星辰當會，守夜者咸懷私願，或云，見天漢中有弈弈白氣，有光耀五色，以此為徵應。見者便拜，而願乞富乞壽，無子乞子，惟得乞一，不得兼求，三年乃得言之，頗有受其祚者。」時人在七月初七向牽牛織女祈求，並不只是乞巧手藝，而是求財富、子嗣或長壽。[51]

南朝時，據《荊楚歲時記》的記載：「七月七日，為牽牛織女聚會之夜……是夕婦女人家，結彩縷，穿七孔針，或以金銀鍮石為針。」自晉至南朝，七月七日乞巧習俗與牽牛織女故事結合，相信此為七夕節日的起源。[52]

南朝梁朝的任昉《述異記》記述:「天河之東有美女,天帝女孫也。機杼勞役,織成雲霧天衣。容貌不暇整理。帝憐之,嫁與河西牽牛。自後竟廢織紝。帝怒,責歸河東,但使一年一度相會。」[53]表述織女忙於織布,辛勤勞苦,容貌不整,天帝把她嫁予牛郎後,織女安於夫妻生活,廢織紝,天帝便責以一年只相會一次。牛郎、織女故事愈來愈近於人民生活及人情味。

在南北朝,乞巧的形式出現了兩種版本:「穿針乞巧」及「喜蜘應巧」。《輿地志》述及南朝「齊武帝起層城觀,七月七日,宮人多登之穿針。世謂之穿針樓」[54]的記載。南北朝時期,七月七日有穿針乞巧的習俗,同於漢代。穿針乞巧不只是民間的習俗,在宮廷中也有此習俗,七夕的習俗亦成為南朝詩人的題材,梁簡文帝蕭綱詩的「憐從帳裏出,想見夜窗開。針欹疑月暗,縷散恨風來」,及南朝詩人劉遵的詩云:「步月如有意,情來不自禁。向光抽一縷,舉袖弄雙針。」均提及七夕穿針乞巧的習俗。[55]

南北朝時期還出現了「喜蜘應巧」,又稱「蜘網乞巧」。[56]喜蜘,又名蟢子,學名為蠨蛸。辭典中寫到:蠨蛸,是蜘蛛的一種,暗褐色,腳很長,多在室內牆壁結網,在古時亦是出現喜兆的象徵。[57]取此名亦顯示時人認為七夕是一個美好的節日。這個乞巧方式是利用蜘蛛結網的特性進行。南朝《荊楚歲時記》記載:「是夕,陳瓜果於庭中以乞巧。有喜子網於瓜上則以為符應。」在七夕晚上將供果放在庭內,通過蜘蛛會否結網去判斷乞巧的成功。若蜘蛛成功在供果上結網,便代表乞巧應驗成功。[58]

唐宋時期,唐詩宋詞也有很多以七夕及乞巧為題的詩句。據統計,《全唐詩》中以「七夕」二字為題的詩篇有六十八首,有三首詩的題目帶有「乞巧」二字,以「七夕」、「乞巧」為內容的詩歌也有三十八首,數目上已可見七夕詩是一個較為普遍的題材。[59]

唐朝有關七夕最著名的事蹟,就是唐玄宗與楊貴妃在長生殿對着牽牛織女星發下誓言,願生生世世結為夫妻,永不分離。這段愛情故事被詩人白居易寫成名詩《長恨歌》:「七月七日長生殿,夜半無人私語時,在天願作比翼鳥,在地願為連理枝。天長地久有時盡,此恨綿綿無絕期。」唐朝時的牽牛織女已代表男女雙方忠貞的愛情,故唐玄宗與楊貴妃向牽牛織女星發誓,許

願他們之間的愛情堅定。牽牛織女的傳說也在唐朝流行。[60]

正如孟浩然的《他鄉七夕》亦是以七夕為題材:「他鄉逢七夕,旅館益羈愁。不見穿針婦,空懷故國樓。緒風初減熱,新月始臨秋。誰忍窺河漢,迢迢問斗牛。」[61]詩人借身處異地他鄉,值七夕佳節,抒發自己思鄉之情。詩人林傑的詩《乞巧》:「七夕今宵看碧霄,牽牛織女渡河橋。家家乞巧望秋月,穿盡紅絲幾萬條。」[62]開端兩句表述牽牛織女的故事,後敍述一年一度的七夕到了,家家戶戶望月穿針乞巧。

前人以七夕為題材的詩詞都是以關於愛情為主。以孟浩然及林傑的詩為例,唐朝詩人更會以七夕節為日常生活的題材,唐朝七夕節日文化已經普遍而深入民心。

至宋代,北宋詞人秦觀亦寫了《鵲橋仙》:「纖雲弄巧,飛星傳恨,銀漢迢迢暗度。金風玉露一相逢,便勝卻人間無數。兩情若是久長時,又豈在朝朝暮暮。柔情似水,佳期如夢,忍顧鵲橋歸路。」[63]這篇膾炙人口的詞,亦是一首詠七夕的詞。詞中第一句是借鑒前文提及「迢迢牽牛星」的詩句引入主題,借牛郎織女悲歡離合的故事,表述作者認為愛情要經得起長久分離的考驗,只要彼此相愛,即使不能朝夕相伴,也不會損害彼此的情意,短暫相逢勝過人間無數長相廝守。北宋的蘇軾撰寫《鵲橋仙·七夕》:「緱山仙子,高情雲渺,不學癡牛騃女。鳳簫聲斷月明中,舉手謝、時人欲去。客槎曾犯,銀河微浪,尚帶天風海雨。相逢一醉是前緣,風雨散、飄然何處。」[64]蘇軾為送別友人陳令舉而作,立意不寫男女悲歡離合,而是寫對友人的離別情思。

南宋四大詩人之一的范成大亦寫了同名為《鵲橋仙》的詞:「雙星良夜,耕慵織懶,應被群仙相妒。娟娟月姊滿眉顰,更無奈、風姨吹雨。相逢草草,爭如休見,重攪別離心緒。新歡不抵舊愁多,倒添了、新愁歸去。」[65]雙星良夜為七月七日,牽牛織女相會的日子,當夜牛郎已無心耕種,織女亦無心紡織,甚至連天上群仙也忌妒了。但是牽牛織女的相逢只在七夕一刻,短暫的相會只是一種別離憂傷。秦觀《鵲橋仙》的名句是「兩情若是久長時,又豈在朝朝暮暮」,范成大寫的《鵲橋仙》表述「新歡不抵舊愁多,倒

添了、新愁歸去」。可見由北宋到南宋，知識份子對牽牛織女故事的解讀，是有更多不同層次和更複雜。以上三首《鵲橋仙》有不同的立意，反映宋朝再生產的牽牛織女故事，較前代對神話傳說人物遭到的感嘆，變成有更多是作者個人主體的感受。

七夕文化習俗方面，在唐代，五代王仁裕在《開元天寶遺事》卷二〈乞巧樓〉記載：「宮中以錦結成樓殿，高百尺，上可以勝數十人，陳以瓜果酒炙，設坐具，以祀牛女二星，嬪妃各以九孔針五色線向月穿之，過者為得巧之侯。動清商之曲，宴樂達旦。士民之家皆效之。」[66] 唐太宗在七夕時舉行宴會，宮中會以錦緞結成高百尺的乞巧樓，並設瓜果酒炙以祀牽牛織女星。妃嬪各用五色絲線，以九孔針對月穿針，過者為「得巧」，宮中的七夕習俗亦為民間仿效。

另外，被後世稱之為「詩聖」的杜甫，也以牽牛織女為題材，寫了一首同名的詩《牽牛織女》：[67]

牽牛出河西，織女處其東。
萬古永相望，七夕誰見同。
神光意難候，此事終蒙朧。
颯然精靈合，何必秋遂通。
亭亭新妝立，龍駕具曾空。
世人亦為爾，祈請走兒童。
稱家隨豐儉，白屋達公宮。
膳夫翊堂殿，鳴玉凄房櫳。
曝衣遍天下，曳月揚微風。
蛛絲小人態，曲綴瓜果中。
初筵裛重露，日出甘所終。
嗟汝未嫁女，秉心鬱忡忡。
防身動如律，竭力機杼中。
雖無姑舅事，敢昧織作功。
明明君臣契，咫尺或未容。
義無棄禮法，恩始夫婦恭。

小大有佳期，戒之在至公。

方圓茍齟齬，丈夫多英雄。

　　詩歌除了描述牽牛織女的故事，還描述當時七夕節的傳統風俗，如「曝衣」及「蜘網乞巧」，唐代起七夕習俗逐漸變得豐富。

　　宋代隨着乞巧風俗的盛行，京城更出現專賣乞巧物品的市場 —— 乞巧廟會。《醉翁談錄》記錄宋代過七夕節的場景和一些風俗。《醉翁談錄‧七夕》記載：「七夕，潘樓前買賣乞巧物。自七月一日，車馬嗔咽，至七夕前三日，車馬不通行，相次壅遏，不復得出，至夜方散。嘉祐中，有以私忿易乞巧市乘馬行者，開封尹得其人，竄之遠方。自後再就潘樓。其次麗景、保康諸門及睦親門外，亦有乞巧市，然終不及潘樓之繁盛也。夫乞巧樓多以采帛為之。其夜，婦女以七孔針於月下穿之，其實此針不可用也。」[68] 當中便寫及宋代設乞巧市，以至買賣乞巧物的盛況及車水馬龍的熱鬧景象。不只最繁華的潘樓有乞巧市，孟元老《東京夢華錄》卷八記載：「七夕前三五日，車馬盈市，羅綺滿街，旋折未開荷花，都人善假做雙頭蓮，取玩一時，提携而歸，路人往往嗟愛。又小兒須買新荷葉執之，蓋效顰磨喝樂。兒童輩特地新妝，競誇鮮麗。至初六日、七日晚，貴家多結彩樓於庭，謂之乞巧樓。鋪陳磨喝樂、花瓜、酒炙、筆硯、針線，或兒童裁詩，女郎呈巧，焚香列拜，謂之乞巧。」[69] 文中提及七夕的盛景，可見當時七夕乞巧的習俗普及民間。

　　前文提及「喜珠應巧」，南北朝時期是以蜘蛛會否在供果上結網作為判斷乞巧是否應驗。而從南北朝起，「喜蜘應巧」隨着時間流轉而變化，不同時代有不同風俗。唐宋時期，五代王仁裕在《開元天寶遺事》卷二〈蛛絲卜巧〉記載：「七月七日，各捉蜘蛛於小盒中，至曉；視蛛網稀密以為得巧之侯。密者言巧多，稀者言巧少。民間亦效之。」[70] 宋代周密《乾淳歲時記》記載：「以小蜘蛛貯合內，以候結網之疏密為得巧之多久。」[71] 唐宋時的「喜蜘應巧」是以蜘蛛結網的疏密作為精巧標準，判斷乞巧的高低，民間亦盛行此種乞巧的判斷方式。明代田汝成〈熙朝樂事〉記載到七夕「以小盒盛蜘蛛，次早觀其結網疏密以為得巧多寡」，宋代孟元老《東京夢華錄》卷八記

載七月初七「以小蜘蛛安合子內，次日看之，若網圓正謂之得巧」，宋朝知識份子以結網的疏密及結網的圓正，為仕女向天上織女乞巧後是否得到纖巧手藝啟迪的判斷標準。[72]

走入民國，七夕文化仍然流行。依危丁明、潘淑華、黃永豪等學者，已指出民國時期廣州市風俗改革委員會曾改革七夕「燒衣」習俗，但成效不大。[73]

另一方面，教科書及教材都有表述七夕故事，也有不少地方志書記錄各地舉辦七夕節，從地方上呈現同一節日不同慶祝活動的現象。

民初學者胡樸安於一九二二年編《中華全國風俗志》，當中記錄了全國自明清至上世紀二十年代，中國各地舉辦七夕文化的情況。順天良鄉縣有「七月七日，婦女乞巧，授針於水，借月影以驗工拙」及固安縣有「至夕（筆者按：七月七日），設瓜酒脯，祭織女」；[74]在浙江西湖有「七夕，市中以土木雕塑孩兒，衣以彩服，號為摩喉羅」，[75]嘉興府的七夕為「七夕，瓜果雜陳，曰乞巧」，[76]金華府者為「七夕，女子夜間陳瓜果，祭賽乞巧」，[77]西安縣為「七夕，小兒以五日所繫之彩索剪之，泛以水，送置屋上，為鵲橋之渡」，[78]嚴州府七夕為「七夕，婦女設祭於庭，穿針乞巧」；[79]福建的七夕是「婦女陳瓜果、茗碗、爐香各七，用針七枚，於暗中取繡線穿之，以卜得巧之多寡」；[80]湖北有「七月七日，為牽牛織女聚會之夜，是夕，人家婦女結彩縷，穿七巧孔針，陳瓜果於庭中，以乞巧」；[81]湖南一地的七夕節為「七月七日為牽牛織女聚會之夜，是夜人家婦女結彩縷，穿七孔針，或以金銀鍮可為針，陳瓜於庭中中，以乞巧，有喜子網於瓜，則以為符應」；[82]廣東一地的七夕節也有：「七月七日，暴衣書，家汲井華水儲之，以備酒漿，曰聖水；兒女以花果作供，捕蜘蛛乞巧。」[83]廣州一地也有「七夕之夜，雞初唱，汲河水儲之，以療熱病。若雞二唱，則水珠不同，不能久儲矣」。[84]

尤其可以注意廣州一些地方，曾有詳記七夕活動，《廣州歲時紀》曾記錄「一般待字女郎，聯集為乞巧會」，先備辦以通草、色紙、芝麻、米粒等，製成花果、仕女、器物、宮室等等，「極具鈎心鬥角之妙」，更於初六日陳在庭院，「雜以針織、脂粉、古董、珍玩及生花、時果等，羅列滿

桌」，富人更羅列十方桌，邀集親友，喚招瞽姬（按：胡樸安說：俗稱盲妹），終夜之樂。而貧家小戶也「必勉力為之，以應時節」，初六夜初更時，焚香燃燭，向天禮叩，民間稱為「迎仙」，自三鼓以至五鼓，「凡禮拜七次，因仙女凡七也，曰拜仙」，禮拜後，取持綢絲穿針孔，穿過者便是「金針渡人」，更焚紙製圓盆，盆內有紙製衣服、巾履、脂粉、鏡台、梳妝等物，「每物凡七份，名梳妝盆」，初七日陳設物仍不能動，至夜仍禮神，如初六交夜，名為「拜牛郎」，此只為童子主祭，女子不參與。禮神後，食品玩具贈送親友。已婚女子不參加拜仙的活動，新嫁初年或明年必行辭仙禮一次，「即於初六夜間，禮神時加具牲醴、紅蛋、酸羌等，取得子之兆」，又設沙梨、雪梨等果品，「取離別之義」，其他女子禮神時，撤去以上物品，並於初七午間，只有幼小子女者禮神於檐前，禮成，燃一小梳妝網盆，「曰拜檐前」，求子女不生瘡疥，更汲清水儲於壇內密封，「曰七月七水」，「調藥治熱性瘡疥，極有特效」。[85] 又有記載廣州西南關城區於七夕節有「廣州風俗，甚重七夕，實則初六夜」，仕女每於初六夜，於庭設鵲橋，陳瓜果，焚檀木，燃巨燭，錦屏繡椅，「靚女列坐，仕人入觀不禁，至三更而罷，極一時之盛」，陳設物品「又能聚米黏成小器皿，以胡麻黏成龍眼、荔枝、蓮藕」，「家家皆具有秧針二盆」，植以薄土，蓄以清泉及青葱。[86] 另一位作家歐陽山在〈三家巷〉寫及上世紀二十年代，廣州人士慶祝七夕，於七月初六，已有仕女在「神廳前面正中的地方，放着一張擦得乾乾淨淨的八仙桌子，桌上擺着三盆稻穀發起的禾苗。每盆禾苗都用紅紙剪的通花彩帶圍着，禾苗當中用小碟子倒扣着，壓出一個圓圓的空心，準備在晚上拜七姐的時候點燈用的。這七月初七是女兒的節日，所有女孩子都獨出心裁，做出一些奇妙精緻的巧活兒，在七月初六晚上拿出來」。至晚上，八仙桌的禾苗盤上也點油盞，有的未婚女孩會擺出不及一吋的釘花繡花裙褂，也有一粒穀子一樣大小的各種繡花軟緞高底鞋、涼鞋、平底鞋、木底鞋、拖鞋及五顏六色的襪子，也有羅帳、被單、窗簾、桌圍、扇子、手帕、梳妝用具、胭脂涼水粉，也有些女士在家門前放四盆香花，分別為蓮花、茉莉花、玫瑰花、夜合，每盆有花兩朵，一朵真的，一朵假的，在家門外任人觀賞及品評，主人不會責怪他

人唐突，反而殷勤招待，多人欣賞者，代表此姑娘受歡迎及「有體面」。[87]
廣州人士的七夕節，有的在七月初六舉行，不一定在七月初七，陳列物品也
多樣化，更有與其他地方不同的儀式，如放四盆花。未婚仕女雖不是在當
天參加選美比賽會，但她們也有互相比較家中所佈置的七夕物品及衣飾的
心思。[88]

　　廣州俗文學作品也有記錄民初歌妓以說唱方式，把七夕故事向民間流
播。清末民初粵語說唱曲藝文學作品《再粵謳》，也記錄廣州歌妓因七月初
七見天上織女與牛郎相會，引以自傷身世，未能找到如意郎君：

> 　　自係我與郎分手後。如同七夕盼望牽牛。織女重話有鵲橋同敘首。我
> 懷人唔到所以咁心嬲。獨惜我呢花債孽緣何日受夠。[89]

　　廣東的台山、開平、恩平等縣城，在農曆七月初六晚，「家家戶戶在
天井，陽台或院子中擺上桌子，陳列涼粉、芝麻糊、蔬果、點心，斟七杯
香茶，插七支線香，由未嫁少女端上自己用綠豆砌成圖案、文字的『乞
巧菜』，各天河的牛郎、織女星祭拜，乞求靈巧智慧」，拜時口念〈乞巧
詞〉：「乞手巧、乞眉秀、乞心通、乞顏容、乞我爹娘千百歲，乞我姊妹壽永
長。」[90] 拜後共食祭品，至初七早上收回，並換上新鮮的茶，名為「換盞」，
至此「慕仙」程序便完成了。佛山的七夕節，除了製作七姐盆外，也在七
月初七時，在各人的家中灌儲「七夕水」和「冬瓜水」，把新鮮冬瓜洗淨砌
成小塊，放入陶罐，填滿壓實，不加水，然後嚴閉蓋口，加紅泥密封，奕在
房內陰涼處，三年後，才開始飲用。據當地資料記載，飲用「冬瓜水」對
治療溫熱、中暑、發燒有奇效，而雷州群眾更在七月初七，因天上「七仙」
姐妹在銀河水裏沐浴嬉戲，故婦女也要在此天「用河水抹擦身體」，所謂
「洗了銀河水，潤皮膚、不生熱痱經此一洗也會沉失」，洗了銀河水能少生
疾病。[91]

　　山東榮成縣又在七夕當天立巧芽，「七月初一晨間，各家小孩，趁朝曦
未出時，咸取盒，置些許細沙麥子於其中」，待「發芽好歹，定小孩之巧

拙」；另又立有巧花，「用麵粉製成種種食品，或蓮蓬形，或金魚形，或荷花形、竹籃形等等，不勝枚舉」，更說「七夕吃過巧花，能使人巧」；[92] 至於江蘇七夕風俗，為：「七月七夕，五更時謂有巧雲見於天，於是閨女皆乞巧焉。乞巧之法，於初六日取淨水一碗，置日中曬之，夜露一宵。初七日清晨，折細草，取浮水中，視其下所現之影形狀如何，而有種種名稱，或戥子，或算盤，或針，或如意，或必定。」[93] 吳中於七夕前，市民多賣巧果，「有以麵和白糖，縮作結之形」，又以花果、果仁，陳香於庭，或在露台之上，禮拜天上雙星，「以乞巧」；[94] 有些位於福建的村落在七月初七卻是「祭祖禰，謂之迓亡，連享七日，焚楮薦之」；[95] 四川的連州也在七夕，「謂之七月香節，備酒肉茶鹽米糍，各二碗，箸兩雙，祀其先祖，此節瑤人最重」。[96] 湖南一地，因為七月初七為分離情侶團圓的日子，故有些城鄉以此天為「晨起兒童散髮以取草露，冀髮青長。此日多定婚、納采」。[97]

清朝北京的崑曲劇目，也有演「七夕」。道光三年，已見七月七日，在「七夕佳辰，雙渡銀河戲」一幕的演出上，金母率瑤池仙子八名在台上跪進巧果八盤，並設「鼓、弦子、笛、嗩吶、小鈸、笙、喇叭」。又有崑曲團體上演《七夕承應》、《七襄報章》、《仕女乞巧》，[98] 其中一角扮演天孫織女，表述職司機杼，「天孫巧贊天工，織成雲錦，夏逾雪藕，避暑招涼，冬敵香貂，暄肌煥至，洵為希世之奇珍」，天帝孫女織女希望把織布方法傳於民間，故渡河「遇有絕頂聰明，兼有福德的女子，便把龍梭傳授他，教他轉相傳授，一同黼黻升平」，更有橫過銀河往民間，其後更演出民間仕女禮祭七姐情景，又有一老婦唱出：「想是天仙娘娘，變戲法我們看。」另有一「拙婦醜婦」相互說唱出「仙樂鏗鏘，天孫駕雲而去，此皆我等兩個虔誠所致也」。故事不是談及牛郎織女由分離至每年七夕鵲橋相會的故事，而是談織女下凡賜巧，民間禮祭求巧。[99]

近人王汎森已指出：「這一百年來，我們對知識的了解、定義、詮釋、範圍，大多是跟着新式教科書走的，就是像突然一陣風吹來，人們的思維世界悄悄轉換成教科書或其他新書中的定義、新概念，此後大家而不自知。」在新式教育下，教科書及教材成為學生在特定的學習環境下，教員用以傳播

知識的工具。教科書及教材建構圖像，成為學生吸收知識的重要途徑，七夕文化由是藉新教育媒介成為「知識」傳給中小學生。[100]

七夕故事也走進民國兒童讀物。上世紀三十年代胡懷琛等編的《中國神話》收錄了〈牽牛織女的故事〉一文，當中談及銀河，此書表述「織女就是天帝的女兒，她很聰明，又很勤快，一天到晚，只是坐在那裏織錦，她織的錦，很精巧，很美麗，天帝很喜歡她，就將她嫁給牽牛郎」，織女成婚後，貪遊戲，不去織錦，天帝遂「把織女叫了回來，仍住在河東，每年只許和牽牛郎會一次面」。[101]於一九四六至一九四八年葉聖陶等合編的《開明新編國文讀本》，輯錄葉至善的〈織女星和牽牛星〉一文，文章仍寫織女婚後怠惰，天帝怒了而令織女和牛郎只能於每年七月七日相會，作者藉此表述「不論哪一個都該勤勞地工作，要是誰怠惰了，誰就該受到懲罰，連天帝的孫女也不能例外，這樣平等的勞動世界顯示出農人們對於人的世界的期望」，而不是「歌詠離愁別苦」。文中也藉介紹織女星、牽牛星、銀河，以此表述天文學知識。[102]此書為中小學生用的中國語文教科書，由此也把七夕故事化成「知識」傳給學生。

中國的七夕文化具有民間信仰多元化，及不同鄉縣各依其鄉縣本地文化的特點，能把七夕文化進行「在地化」。而中國傳統的七夕文化具有以下特色：（一）有些地方在七月初六晚上或七月初七凌晨舉行拜七姐的活動，故不一定在七月初七晚上進行七夕祭祀活動。（二）七夕節主要是為女子求手藝或手巧，在傳統社會而言，是求天上織女賜予精美的織布手藝，但七夕也漸漸具有女子求成婚，為小孩子求功名，定小孩巧拙的功能；也具求子、求福、求符、祭祖、去瘡疥的作用。（三）祭祀物品多元化。七月七日的節慶物品主要是花果，以香火祭祀，也設酒、肉、茶、鹽、米糍、麵、白糖、清泉、青葱、沙梨、雪梨、紅蛋、酸羌等；更用麵粉製成種種食品，或蓮蓬形，或金魚形，或荷花形，禮祀七姐，又或以米黏成小器皿，又或以胡麻黏成龍眼、荔枝、蓮藕，又用針線，更焚紙製圓盆，盆內有紙製衣服，巾履、脂粉、鏡台、梳妝、梳妝盆等物，並以秧禮祭牛郎。（四）七夕文化具有傳統農業生產的民俗特色。農業社會自然需要農田及耕地，漢代已有文獻記

載以一人牽牛，一人掌犁轅，有二牛拉車為「耦犁」，更有不少「放牧牛耕圖」，身為牛郎的男子，自然與動物的「牛」發生密切的關係。至於手工業方面，農民家庭手工業生產的產品既供家庭消費，也能拿來出售。家庭手工業主要以紡織為主，主要由婦女承擔，依《漢書‧食貨志》記載「文帝即位，賈誼說上曰：『一夫不耕，或受之飢；一女不織，或受之寒』」，[103] 把婦女紡織上升至男子耕田同等重要的地位。由是在中國傳統社會，婦女自然希望上天賜予精巧的手藝，由是多在七月初六或初七晚上供奉及禮祭七姐，望賜予巧手，由此可見，傳統的男耕女織社會與祭祀牛郎及織女的關係。

二、七夕故事在香港的流播 [104]

香港的七夕節日文化，約於清末在廣東傳入。一八九五年《香港華字日報》中的〈乞巧吃驚〉，記載一八五〇年代廣東地區的七夕文化被帶到香港。報道中記載在一八九五年中環「士丹頓街某眷，初六晚筵陳瓜果，燈色輝煌」，可見香港已有乞巧的習俗。[105]

一九二六年，香港初有大型商業性的七夕慶祝活動，由先施百貨公司舉行天台乞巧會。一九二八年八月十三日的《香港華字日報》，報道了連續第三年舉行先施天台七夕的消息，這個七夕活動是由七月初一起，一連十日舉行。活動內容並沒有七夕傳統習俗的元素，而是以七夕作為向外宣傳的賣相，以此為展覽會的宣傳要點，吸引客人光顧。[106]

雖然香港的七夕文化是從廣東地區傳入，廣東市民參加七夕節理應比香港更熱衷及熱鬧，但於一九二八年，廣州因政治不穩，影響了經濟發展，也間接使廣州市民未多加投入廣州七夕文化。一九二八年，廣州一地涉及七夕題材的物品銷情不佳，商鋪多是販賣去年滯銷的貨品，價格更為便宜。依《香港工商日報》報道，「大約因共亂之後，居民購買力弱，不得不爭相貶價，以求主顧之故，例如成座之海珠公園、中央公園、海珠戲院。盤絲洞、士林祭塔、佳偶兵戎、八仙過河等，從前每座以五元起，現則像從仙過河、盤絲洞等比較精彩靈動，略為價昂外，其海珠公園等，每座僅售價一元餘，

他如鵲橋彩簾船、前售二元、現售七八角，小盤花前售一元餘、現售三角、蠟頭公仔蝦精魚精等，則僅每座售七八仙」，[107] 影響了廣州的經濟及廣州人士的購買能力，由是也影響慶祝七夕的活動。次年七月，七夕的節慶活動也受外力影響，風俗改革委員會以捐耗金錢為由，議決禁止市內婦女舉行七夕燒衣等陋習，令廣州市內紙寶冥鏹行商人以影響其營業銷路為由，反對政府施行取消七夕燒衣政策。但八月，當局更禁拜七姐，以拜七夕是不良習俗、虛耗金錢、無益等為由，並禁止販賣七夕有關用品。風俗改革委員會的禁令雖未完全禁絕民間七夕拜仙的風氣，但已不及昔日廣州市民慶祝七夕的熱鬧情況。[108]

反觀上世紀二十年代末的香港，未因國內情況，影響香港市民慶祝七夕活動，一九二九年的七夕節慶更為熱鬧。其時，香港沒有像廣州的經濟環境不佳及受國民政府風俗改革委員會施政的影響。一九二九年八月，香港一間於威靈頓一八八號的馥華公司，更大量購入七夕用品以圖利益。七夕時，該公司的七夕用品十分暢銷，《香港華字日報》更形容專售七夕用品的馥華公司「其門如市，大有應接不暇之勢」。先施百貨公司則在大廈天台舉行乞巧大會，多搜奇集異，規模也較去幾年龐大，更增設電影噴水池、真鐵道行、真火車等等。這一年香港的七夕慶祝盛況超越了廣州。[109] 一九三○年，香港販賣以七夕為題的物品，依然暢銷。是年在利園舉行乞巧會，除了舉行與乞巧相關的節目外，還有魔術表演以助興。乞巧會也列有牛郎織女和銀河鵲橋等。一九三三年，《天光報》提及香港經濟不景氣，但七夕節熱鬧不減去年。同時，報道提到七夕習俗，一般初嫁新娘及閨中少女，視七夕為慶典日，已嫁者乘此機會表示其郎君闊綽，在戚友前炫耀緣得富有大家。[110] 未緣者焚香拜祭求得如意郎君。三十年代初，七夕是香港女性重視的節日，牽牛織女代表美滿愛情，仕女多向雙星祈求賜予美好姻緣。一九三六年仍有先施舉行七夕會，以雙星相會的傳說為基礎，特設一座渾天儀給觀星，此七夕會一晚人數逾千，非常擠擁。[111] 可見上世紀三十年代初至中期，香港慶祝七夕之盛。

一九三七年七月七日中日發生全面戰爭。一九三八年，在嚴重的國難當

前，香港七夕節慶祝活動轉向冷淡，港九各區紙料店販賣與乞巧相關的用品，購者不多，不同昔日七夕節的熱鬧盛貌。[112] 國難當前，香港市民更願花費以支持中國內地及香港的抗日活動。四十年代初，中國內地大量難民湧至香港，香港生活艱難、物價高漲，大多香港市民未有較多金錢於七夕活動慶祝消費。一九四八年，香港報章對於七夕的報道同樣是關於七夕市道的冷淡。此年七夕前夕，洋貨店會陳列各式脂粉，紮作店門前設「七姐盆」等。一九四八年的《華僑日報》提及因戰後香港商情不景，市民購買力弱，對比一年一度乞巧佳節，市民多抱得過且過的心態，所以此年尤其市場冷淡，也影響了市民慶祝七夕。[113]

一九四九年十月一日，中華人民共和國成立，使五十年代香港七夕發展產生變化。五十年代起，香港仍是經濟不景氣，影響七夕節慶，拜仙的用品，如七姐盆等都未見暢銷。以往燒七姐盆、拜仙多是富貴人家，會提前訂製巨型七姐盆，但在一九五〇年未見此景象。[114] 當時香港市民慶祝七夕景況較為冷淡，並非人們不重視乞巧節，而是整個香港工商業不景氣，居民消費力弱，不多人肯花金錢在七夕慶祝活動。中環閣麟街的七夕市場，在前一年還攤檔林立，人群甚多，到第二年不少攤檔陳列品都沒去年講究，採買的市民更是選擇購買較便宜的物品。其中購買拜七姐最流行的紙紮梳妝盆（七姐盆）的香港市民不多，就算有購買者，也是選最小型的梳妝盆。而被香港女性遺忘的宮粉和胭脂紙卻銷量佳，洋貨店把宮粉擺在櫥窗上最顯眼位置，《大公報》甚至稱此情此景為「宮粉的黃金時代」。[115]

一九五〇年，香港多會舉行乞巧會慶祝七夕。較熱鬧的遊樂場多舉辦乞巧節，運用各種「佳會」等名堂吸引客人。鑽石山華清池舞園一連三晚舉行乞巧節歌舞大會，表演節目有粵曲、舞蹈等，亦有水藝會。北角月園亦有舉行兩晚七夕遊園大會，佈置華麗供桌香案，慶祝牛郎織女相逢。[116]

這年乞巧節最值得一提是「牛郎」、「織女」歸隊到勞動人民隊伍去，有很多盛大的乞巧會，是由工會裏的婦女舉行的晚會。她們在會中團結教育自己的姊妹，了解到「牛郎」、「織女」代表的「封建」時代已過去了，二十世紀是自由幸福戀愛時代。

當時中華人民共和國正式成立，內地推行新政策，當中包括推行新婚姻法，故年青男女應是自由會面，不應如「牛郎」、「織女」一年相聚一次。一九五〇年《大公報》刊登的〈牛郎織女從此翻了身，港九工人們七夕聯歡〉一文報道港九工會舉行了「七夕聯歡晚會」，號召擁護新婚姻法，及響應工聯會失業醫藥救濟福利運動。[117] 另外，紡織業工會也舉行了「七夕聯歡晚會」，目的與前者一致。當中表演了「牛郎翻身」、「織女解放」兩幕話劇，慶祝新婚姻法實施、織女解放，祝土地改、牛郎翻身。[118] 大會主席陳綺薇表示在過去舊社會的制度下，「牛郎織女」得不到婚姻的保障。中華人民共國政府發佈新婚姻法，保障了婚姻自由及家庭幸福、兒女的權利。七姐是代表團結友愛互助，望大家能向七姐學習，響應工聯會失業醫藥救濟福利運動，並表示希望組織「七姐會」。大英煙廠華員職工會舉行的「七夕聯歡晚會」，由華員會婦女部主任主持，大會指出「七姐」人數一年比一年增加，形式上由純粹拜仙，改進為聯歡晚會，證明了女工在職工會和工聯會領導下，走向大團結及逐漸改進了女工的生活。[119] 九龍船塢勞工聯合其歌劇團的女同學，舉行「七夕聯誼晚會」，當中亦有紅磡街坊婦女參與。大會主席致辭，提到舉行晚會的目的是反對「牛郎織女」式的勞動觀點。號召聯合工人及學生，粉碎「封建」壓迫，女性應參加生產建設和建立正確的勞動觀點、正確的戀愛觀。女同學講話也表明婦女現今已解放，應反對好吃懶做，指出為戀愛防礙工作是不正當的行為。[120]

五十年代起，香港的各種不同工會，均在七夕時舉辦活動團結工友，而七夕是女性主導的節日，故這些七夕活動皆由女性主持。「牛郎織女」男耕女織的形式，被視為「舊封建社會」的產物。五十年代香港婦女角色轉變，不再只是「男主外，女主內」的形式，而是婦女多參加社會工作，加上新婚姻法的影響下，婦女已是「被解放」。

比起三十年代香港婦女視「牛郎織女」代表美好姻緣，至五十年代「牛郎織女」被視為不能仿效的對象，提倡女性不能為戀愛放棄工作，應自立並參加生產建設。

五十年代中期，七夕拜仙節慶未減，不少地區有七夕會，在七月七日晚

上，灣仔一帶的大廈天台也設七姐盆。[121] 一九六〇年仍有不少社團如期舉行七夕聯歡會，如香港華人革新會婦女部。她們依舊會在晚會中強調「新時代女性不再相信鬼神支配自己命運，要靠自己力量爭取自由和幸福」，晚會中各行業的女工更展示其手工藝，競賽手巧，配合乞巧習俗。[122] 到了一九六二年，開始有報道指出香港七夕不大盛行，七姐會大大減少。香港此時雖仍有拜七姐的習俗，但已趨淡；乞巧節前各種化妝品銷量逐年減少，例如過去七月初五、六兩日，化妝品公司每天銷貨二千元的產品，已減至五六百元。[123]

六十年代末，《工商晚報》報道香港年青人趨向「西化」，年青人心中表述的情人節，只屬於西方情人節。乞巧會逐年減少，只有新界農村尚保留慶祝七夕習俗，市區大廈不再見掛起七姐盆。市面上紙紮香燭店仍有售七姐盆，但購買者逐年減少。[124]

另外，六十年代南來文化人及香港文學家劉以鬯，也於一九六〇年代撰寫〈牛郎織女〉的故事，在報刊上連載。整個故事共九十五回，共五萬九千多字，劉氏除了表述傳統織女與人間被兄嫂欺侮的牛郎成婚，後誕生兒女，天帝震怒，以天神逮織女回天界，終於王母下令每年七月初七由喜鵲築橋讓他們相會的故事外，更注意表述織女「不喜歡這種刻板的生活」。這生活為「織女雖說是神仙，但是日以繼夜地住在織布機邊，當然也會感到辛苦的。她常常走至窗邊去向靈鵲訴苦，靈鵲非常同情她的處境，苦無辦法使她獲得快樂」。雖有王母娘娘立下仙規，禁止仙女們萌生求異性的想法，但仙女早已想往天界以外的世界。作者更認為「仙規可以約束仙女們的行動，未必就能管得住仙女們的思想。正因為如此，像織女、雙成和雲英這樣的仙女，有時候就不免要偷看一下人間的繁華了」。其後，因為喜鵲王支持織女，號召鵲群與天神率領的天兵相戰，天兵戰敗，促成王母批准七月初七鵲橋相會。織女仍不甘心，「既然有勇氣抗王母的意旨，當然有勇氣接受王母的懲罰」，終於接受一年一次聚會，「兩人雖已重新生活在一起，但只因牛郎太過柔弱，不僅得不到預期的快樂，抑且更加痛苦。銀河邊依舊一片寧靜，但這凝固似的寧靜卻教牛郎無法平衡自己的情緒」，在劉氏筆下的織女具有勇

於挑戰的性格。[125]

可見香港的七夕節慶在上世紀二十年代起興起，至三十年代最為熱烈，但三十年代末，在抗日戰爭的影響下，香港七夕文化的發展漸趨冷淡。中華人民共和國正式建立後，五十年代的香港七夕文化發展雖略見再興，但是仍受到經濟不景氣影響，乃至七十年代初，港英政府也在六十年代的暴動後，廣建公共房屋及推動工業發展，香港工廠日見林立，而居住在公屋的女士也多往工廠工作，有些未婚的「工廠妹」，尤喜於七姐誕時，與志同道合的女孩於七夕晚上「金蘭結義」，又禮祭七姐，如稱為「石硤尾七姊妹」的七位未婚、十多歲的女孩，既居在石硤尾公共房屋，又往新蒲崗立新大廈製衣廠工作，這七位女孩相處日久，特於某一年的七夕晚上，結拜為金蘭姊妹，並以剪刀、針線等針織品及七姐秧、鮮花、水果，上香七姐，祈求「獲得如意郎君」。[126] 八十年代末，因不少香港紡織工廠遷往中國內地，求巧藝、祭祀織女等香港七夕慶祝活動也漸漸式微。

筆者也曾憶起兒時生活的七十年代，母親仍命筆者及妹妹，在七月初七的下午於家中摺壽金為禮祭品，準備在當天晚上，往家中的露台禮拜七姐及牛郎。母親對妹妹說拜七姐可求手巧及未來可以有如意郎君，而筆者為男孩，母親便說拜了牛郎後，可以獲神靈保祐，在考試中取得好成績。

由此可見，歷代七夕節慶的傳統不是一成不變，當時人所處的政治、社會、經濟也在變動時，地方傳統內容也會變動。即使是同一「牛郎織女」天上星宿的傳統民間故事，在不同的時代、不同的地方環境，群眾及文人演繹的內容也有分別，更賦予不同的意義，每一位參與者均有其角色及他們對所處社會文化的理解及詮釋，由是形塑七夕文化。[127]

三、神靈呈現：廣東珠村乞巧節、廣州三元宮與香港泓澄仙觀以現代節慶形式表述的七夕文化

近年研究民間宗教文化，已多注意超脫所謂的「迷信」觀點，改從信徒個體的宗教生命及其信仰研究宗教發展，也注意宗教如何與社會變遷密不

可分，以應對時代變遷，由是也注意人、物相互創造的過程。不能否認人、信仰價值及社會關係並不是先於物質世界而存在，而是三者互動，人、物之間也是相互創造的過程，社群的文化關係，透過物與人不斷地被重新建構，物質世界是了解人、文化及社會不可或缺的重要面向，神像、祭祀用品及禮物成為呈現群眾信仰的外在物體，但也要留意各信徒及參加活動者的主體信仰、精神世界與外在物體、外在社會政策、外在科技發展等力量結合，推動宗教文化發展。[128] 本節注意原本抽象或概念化的七夕文化如何透過物質化的過程，具體地在人間呈現。七夕文化原是「男耕女織」的農業社會崇祀神靈而生，移往城市後，七姐形象的變遷情況是怎樣？七夕文化如何在政府協助下，以宗教團體（寺觀）為中心，結合現代普天同慶的「節慶」文化的表現方式，傳播七夕訊息？七夕節於二〇〇六年已獲中國國務院認可為「非物質文遺產」，在中央及地方政府支持下，促進七夕文化在地方的流播，在南方的廣東及香港二地政府的支持及地方社團的自發努力下，怎樣具體呈現七姐、牛郎及七夕文化圖像，在此本節也要強調若只以西方的「嘉年華」概念研究中國節慶尚有待商榷，以現代「節慶」概念及其指涉活動進行研究會較適合。

　　中文的「節慶」，其英文用字為 Festival、Fair、event、gala、megaevent 和 hallmark event 等等單字，均具有歡樂愉悅的意思。歸納研究「節慶」的學者觀回，指出「節慶」為一個民族或族群隨着季節及時間轉移，適應環境，進行承傳的慶典，為「節慶」的簡稱，此也是民族或族群在一個特定的日期或一段時間，在特定的空間進行一起慶祝或感謝的活動。在西方社會而言，節慶也以創造社區本身的獨特性為主，又以一種公開性、主題性的慶祝方式，配合相關機構在一年內固定舉辦的特殊活動，國內外不少國家及地區在慶典中提供食物，把食物與慶典相連，也有些慶典活動在國家法定節日假期中舉行，政府及民間也可以享受，藉舉辦節慶活動，讓地區及國家的文化遺產、傳統神話傳說、祭祀儀式、文學作品、民間故事、舞蹈、音樂服飾、民俗技藝、傳統美食等傳統文化藝術，得以在節慶活動中，向群眾展示，並希望群眾觀賞、娛樂並保存、流佈傳統文化；更有一些學者認為

可以把觀光與時令節慶連繫起來，既使地文化特色進行跨地域、跨國家的引介，也可以創造商機，藉所得的利潤支持節慶活動，也可以增加地域及國家的名聲。[129]

　　雖然，有些學者把「節慶」的內涵包括「嘉年華」，但今天西方「嘉年華」的表現形式如巡遊、派對及公眾舞會均不同於「節慶」。依 Richard Schehner 在 "Carnival (Theory) after Bakhtin" 及 Milla Cozart Riggio 在 "Time out or Time in? The Urban Dialectic of Carnival" 中，指出英文字的 Carnival（中譯為「嘉年華」），拉丁文為「carnev alane」，是具有跨邊界、跨階級、跨性別、跨種族的群眾運動，也具抗爭、以行動反抗政府的意思，並以大型群眾娛樂活動的形式呈現，如巡遊、街頭派對、音樂表演、跳舞、飲酒及戴上面具，且參加的群眾表現得很「狂熱」及「『嘉年華』是慶祝自由」（Carnival is a Celebration of freedom），故有些學者以「狂歡節」翻譯英語的「Carnival」，指稱為期數星期乃至數月的重要節期。在此節日期間，人們打扮一番後巡遊慶祝，具有街頭派對及狂歡氣氛，當代最著名的「嘉年華」是巴西的「森巴大遊行」。[130]

　　研究「嘉年華」的學者 Barbara Ehrenreich 寫有 *Dancing in the Streets: A History of Collective Joy*（中譯本為《嘉年華的誕生：慶典、舞會、演唱會如何翻轉全世界》）一書，中文譯者以中文「嘉年華」一詞指稱書名中的英文「Collective Joy」。Barbara Ehrenreich 在書中指出此為一個民族或族群在特殊時間及空間舉行的狂歡慶典，在此慶典內舉行的儀式及活動，也有民眾聚集唱歌、跳舞，但作者指群眾會「唱誦到精疲力竭」，更有一些群眾穿着奇裝異服、身體繪上圖案，參加者藉參加「Collective Joy」，以追求「狂歡體驗」。近年也有球類比賽加入「嘉年華化」的元素，表現為穿着精心設計的衣服，讓觀眾跟大會演奏一起跳舞，並加入群眾自己的音樂，如搖滾樂，如巴西的「森巴」群眾舞會。[131] 而中國的節慶活動應沒有西方「Collective Joy」的狂歡及激烈，今天而言，群眾的節慶活動，如國慶的慶祝活動呈現的是慷慨熱情，但不是狂歡，一些傳統節慶如端午節的龍舟競賽，多是運動員的熱烈投入，也不是狂歡。當然，每年七月初七舉行的

七夕節，表現的也是中國人的「溫柔敦厚」，群眾投入而不狂歡。而七夕節在「節慶」之中，能保存地區及國家的文化遺產、傳統神話傳說、民間故事、舞蹈、音樂服飾、民俗技藝，又為參與者提供食物及娛樂活動。

近年廣東的珠村，被奉為「國內第一個恢復乞巧活動的鄉村」。[132] 珠村位於廣州市東郊的水鄉村落，為「現代化」廣州購物重要社區 —— 天河區 —— 內，村中以潘姓為重要宗族。自二○○五年起，珠村已於每年農曆七月初七，舉行七夕文化節。珠村人流行「男人扒龍舟，女人擺七娘」，前者為端午節的龍舟競渡，後者便是七夕節。當地社群又名此節為「擺七娘」，也是「乞巧節」。依儲冬愛《鵲橋七夕 —— 廣東乞巧節》指出，明、清時珠村已有「乞巧節」。一九一四年珠村大祠堂也有舉行「擺大七娘」，女子組織「七娘會」，成立專門的「拜七夕會」，於七月初七晚上邀請村中未婚女子乞巧。未婚女子手執針線，手捧錦盒，並在街上對月穿針，繡女接了錦盒，仕女唱歌回應。

儲冬安指出南宋時期珠村七夕乞巧節頗盛，[133] 此時潘姓及鍾姓族群已由中原遷往珠村，並把中原七夕節慶活動帶往珠村，珠村早已種下七夕文化。然而，在城市化發展下，今天珠村的土地被不斷徵用，經濟大為發展，成為「城中村」。二○○五年廣州進行撤村改制，珠村成為「城市居民」，村委取消，代之而為珠村股份有限公司，設兩社區合併管理。儲冬愛更指出，「雖傳統意義上的村民已經消失，村的建制也被取消，但土地的集體所有權制度、社會管理制度及與之相聯繫的『村籍』制度存在。而且，在現代化的天河地區，珠村相對滯後的發展狀況也使它保留了較為完整的傳統村落形態和傳統文化。」[134] 更因潘氏後人在珠村大力推動七夕文化，加上地區政府與民眾的配合，推動珠村為發揚七夕文化的重鎮。

二○○五年，廣州市宣傳部、天河區委、區政府在珠村舉辦了第一屆「廣州乞巧文化節」，因政府參與，提供場地及協助，加上社區商人資助，由是增加宣傳效果，地方交通也較暢達，方便了出遊活動。珠村更在各方面的協助下，獲准建立七夕文化廣場，得以籌辦乞巧文化研討會、乞巧女兒形象創意大賽，村中主要街道均設立七夕文化標誌，可見外在力量如政府、商

人及媒體宣傳的幫助，均是促成七夕文化節流佈的動力。至二○○八年，乞巧文化節已在珠村舉辦了第四屆。

傳統七夕文化節，尤其重視女性的巧手工藝，及後在民間演變成為女子求如意郎君的活動，但在現代化的城市 —— 珠村，雖仍保持女性手工藝，但也要吸收城市化的養份。二○○○年，珠村已進入現代社會階段，在民國前已有舉行的七夕活動，應怎樣與現代社會結合？又怎樣把傳統信仰的概念及精神，具體地藉活動、儀式及祭品，把神靈具體化及物質化後再於當代呈現？

珠村有一本教材《我們的七夕》，為村中的珠村小學之教材。珠村小學是新式學校，在特定的教學環境內，由教員運用教材授課，把七夕成為「知識」（knowledge）傳給後世。此外，小學也會為學生舉行「七巧徵文比賽」，讓小學生發表有關七姐誕、憶七夕、乞巧文化節課題的文章，他們主要是撰寫有關對七夕節的感想，校方也把這些學生作品張貼在校園報告板，公開展示；小學的美術科也在每學期把乞巧節定為課堂上的鄉土教育課程，教導學生繪畫牛郎織女圖像，或以手工藝塑造鵲橋及小型的七姐盆、七姐花籃，也有七夕手工藝及繪畫比賽。二○○六年的七夕，珠村小學舉行「小學生乞巧作品展」，公開展示學生創作及製造有關七夕文化的圖畫及手工藝品；又有學生表演「乞巧舞」，內容是女孩演繹「穿針引線」的故事。依儲安冬表述《我們的七夕》教材，第一單元教導乞巧節的歷史由來及珠村乞巧文化活動；第二單元介紹珠村乞巧工藝，如七姐盆、牌坊、祭祀食物等，從原材料至製作工序，圖文並茂，方便小學生理解，及把傳統技藝傳播至小學生；第三單元是欣賞學生的成果，及邀請學生參加課堂活動，如列「畫一畫，我們的成果賽」，教材也列七夕文化傳說、詩詞、漫畫與彩圖，並從現代生活取材，成功表述「天上牛女渡河橋，民間男女智巧，乞巧與生活融為一體」。[135]

另外，珠村也有舉行以女性為主體的「擺七娘」活動。二○○五年第一屆乞巧節於開幕前，珠村組織了一百三十名中青年婦女參加。

紮作在傳統上也有花卉及大型工藝，主要材料為竹、鐵絲、色紙、通

紙、絹布，並由師傅指導村中的婦女紮作各種花卉，也製成觀音、大小花盆、花座、石枱等，珠村的紮作更配上當代裝飾，如珠片、珠管、珠通、橡皮泥等。二〇〇五年及二〇〇六年，三台七娘，約有一千五百件物品，至於工藝物品的內容，也有人物、公物、動物、亭台樓閣，各類瓜果及植物，更有齋類供品，另外還有五樣必須用以供奉七娘的工藝品，為：梅花春、珠村牌坊、牛郎織女的鵲橋、牛棚、七娘盆（即「七姐盆」），也設一共五個的齋塔，由冬菇、金針、支竹、雲耳、粉絲組成，放在七娘台的前方，稱為「七娘」的「門面」。台上也有供奉其他齋祭品，如有龍眼、蓮藕、香蕉、花生、橄欖、柚子。

珠村牌坊會先畫圖，以電腦打印「珠村牌坊」四字，以珠片鑲邊，也有對聯。鵲橋為七夕文化的主要部份，儲冬愛指出鵲橋微型景觀是以牛郎織女鵲橋相會為佈景，織女的六位姐妹分立於鵲橋兩端，鵲橋旁放有牛郎所居茅舍、牛棚、荷塘、亭院。至於七夕的公仔，主要是牛郎及織女，及織女的六位姐妹。

至於七娘盆為恭迎七仙女從天而降，也名為「七姐下凡」。七娘盆摺紙紮製為一個大圓盆，放在整台七娘的最高處，代表仙女從天而降。七娘盆上放鏡子、剪刀、梳子、篦子、鞋、衣服、爽身粉、塵拂，主要送給七位仙女，更有一份送給牛郎。

珠村村民、廣州市民間文藝家協會副主席潘劍明，於二〇〇一年自費邀請廣州市民協會委員及市內的新聞媒體《羊城晚報》、《廣州日報》的記者記錄、訪問及公佈珠村七夕文化情況。二〇〇六年，廣州的廣東視台也報道村中七夕文化節，潘氏又任七夕文化導賞，帶領參觀者了解珠村七夕文化，又把代表七夕文化的物品，製作成手工藝品，如七姐盆等，另外又邀請拍攝師傅，並找來如專做七夕公仔的民間藝人李光華，把其製作古代人物公仔的程序，全部拍攝及錄製影像，並送往廣州市博物館，予以保存及傳播。

此外，珠村不只藉表演、傳播手工藝及從教學的角度走向民間，更藉現代節慶的要旨 ——「普天同慶」的形式傳播七夕文化。二〇〇五年八月十一日，即七月初七的上午，珠村祠堂進行了「拜七娘」儀式。

當天早上十時，先有八位「粉紅女郎」，以每四人一排，站在祭壇兩側，主持人為珠村小學前校長勞潤波。之後由村中曲藝社以掌板、揚琴、鑼、二胡演奏《銀河會》，又有祝福語，唱《乞巧歌》，其內容為：

> 七月七，乞巧節，珠村祠堂花兒開。花兒開，花兒擺，快把七姐接下來。
> 牽手郎，寫文章，我把紙硯獻文來。我給巧姐獻西瓜，巧姐教我絞菊花。
> 我給巧姐獻蜜桃，巧姐教我來描繪。我給巧姐獻南瓜，巧姐教我學繡花。
> 瓜桃梨兒棗，年年來乞巧。誰個手藝高，明年七夕瞧。[136]

此歌詞上承傳統，向七姐求手巧工藝，但已開始會向七姐求「描繪」，現代社會的女孩求手巧已不只是要穿針引線，也要繪畫；尤特別者，可以注意向牛郎求的不是農耕技藝，而是求功名，求寫文章，此也是上承傳統「男望功名」的禱告，但更見適合現代社會父母的期望，即男孩就學獲取美好的學業成績。

大會再進行「迎仙」儀式，舉行上香，再行對拜及洗手，再行祭祖，面向天空禮拜七次。傳統而言，參加者應是未婚的十八至二十五歲的女孩，但是次多位女子「已為人母」，表演時已婚女子把幼子安放祠堂。儲冬愛訪問過參加女士的感受，有受訪者說：「過去是看誰家的姑娘手巧不巧，現在呢，不是這樣了，就是娛樂一下，像牌坊，是分工合作，好多人一起做，代表整個村。」[137] 女士參與七夕活動，主要是娛樂，也有被訪者說參加七夕活動是為家庭求幸福，也有說是希望七姐帶給丈夫及家庭收入，改善現時生活。由此可見，神靈的七姐走向城市化的珠村，信眾向七姐由「乞巧」轉向「乞富」，為家庭求「福祿壽全」、「求財」，及娛樂。[138]

還有，珠村七夕節的儀式已沒有昔日的拜仙、辭仙、慕仙，已婚及未婚者均可拜七姐，除了參與擺七姐的演員及行政人員外，其他人士也可以參加拜七娘，男士及女士給「香油錢」就可以；行政人員更把女士名字寫在拜七

娘名單，凡在名單上的婦女可獲贈禮物，如七娘粉、一條紅線及一根針，也有七娘餅（棋子餅），尤特別者，大會要求女士要親自把線穿過針，以示完成「拜仙」。

「拜仙」後，玉女行至一旁，待巧女出場。巧女是村中八位中老年婦女，玉女與巧女一起拿針，拿線，對着太陽，完成彩線穿過針孔的活動，成功者舉起，既獲在場的人士拍掌，也把完成彩線穿針的成果放在祭祀的香案。

二〇〇五年七夕節珠村舉行巡遊活動，廣東粵劇團、廣州藝林紙品有限公司、廣州工人醒獅協會、珠村巧女隊、吉山女子威風鑼鼓隊、廣州油製氣廠隊、珠村隊，均參加八個方陣巡遊活動；而珠村巧女隊在沿途表述「拜仙」故事，並把「擺七娘」的活動展示。是次活動不如傳統七夕節在晚上舉行，而是改在陽光普照下，向群眾展示「拜仙」。

此外，在地方政府的協助下，珠村也舉行「乞巧女兒形象大賽」，在晚上又舉行「七娘戲」、「七娘電影」，整整一個星期都在進行「乞巧文化節」。「乞巧女兒形象大賽」築了鵲橋，由花車載牛郎織女，巧女隊則手挽乞巧籃花，車上還有珠片花、米花、穀花、七夕公仔、羅漢塔。

二〇〇八年，舉行「乞巧節」的地點由珠村移往市區中心的正佳廣場。當天設「乞巧放針」活動，要求參加活動的女士，先對着七仙女許願，後在水上放針，細針浮起預示七姐賜心靈手巧。此外，又有七夕工藝。二〇〇七年珠村的乞巧節，設置一條「七夕路」，沿途掛上七夕圖案的紅色燈籠，又在珠村祠堂擺鑼、鼓、二胡、揚琴奏樂，曲藝社表演的劇目有：《七夕銀河會》、《七月七日長生殿》，除了表演與七夕文化有關的名劇外，也有依崑曲改編的《一錠金》，又創作《乞巧風情滿珠村》，用子喉對唱，吉山村其中一位婦女更反串平喉。歌詞除了表述乞巧，還有「七夕仙姬相約銀河，會牛郎」、「有幸作巧女，穿針又引線」的巧女勤精，又要「弘揚民俗文化，珠村兒女勇當先，勇當先」，更要「拜天仙，祈願風調雨順、國泰民安、人康健。擺七娘，展示心靈美麗，希冀幸福姻緣。歌舞升平人所願，和諧同沐艷陽天」。[139] 拜七姐不只為女士求天賜手巧，也有求美好的姻緣，更要弘揚鄉

邦文化，以及祈求國泰民安，把原屬於個人的祭祀活動，變成求國運祈福的節慶活動。

普天同慶的群眾活動，既為參加者提供巡遊、粵劇欣賞外，更提供食物。在一星期的七夕活動也設「七娘飯」，珠村流傳「食咗七娘飯，心靈手巧，婚姻美滿，家庭幸福」。「七娘飯」的食物為：上素羅漢齋、雪耳燉蓮子湯、腰果蓮子炒百合、美滿四杯雞、梅子雞，寓意百年好合、吉祥及添丁。昔日的七娘飯是不給男子用的，今天則是男女老幼共享。

二〇〇五年的乞巧節又舉辦「吉祥物」節徽設計比賽，勝出作品為一對相依相偎的「情侶貓」，一黃色一灰色，代表牛郎織女愛情的項鏈，把兩隻貓的頸項連成一起。及後，因不少市民反對以「情侶貓」為吉祥物，最後未能用「情侶貓」代表七夕節。

同年七月初七，晚上在珠村文化廣場舉辦「乞巧女兒形象大賽」，晚會以形象創意大賽為主題，分為「巧模巧樣賽」、「巧才巧藝」、「巧思巧答」、「巧手巧做」四項環節，「巧才巧藝」以牛郎與織女相識、相戀、婚配、遭拆散、尋妻、鵲橋相會的故事為主線，給女士展示才藝、歌唱、書畫、朗誦詩詞、跳舞，有些女士選傣族舞、倫巴舞、健身舞，女士多穿旗袍，當天晚上也安排聲樂演奏、武術、雜技等表演。自二〇〇八年及二〇〇九年的乞巧節，均在珠村以外的商業中心區 —— 天河正佳廣場舉行，故也吸引了不少遊客。

再看看二〇一九年七月初七香港的泓澄仙觀（以下簡稱「泓澄」）與廣州道教協會合辦的「穗港七夕文化節慶」，七姐更是藉「節慶」的表述形式，走向現代化的廣州及香港城市。

泓澄早於二〇一五年舉辦七夕文化大型活動，至二〇一九年仍然有系統地籌辦七夕文化節，每年均受香港特別行政區東區區議會的資助。二〇一九年泓澄更與廣州市道教協會聯合主辦「穗港七夕文化活動節慶晚會」，獲廣州市民族宗教事務局、香港特區政府的協助及支持，更獲廣州、香港道侶及市民歡迎，此為香港第一間宗教團體，獲邀往廣州三元宮，合辦「文化節」。[140]

泓澄於二○○一年成立，於二○一五年農曆七月七日晚上，已籌辦「七夕情繫社區・愛・繽紛晚會」遊藝晚會。可見，泓澄籌辦七夕活動的形式為普天同慶的娛樂晚會。

　　泓澄仙觀主席葉映均道長介紹泓澄的歷史時，已說：「我們道教徒處於科技文明時代，如何保持固有的傳統，同時配合急速發展中的步伐，道教融入社會，貫徹修己渡，弘揚道教文化。」泓澄承擔推廣七夕文化的傳承工作。葉主席認為現今社會科技日新月異，加上文化全球化的影響下，在香港的西方情人節比七夕更受歡迎。如何把七夕固有的傳統融入社會，在香港重燃式微已久的七夕文化，不是一件易事。[141]

　　泓澄成立之初，已關注七夕節。葉映均道長表述，獲乩示結緣，並在仙觀內拜七姐等祭祀儀式，後得梅窩桃源洞七聖仙娘廟劉李玩璋住持承傳。二○○六年泓澄於七聖仙娘廟為七夕寶誕祈福誦經，晚上子時參拜七聖仙娘，及於翌日早上賀節誕，泓澄供奉七公主仙娘，每年均設賀誕。當時在仙觀內舉行拜七姐等祭祀儀式。至今，每年仍以傳統的祭祀儀式供奉七姐。

　　為何重視七夕？葉主席表示因為七夕代表和諧婚姻，所謂「七夕銀河會，雙星渡鵲橋」，促成人間姻緣幸福及家庭和樂，此為組成中華文化的重要元素，故泓澄自當不能讓一些歷史悠久的傳統文化節日沉寂下去，故保育及推廣七夕文化。[142]

　　二○一五年七月初七，泓澄與政府地方機構 —— 東區區議會經濟及文化事務委員會合辦，也受東區區議會財政資助，在北角球場舉行首次以七夕為主題的節慶晚會，名為「七夕情繫社區・愛・繽紛晚會」，宣揚並重燃式微中的七夕文化，自此每年參加人數俱增。[143]

　　晚會最矚目的地方，是用氣球拼製出牽牛織女相會的鵲橋，用新穎的方式展示傳統，吸引民眾關注。晚會活動重現七夕民間習俗，參加的市民都可以採七夕秧（七姐秧），依在場工作人員指出此為「締結鴛鴦」結情緣。據葉主席所述，七姐秧是綠豆芽在水中萌發，等它長大便成一棵苗。秧意味着鴛鴦，發芽代表情緣可以發芽，男女都能遇到意中人。所以昔日女士會買七姐秧供奉雙星，令其心願達成，而這個環節就是重現這個七夕傳統習俗。[144]

當天也設有不同的主題攤位，為參觀者提供多元化的娛樂活動，如「彩虹剪影」張貼香港東區景物的照片。在會場中，也有香花包、織草蜢、百果園、麵粉公仔、棉花糖及麥芽糖，既免費給參觀者提供傳統食物，也邀請了手工技藝師傅，展示製成品，也在會場上即時教導參觀者的技藝，雖不是穿針引線，但織草蜢也屬於訓練手巧的技藝。[145]

另外，為重造乞巧節，晚會除了特設展示傳統手工藝的攤位，如展示七姐盆外，更為參觀人士設立投針驗巧的活動，以求參觀者明白傳統繡巧技藝。參加此活動者，也有男性。其實，七夕穿針乞巧風俗直到明代亦有變化，明人《帝京景物略》卷二中記載「七月七日之午，丟巧針。婦女曝露水日中，頃之，水面生膜，繡針投之則浮，看水底針影，有成雲霧、花頭、鳥獸影者，有成鞋及剪刀、水茄影者，謂之得巧。其影粗如槌，細如絲。直如軸蠟，此拙徵矣。婦或嘆，女有泣者」，記述明代的婦女於七夕節也會投針驗巧，占卜巧拙。而泓澄舉行七夕晚會，不管男女老少都可以參與穿針，藉群眾生活體驗，以闡明傳統巧手技藝。然而此與傳統不同者，是讓成年男女、男女小孩、已婚及未婚者參與活動。還有，泓澄更於當天晚上派發已祈福的「福品」給群眾，這些福品有花生、米、糖，以聯繫社區，服務民眾。[146]

泓澄在二〇一六年及二〇一七年亦有舉行七夕晚會，兩次晚會參與人數俱增，二〇一七年更多達一千五百人。二〇一七年的「七夕文化園遊晚會」，更是由泓澄與蓬瀛仙館、圓玄學院、通善壇、鼎信仙觀、儒釋道功德同修會合辦。[147]

二〇一七年的七夕晚會與前兩年的晚會有較大差異，是年的晚會名為「七夕文化園遊晚會」，晚會主要從園遊娛樂的角度，呈現七夕文化，在活動中加設七夕元素的遊戲攤位，吸引不少小學生參加，更有中學教員組織學生前來參加，中學教員多把當天的七夕活動定為學生的專題研習功課；還有，地方社會組織如翡翠區居民協會、北角居民協會、東區協進社、明慧國際幼兒園、賜福堂、興東社區聯絡、香港正一道道教協會、柴灣天后古廟、道教青年團、夫子會、北角社會服務聯會、鰂魚涌大廈聯委會、小西灣之友

社等，也率領區內人士參加。[148] 另外，大會設有「二〇一七有獎詩詞對對碰」的比賽，分為青蔥組及成人組，前者為十二至二十四歲的男女，要於七月七日晚上六時至七時十五分投交完成表格；後者為二十五歲以上男女，參加者也要於當天晚上六時至八時十五分投交完成表格。這也是一個中華詩詞交流活動，主題與七夕及道教知識有關。在題目紙上列有上聯及詩詞，參加者要對下聯或詩詞：

青蔥組的題目有：

1. 寬人三尺，利己一丈：

2. 窗前明月光；

3. 今日聞君歌一曲；

4. 花謝花飛花滿天；

5. 年年歲歲花相似：

成人組的題目有：

1. 上善若水，利濟眾生；

2. 天邊一色焦纖塵；

3. 一片秋風待詩吟；

4. 江月何年初照人；

5. 平時不說無情話，每日常看有用書；[149]

大會仍設如以往的七姐盆，還增添表演節目，如道樂團表演。又設有免費中醫診脈服務，很多長者中心及護老院組織長者參加；也有「燈花樹」攤位，以粉紅色的小燈安置在樹上，又有攤位展示秧、花卉，又有燈謎，又有茶香鹵蛋，以鹵水蛋送給參加者。更重要的是，大會在場地的入門口，設立供奉七位仙女的造像。[150]

二〇一九年對廣州及香港推動七夕文化發展，尤為重要。這年的七夕文化節分為兩天舉行。第一天，即七月六日在廣州三元宮舉行開幕典禮及

節慶活動；第二天在香港的泓澄仙觀假座北角渣華道遊樂場，舉行儀式及閉幕禮。

　　三元宮是廣州市最大及歷史最悠久的道教宮觀，坐落在越秀山南麓，三元宮前身因在城北，俗稱為北廟，相傳為趙王廟，奉祀南越王趙陀興建的寺廟，隨南越國滅亡後，北廟廢。至明萬曆年間改建北廟，才更名為「三元宮」，沿用至今。[151]

　　很多研究已指出「廣州乞巧文化節獨具特色」，[152] 一九九八年廣州的珠村八位乞巧婆婆在家中禮祭七姐，至二〇〇五年天河區成功舉辦「廣州乞巧文化節」，廣州深蘊七夕文化，而泓澄仙觀在香港已成功舉行多屆七夕文化節慶活動，更成功獲得香港特別行政區支持。由是廣州道教協會便指出「穗港兩地道教界基於深厚的地緣和親緣關係，在不同的歷史背景下，形成了既相互交融又彼此獨立的紐帶關係，並共同蘊育着中國優秀傳統文化的精華，是對中華傳統文化的光輝歷史和燦爛文明的傳承和延續」，[153] 跟泓澄仙觀同認為「七夕的傳說是一個美麗而溫潤的傳說，是一段歷久彌新的文化記憶，是中華傳統文化的一個經典符號」，[154] 故廣州道教協會遂與泓澄於農曆七月初六至初七（西曆八月六日及七日）共同聯合主辦「穗港七夕文化節慶」。第一天在廣州三元宮，第二天在香港北角渣華道遊樂場舉行。

　　三元宮內的裝飾和擺設甚具七夕文化的特色，在三元宮大門即張貼大型紙板，寫上「穗港道教七夕文化節、千祥雲集 —— 廣州道教三元宮道德臘辰七夕廟會」標語，更在大型橫幅上繪有一位男子及一位女子，手牽手在橋上相會，在橋上繪有雲形及繁星的圖像，在大型紙板前又放置一幅牛形紙板。筆者感覺這應是表述牛郎及織女於晚上在天上相會的意思，在場也看見不少市民在大型紙版前合照留念；大會亦設有直立木板，在木板寫上介紹七夕節的內容：「七夕節，又名乞巧節。七夕節或七姐誕，發源於中國，是華人地區以及部份受漢族文化影響的東亞國家傳統節日，農曆七月七日夜或七月六日夜婦女在庭院向織女星乞求智巧，故稱為『乞巧』。其起源對於自然的崇拜及婦女穿針乞巧，後被賦予牛郎織女的傳說使其成為象徵愛情的節日。二〇〇六年五月二十日，七夕被中華人民共和國國務院列入第一批國家

非物質文化遺產名錄。」另一塊板則以「道德臘辰」為題，其內容為：「農曆七月初七是『七夕』，也是道教的五齋祭日之一道德臘，道德為道教之重要節日，屆時要按傳統齋戒禮誦，設醮祭天，祭祀先祖，以永福壽。」以上兩塊板放在宮觀門口，便容易向民眾傳達七夕文化的起源及節日意義，也向群眾傳播「乞求智巧」及「祭祀先祖，以永福壽」的訊息。

展板更以「七夕的習俗之一　投針驗巧」為題，寫道：「就是提前一晚取『鴛鴦水』（白天和夜晚取得水混合）倒在盆裏，這時候拿縫衣針輕輕放在水面，針浮在膜狀物質上，觀察針在盆底的倒影。針影如果是筆直一條，即是『乞巧失敗』，如果針影形成各種形狀，即曲，或一頭粗，一頭細，或是其他圓形，便是『得巧』。」文字清楚表述以具體的針影，呈現神靈七姐在人間的力量，並以此見求神靈賜予人間「乞巧失敗」及「得巧」的情況。

由大門往前行亦設有「七夕祈願籤」，供民眾購買及許願，但是次沒有設籤筒及乩文籤語，而是以粉紅色、綠色及淺藍色書籤替代，書籤上沒有文字，由參加者填上許願的內容。這種邀請民眾投入及參加現場活動，比已定的籤文更成功引發民眾自動思考及主動參加，盛載七夕祈願籤的盒子，也以文字表述七夕祈願籤的作用，為：「在七夕這個美好的日子裏，讓我們祈福，國家繁榮昌盛，家庭幸福安康，愛情甜蜜美好，學業有成，祈願我們的未來……。」[155] 在七夕祈願籤攤位前立竹樹。竹樹讓遊人及信眾掛上許願的內容。

因為三元宮以「廟會」形式表述七夕節，故在三元宮內的抱樸書院，編排了特別的書畫寫生及揮毫雅集、廣東音樂小合奏、七姐祝福舞，並上演七夕粵劇，劇目為《五仙賀羊城》、《七姐祝福舞》，亦有燈謎，也有粵語說書（講古），即講故事，有三位人士演講，分別為劉思岳演講故事〈狀元及第粥〉及〈五蠹學斯文〉，雷雅婷演講故事〈蘇東坡與海珠島〉及〈高第街的來歷文〉，陳紹銘演講故事〈光光菜〉及〈劉永福〉。

場地的佈置上，也設專門攤位，放置了「秧」，並有祈福科儀。另外還設立書法及猜燈謎的活動，燈謎的內容多為有關於七夕和愛情。

三元宮亦設有七夕祈願籤供民眾購買許願，並設有七夕秧，綁上印

有「和合」及「幸福」的紅絲帶送給民眾，重現了買七夕秧供奉雙星許願的七夕傳統習俗。由於節目內容豐富，加入七夕元素，受到市民群眾的廣泛好評。

至於猜燈謎的題目由越秀區文聯燈謎組所擬，謎目內容有以七夕為主題者，如：「牽牛話七夕」、「蘭夜一過塌鵲散」、「牽牛織女會七夕」、「七夕過後鵲紛飛」、「七夕未遇下筆難」、「天上的星星」、「七夕雙星偕風侶」、「牛郎織女會七夕」、「種生求宜子祥、投針驗巧得天工」、「喜鵲禿頭把橋搭，葡萄架下聽情話」、「願在鵲橋渡此生，二人相見淚沾襟」、「牽牛織女會七夕」、「祈求收獲好姻緣，姑娘月下擺瓜果」、「老牛慶生也不遲，月露良宵拜魁星」、「牛郎織女聚何處」、「牛郎織女盼七夕」、「七夕一相逢」、「池畔來牽牛」、「堂下會織女」、「牛郎織女有事相詢」、「喜鵲把忙幫，不忍兩分離，隔岸對相望，金簪劃銀河」、「天文學家觀星斗」等。另外也有謎目是選二十四孝故事，如「亞兵聖為人勇烈」、「三更別後到關前」、「樓前場後植松柏」等。

活動的第二天，即農曆七月七日（西曆八月七日），於晚上六時至九時三十分在北角渣華道遊樂場舉行「穗港道教七夕文化活動」，是一項在香港舉行的七夕節慶活動。當天有廣州市民族宗教事務局副局長李慶奎、廣州市道教協會會長潘志賢道長、廣州市道教協會副會長車志榮道長、香港特區政府民政事務局副局長陳積志、駐港中聯辦港島工作部副部長范克勝、駐港中聯辦協調部副部長李文慎、香港道教聯合會主席梁德華、澳門道家文化協會會長賴宏、儒釋道功德同修會會長黃維溢、圓玄學院主席陳國超、泓澄仙館主席葉映均等領導和嘉賓出席活動。更有廣州三元宮、廣州都城隍廟、蓬瀛仙館、圓玄學院、北角居民協會、夫子會、鰂魚涌大康聯委會、南方醫科大學香港校友會、文化力量、泓澄青年團、通善壇、聖公壇、淳風仙觀、信善紫闕玄宮、香港正一天師道教協會、北角社區服務聯會、小西灣之友社、儒釋道功德同修會、道教青年團、柴灣翡翠區居民協會，這些機構既提供工作人員，更重要是動員所屬機構的會員及地方社群參加活動，又用網站傳播有關七夕活動的訊息。[156]

會場的入口處，先立「仙女台」，安放七位仙姐的高大造像，並供奉秧、花果、竹，背景是手繪月下牛郎織女會面圖像。在會場的中央，樹立一橋名為「鵲橋」，在橋上安放大型一男一女相依偎的造像；又在名為「彩燈波牆」的攤位內佈置紫、深紅、粉紅、橙、綠、淺藍、黃色，共七種顏色的燈籠。

　　會場也有佈置其他攤位，名為「燈花樹」、「茶香鹵蛋」、「七姐盆」、「雲賞衣裳」、「仙馨妙語」、「中醫診脈」、「爆谷香甜」、「風生水起」、「解渴清涼」、「健康靚麵」、「得心應道」、「球球是道」、「織草猛」、「彩虹書法」。當中提供飲食的有「茶香鹵蛋」、「爆谷香甜」、「解渴清涼」的攤位；此外也有中醫提供斷診、為參加者提供看面相、以彩燈築成牆壁。其中「雲賞衣裳」為工作人員穿上傳統婦女服飾，另也教參加者織草蛤的手工藝，並展示及教導中國書法。[157] 當天泓澄委派的工作人員，均穿上大會特製的粉紅色「T恤」，民間習以「粉紅」色代表女性。[158]

　　晚會如既往設有鵲橋、燈花樹、仙女台、七姐盆及送給遊人一個小型風車。七姐盆源於「擺七夕」的儀式，陳列供奉七姐的供品。泓澄沿用一九一四年《吉山村志》所載的儀式，其中分為「砌作」及「紮作」，砌作材料有谷、米、栗、豆、芝麻、果實、果仁、草木枝、紡織物碎料，用砌花工具排列拼砌成花鳥蟲魚、人物衣服、頭飾、古今建築、山河、鵲橋及樓宇，而「紮作」是花卉紮作及大型工藝品，原料主要是竹、鐵絲、色紙（七色紙）、通紙、絹布，由師傅紮作成為花草瓜果樹木、橋樑亭台樓閣、公仔（主要是人物，動物如麒麟、孔雀、龍等）、齋類供品，也有七姐的用品，分別是：梅花香、鵲橋、牛棚等微型景觀及七姐盆；供品有七樣：油甘子、白欖、富貴子、紅綠花生、香蕉、花生、大頭菱角；而七姐盆是用七種摺紙紮成的一個大圓盆，上面滿載七種東西，分別是紙紮的鏡子、剪刀、梳子、雪花膏、鞋、爽身粉、紙製現代脂胭盒，在盆上也有小型現代香水盒、紙製現代脂胭盒、小型琵琶。當天，也用印紙製成七姐衣，而七姐盆用以恭迎七姐從天而降，也叫做七姐下凡。當天亦有安排歌手演唱有關七夕及愛情的歌曲。

據香港天寶樓夏中建師傅所說，正規的七姐盆中，鵲橋上有六位仙女的紮作，鵲橋下有牛郎與七公主織女相會，牛郎應戴牛郎帽，手持蕭，牽着水牛；鵲橋上有喜鵲，喜鵲背上印有月亮，象徵「人月兩團圓」。而是次泓澄委託香港西環東邊行的著名紮作店「天寶樓」製作的七姐盆，長、闊、高也有八尺多，甚為壯觀。

依葉道長所述，香港七姐盆的製作不可不提著名紮作店天寶樓。坐落在西環東邊的天寶樓，是業界翹楚，在一九八〇年開業，至今已有四十年歷史。夏中建師傅是店中備受尊重的「老師傅」、「老前輩」。夏師傅師承香港花燈大王梁有錦師傅，梁師傅出身自另一紮作名店金玉樓。因夏師傅手藝出眾，葉主席特別邀請夏師傅為泓澄紮作一個珍貴的七姐盆，放置在「穗港七夕文化活動節慶晚會」。

葉主席亦特別訪問夏師傅，增加對七姐盆的紮作工序了解，並把此文刊在二〇一九年《穗港七夕文化活動節慶》刊物，此文表述了夏中建師傅在學師的時代，「盂蘭會」和「七姐會」已十分盛行，不少地方均有「七星盤」。「七姐會」的參加者大多數是女性。每位參加者都能獲派禮品乙份，包括剪刀、鏡子、胭脂水粉、燒肉等。

七姐盆是為了紀念牛郎與織女的浪漫故事，可惜本港現時的紙紮師傅已經寥寥無幾，青黃不接，因此七姐盆的紮作工藝也漸漸失傳，故記錄此文，並用照相機及電子科技記錄夏師傅製作七姐盆的程序，希望將製作七姐盆的知識流傳。[159]

此外，大會送給嘉賓的紀念座均呈現七夕神靈圖像。水晶座紀念品的紙盒封面則繪上月亮，水晶座內繪上牛郎織女及背後兩位友人的會面圖像。大會送的邀請卡封面，為牛郎織女在鵲橋相遇的圖像，卡內用上七種不同顏色的立體花卉形象，入場券也印有牛郎織女在鵲橋相遇的圖像；至於送給所有遊人的禮物包，除了食物外，也有環保物料製造、繪上牛郎織女相會圖像的扇子，以及有七種不同顏色筆杆的原子筆；每位遊人均獲封面印有七夕字樣及牛郎織女圖像的紙盒，盒內有一雙鍍銀的筷子、匙，而當天派發的場刊《二〇一九穗港七夕文化節慶》的封面也是繪上月亮下牛郎織女在鵲橋上

手牽手相會的圖像，甚至是送給各位嘉賓及協辦機構的感謝狀，都寫上「闌珊呈星斗綴珠光，七夕宮娥乞巧忙」的字句，並印上牛郎織女在鵲橋相遇圖像，以上物品均把牛郎織女具體化呈現在參加者面前。

筆者與研究助理於二〇一九年八月六日及七日，曾對在廣州及香港參與七夕文化節的人士進行訪問，問及怎樣知道三元宮及泓澄舉行七夕文化節，和參加是次活動的原因。

而在整個訪問過程中，最先是主席葉映均。對於為何在香港籌辦多年七夕節慶活動，葉主席答：

> 七夕節教化了中國的先民到近代，訴說了雙星的相遇，是珍惜人間美麗的恩緣和讓人間感有愛的存在，強烈了人與人間彼此的關愛和珍惜。而牛郎星 —— 天上的一顆星宿、一位星君，與美麗故事中的主人公 —— 七公主在天上已相愛，並互相珍惜對方。但在這個傳說之中，他們的相愛屬相犯了天條，因此他們被打落凡間。後來他們相遇在凡間，一個成為耕田的牛郎，一個成為了天上落凡的仙女，而去探索回自己的意中人。藉此天下凡，他們在人間結成夫婦，這個恩愛的故事可歌可泣，帶動了一個美麗的傳說，說明了夫妻的恩愛、珍惜的地方、一個和諧的家庭。而且古代的時候是男耕女織，他們過的生活簡單而樸素，但甚為有意義。在星宿中，天上的天郎星和織女星，雙星相遇於每年農曆初七，他們彼此見面的時刻少，但心中的愛情從未變過，這也是一個感動人間的男女之情、夫妻之愛。而在雙星當中、在道教當中，他們都產生了一個很好的作用，就是「男耕女織」鼓勵了如古代的農業社會，復興社會的經濟，令家庭和諧。

> 從我們的宗教信仰而言，牛郎、織女本是天上星宿及神仙，男為天郎星（即天郎星君），他很有文采，故此男望功名；女性為織女星，為天上玉帝的七公主，七公主有一雙巧手，把天上很多雲錦織成很美麗的天衣，故此七姐誕當中有很多很美麗的織錦、美食，即巧手。所以乞巧節的傳統不是近代才有，是遠至一千年。同時，依宗教方面，天郎星及織女星尚未修成正果，仍追逐人間，仍要普善行化而得遇，可共耕耘修成伴侶，渡劫化世，以報天庭，故轉世為董永遇七公主的故事，據知天郎星星君牛郎、織女星相遇曾在明朝。我們的仙觀除了供奉玉皇大帝、玉皇天尊，亦有瑤池王母、天后、七公主的聖像。這就是天間的因緣，我也是道脈因緣及感應

玉皇大帝及七公主指引，非常重視及推廣七夕文化。[160]

可見她是以傳承七夕文化及個人「感應」而舉行七夕節。

其二，筆者也在廣州及香港訪問參加「穗港七夕文化節慶」的遊人及信徒，問題如下：

1. 請問你是否為道教信徒？

2. 請問你從哪些媒介知道穗港七夕文化節？

3. 為甚麼來三元宮／北角球場參加穗港七夕文化節？

被訪者一：年約六十歲女性，參加廣州三元宮節慶者。

被訪者答：

1. 我是三元宮的信徒。

2. 因為三元宮的道長介紹而參加。早於上星期已有道長在三元宮內介紹穗港七夕文化節。

3. 因為道長及師兄、師姐參加。

被訪者二：年約六十歲男性，參加廣州三元宮節慶者。

被訪者答：

1. 我不是道教信徒及三元宮的信徒。

2. 我是商人，早前因崗位上的同事介紹而參加。

3. 一年前我的生意遇上困難，因為同事說三元宮供奉的神靈很靈驗，我便求三元宮神靈保祐解決商業上的困難，果然靈驗。剛於上星期，這位朋友說三元宮舉辦七夕節，我便前來參加，希望七姐保祐生意順利。

被訪者三：年約四十至五十歲女性，參加廣州三元宮節慶者。

被訪者答：

1. 不是道教徒，為三元宮的師兄介紹。

2. 三元宮師兄在微信所成立的群組組員，獲通知參加。

3. 因為早前在三元宮求神，感到靈驗，故參加七夕活動。

被訪者四：年約六十至七十歲女性，參加廣州三元宮節慶者。

被訪者答：

1. 不是道教徒，因看到一位朋友轉載三元宮的師兄訊息，便前來參加；

2. 我是三元宮師兄在微信上成立群組的組員，（在群組內）獲通知參加；

3. 早於多年前已在珠村祠堂參加七夕節，感到拜過牛郎及織女後，一切順利，是次因看到一位朋友轉載三元宮師兄微信上的訊息，便前來參加，同時也因交通便利。

被訪者五：年約六十至七十歲女性，參加香港在北角舉行的節慶者。

被訪者答：

1. 不是道教徒；

2. WhatsApp 群組告知訊息；

3. 多年前已有參加泓澄舉行的七夕文化節，但二〇一八年未見泓澄舉行（筆者按：此年不是沒有舉行，只是舉行地點並非位於北角的公共地方，改於泓澄仙觀，規模也較小型），故在收到泓澄師姐告知舉辦七夕文化節後便來參加。我感到每年參加七夕節後都會為家人帶來順利，今年（按：二〇一九年）必定參加。

被訪者六：年約七十至八十歲女性，參加香港在北角舉行的節慶者。

被訪者答：

1. 不是道教徒；

2. 由北角區議會鄭志成議員告知這個消息，也由鄭議員派入場券，加上活動是免費的，便來參加；

3. 參加泓澄舉行的七夕文化節多年，每年參加了七夕節後，都感到帶來好運，故必定參加。

被訪者七：年約七十至八十歲女性，參加香港在北角舉行的節慶者。

被訪者答：

1. 不是道教徒；

2. 北角居民協會（行政人員）告知這個消息，並由協會派發免費的入場券。我記得東區的長者護康中心人士也鼓勵參加今晚的活動，既有食物，又可以聽粵曲，而且可以乘地鐵前往（目的地），交通方便，故參加；

3. 早前多參加泓澄舉行的宴會，是次也參加了七夕節，感到能帶來好運。

被訪者八：年約五十至六十歲婦女，參加香港的北角節慶者。

被訪者答：

1. 是道教徒，也是泓澄弟子；

2. 在仙觀獲得節慶的訊息，也獲師兄師姐的網上群組通知；

3. 作為仙觀的弟子一定參加，而且這是普天同慶的活動，大家高高興興，希望從中得到好運。[161]

以上訪問內容雖未全面，但已見現代廣州及香港市民參加七夕節慶的特色：

1. 七夕在昔日為傳統農村社會下同一地緣及血緣，或同一地緣祭祀的節慶活動。如今現代政府、地方社團、志願服務機構、香港的地方議員等，均成為推動群眾參加傳統文化的重要力量。

2. 電子網絡成為連結群眾與主辦機構的「立即效應」（immediacy）及「外延性」（outreach）之媒介，電子網絡也扮演了通知、組織及動員群眾或工作人員參加活動的重要橋樑。就在二〇一七年八月七日，穗港七夕節完成後，頗快也得到電子媒體及報章報道當天的活動。[162] 可見日後推動宗教文化的節慶，要多注意宗教「媒體化」（mediatization）、宗教「網絡社會性」（network sociality）、「新通訊軟體」（new communication software），多運用新的宣傳媒體動員活動參加者。[163]

3. 為使六十五歲以上人士多參加傳統節慶活動，舉辦活動者及機構行政人員須多注重以人與人的交往建立關係。雖然很多長者已能運用電子通訊設備，但有不少長者仍較少使用電子網絡，而較為喜歡人與人的直接交往，因此從情感及心靈上動員長者參加群眾節慶活動也頗重要。

4. 學者已注意到空間成為凝聚群眾參加「節慶」、加強參加者身份認同的重要力量。[164] 以廣州及香港的情況而言，尤以香港地方擠迫，個人空間較少，由是市民多往公共地方參加活動，尋求一個能紓緩精神的空間，他們也可在公共空間多作聯繫，尤其是長者，因此活動在固定的場地舉行甚為

重要。例如香港北角的公共遊樂場既是多年舉辦七夕節慶的地方，自能凝聚群眾，而且泓澄仙觀與北角遊樂場相近，方便泓澄工作人員搬運物資，也因為平日信眾已參加泓澄於每個星期舉行的聚會，方便將七夕活動的訊息傳給群眾；加上參與節慶活動的對象若是長者，他們會考慮交通方便與否才參加節慶活動，而這裏正好交通方便。另一方面，暫時在香港得見，著名的七姐廟有西貢十四鄉的七聖古廟、坪洲仙姊廟、石籬的七聖宮及梅窩的桃源洞，它們都遠離香港島及九龍半島，交通不便，未能聯繫繁忙的社區，[165] 而泓澄仙觀上承梅窩桃源洞七聖仙娘廟，居於香港島及九龍半島的信徒不用遠至離島的梅窩，便可移步往泓澄；也因近年地區政府多資助泓澄舉辦七夕節，由是泓澄舉辦的七夕節較其他廟宮更為熱鬧；[166] 加之，泓澄多年來舉辦七夕節的地方都是北角遊樂場，此地的前方有地鐵站，也有電車、巴士等公共交通工具，成為長者參加節慶活動的因素。

5. 當代舉行傳統七夕祭祀活動，須要結合多元化的節慶元素，如提供免費食物，安排歌唱娛樂，在會場中也有派發禮物。

6. 參加七夕節慶者主要分為兩大類，一為信徒，此為推動七夕文化的重要力量，如葉映均主席自言因「感應」而承傳七聖仙娘廟李玩璋住持，承擔推動七夕文化的責任，又如其他信徒信奉道教及七姐，也因「感應」而參加七夕節。但要注意的是，有一位參加三元宮的被訪者說，初時並非信七姐，但因營商困難，在信仰其他神靈後終使事情解決，是次便藉參加三元宮的七夕節，希望「生意順利」。由此例子已見，七夕信仰不只是傳統農業社會群體的信仰，生於當代商業社會並參與七夕活動的人士，也會因遇到營商困難，希望禮拜七姐，帶來商業機會，可見七夕文化走進現代商業社會，人們不只是求巧手，而是求給予人間營商的機會，七姐也由農業社會走進商業社會。第二類則為參加七夕活動者，未必一定以宗教信仰而參加七夕節，也有因為消閒娛樂及以「觀光」心態參加，更有一位教師帶領學生參加香港的七夕節慶，讓學生做專題研習功課。[167]

四、由個人空間走向私人空間

　　七夕成為乞巧節，自是與中國傳統的男耕女織社會模式甚有關係，乃至隨時代不斷發展，七夕文化更在中國各地不斷流播，而七夕也不只是仕女在當天求乞巧，男子也在當天求功名。一些地方更以七月初七為分離情侶的團圓之日，以此天「定婚、納采」，求子及求姻緣，七夕好像成為「多用途」（Multifunction）祈福的活動。從歷代舉行的七夕活動來看，似乎七夕節的意義由古代個體的女性只留在個人的私密空間，如在家中庭園求手巧，如今這個人節慶在現代已漸漸走進公共空間，成為一個表述社區或地域文化的代表，如七夕文化由廣州珠村推廣至廣州三元宮，由是促成廣州道教協會與已在香港推動七夕文化多年的泓澄仙觀，進行跨地域合作，一起推動七夕文化。也因為七夕走進公共空間，使這天由昔日只是未婚女士求手巧及藉手巧以求姻緣的節日，發展成為男女共同參與的節慶活動。近年更結合國家保存「非物質文化遺產」政策，使七夕文化更廣泛為人們重視。當然，有些學者會懷疑傳統七夕文化在現代社會能夠「傳承」多少文化遺產，[168] 但不能否認在政府的協助及推動下，加之民間自發支持，「傳承人願意執行」，[169] 使七夕文化未因現代婦女少從事手巧工作而中斷，反而再次在民間流佈。

　　此外，二十一世紀媒體的普及改變了人類社會文化，怎樣運用電子媒體、廣告、音樂、結合政府課程而編寫的教材、觀光和文化旅遊及動漫畫，[170] 把宗教元素由各式各樣的媒介重組與延伸，成為當代宗教人士推動宗教信仰往民間的要務；[171] 而珠村舉辦的七夕節、廣州及香港二地的民間團體合辦的「穗港七夕文化節慶」，也運用電子網絡、現代普天同慶的「節慶」模式，把「牛郎織女」概念進行物質化及具體化，使牛郎織女的神靈形象得以呈現，也把七夕文化核心價值中人間堅貞愛情之訊息傳往民間，[172] 使七夕文化在新媒體的媒介下，開拓了再創造故事者從多元的視角與感覺，把七夕文化成為知識傳往民間，先由引起群眾好奇心，希望進一步使群眾獲知七夕文化及七姐背後的宗教思想。

注釋

1　本文所用「神靈呈現」一語，主要參用林瑋嬪教授所用「靈力具現」，見林瑋嬪：《靈力具現：鄉村與都市中的民間宗教》（台北：國立台灣大學出版中心，2020 年），頁 239-250；Lin Wei-Ping（林瑋嬪），*Materializing Magic Power: Chinese Popular Religion in Villages and Cities*（Cambridge: Harvard University Asia Center, 2015）二書。筆者閱讀林教授大作深受啟發；另外，感謝李慶奎副局長、潘志賢道長、車志榮道長、葉映均道長、吳佰乘先生、郭詠珊小姐，提供資料及協助。

2　曾永義：〈曾序〉，收入丘慧瑩：《牛郎織女戲劇研究》（台北：國家出版社，2014 年），頁 9；鍾敬文：〈中國的天鵝處女型故事 —— 獻給西村真次和顧頡剛兩先生〉，《鍾敬文文集》（合肥：安徽教育出版社，2002 年），頁 581-619；畢雪飛：《日本七夕傳說研究》（北京：中國社會科學出版社，2013 年），頁 6-10；施東愛：〈中國牛郎織女研究簡史〉，施東愛主編：《中國牛郎織女傳說・研究卷》（桂林：廣西師範大學出版社，2008 年），頁 1-7。

3　〈曾序〉，同上，頁 9。

4　袁珂：〈牛郎和織女的故事〉，《神話故事新編》（北京：中國青年出版社，1979 年），頁 99。

5　有關中華人民共和國國務院公布第一批國家級非物質文化遺產名錄，七夕獲選為 518 項文化遺產的情況，見 https://www.chiculture.net/20507/html/a05/20507a05.html，最後訪問日期：2020 年 5 月 1 日。

6　洪淑苓：《牛郎織女研究》（台灣：學生書局，1998 年）。

7　畢雪飛：《日本七夕傳說研究》。

8　丘慧瑩：《牛郎織女戲劇研究》。

9　潘淑華、黃永豪：〈文化遺產的保存的再造 —— 廣州珠村「乞巧文化節」〉，廖迪生主編：《非物質文化遺產與東亞地方社會》（香港：香港科技大學華南研究心、香港文化博物館，2011 年），頁 239-250。

10　宋紅娟：《「心上」的日子 —— 關於西和乞巧的情感人類學》（北京：北京大學出版社，2016 年），頁 95-173。

11　「同節不同慶」的觀點，見陳熙遠：〈競渡中的社會與國家 —— 明清節慶文化中的地域認同、民間動員與官方調控〉，《中央研究院歷史語言研究所集刊》，2008 年，第 79 本，第 3 分，頁 417-496。

12　林瑋嬪：《靈力具現：鄉村與都市中的民間宗教》，頁 239-250。

13　本文不用「嘉年華」概念，有關「嘉年華」的研究，見芭芭拉・艾倫瑞克著，胡欣諄譯：《嘉年華的誕生 —— 慶典、舞會、演唱會、運動會如何翻轉全世界》（台北：左岸文化事業有限公司，2015 年），頁 259。而是用「節慶」（Festival）概念研究七夕。詳見下文的論述。

14　李豐楙：《從聖教到道教：馬華社會的節俗、信仰與文化》（台北：國立台灣大學出版社，2018 年），頁 339-39；志賀市子著，宋軍譯：《香港道教與扶乩信仰》（香港：香港中文

大學出版社，2013 年），頁 23 — 24；區志堅：〈求籤要誠，解籤要靈：《保生大帝靈籤》與《黃大仙靈籤》表述「保生」概念〉，載陳登原主編：《保生大帝研究》（台北：萬卷樓，2019 年），頁 531-556。

15　泓澄仙觀主席葉映均道長稱七姐為「七公主仙娘」，見葉映均：〈七夕及泓澄仙觀與七夕傳承〉，《2019 穗港七夕文化節慶》（香港：泓澄仙觀，2019 年），頁 22。

16　有些學者認為近年中國內地舉辦的七夕文化活動，未必合於傳統七夕文化，見潘淑華、黃永豪：〈文化遺產的保存的再造 —— 廣州珠村「乞巧文化節」〉，廖迪生主編：《非物質文化遺產與東亞地方社會》（香港：香港科技大學華南研究心、香港文化博物館，2011 年），頁 239-250；黃永豪、潘淑華：〈非物質文化遺產與廣州乞巧文化節〉，《田野與文獻》，2007 年，第 49 期，頁 7-14。

17　本文有關七夕文化研究，多參考洪淑苓：《牛郎織女研究》一書，獲益良多，特此致意。

18　劉宗迪：《七夕》（北京：三聯書店，2013 年），頁 14-15。

19　[缺作者]：〈牛郎織女故事的傳承與七夕「乞巧」的風俗〉，牛恒夫編著：《牛郎織女》（南京：江蘇古籍出版社，2000 年），頁 46。

20　袁珂：〈牛郎織女〉，《中國神話選》（北京：人民文學出版社，1979 年），頁 52。

21　郭立誠：《中國民俗史話》（台北：大方文化事業公司，1963 年），頁 46。

22　袁永鋒、馬衛東主編：《節日情韻：中國傳統節慶文化》（北京：世界知識出版社，2013 年），頁 125。

23　香港婦聯秘書處編：《節慶薈萃在中華 —— 節日文化習俗選粹》（香港：香港婦聯，2015 年），頁 39。

24　韓養民、郭興文：《中國古代節日風俗》，頁 201；劉宗迪：《七夕》，頁 199。

25　於 2008 年在河南桐柏縣也流行七夕傳說，見黃發美口述、黃正明記錄、薛遠增整理：〈牽牛星和織女星〉，陶陽、鍾秀編：《中國神話》（北京：商務印書館，2008 年），頁 232-235。

26　艾青：〈談《牛郎織女》〉，《人民日報》，1951 年 8 月 31 日，第 3 版。

27　袁珂：《中國神話傳說詞典》（上海：上海辭書出版社，1985 年），頁 82。

28　本文主要論述牛郎織女故事的演變，而不會談及另一個常常與牛郎織女故事相混淆的董永遇仙的故事，依丘慧瑩指出以上二者雖然十分相似，也有相互滲透，牛郎織女的故事與董永因孝感遇仙的故事，均有共同點，但牽牛星「由仙入凡」的情節出現，才有「仙女下嫁窮漢」的故事，故研究七夕故事者，應注意以上兩個故事的分別。筆者採用丘慧瑩的觀點，故本文也不談及董永遇仙的故事，有關丘氏的觀點，見丘慧瑩：《牛郎織女戲劇研究》，頁 42-43

29　丘慧瑩：《牛郎織女戲劇研究》，頁 34；鍾敬文：〈中國的天鵝處女型故事 —— 獻給西村真次和顧頡剛兩先生〉，《鍾敬文文集》（合肥：安徽教育出版社，2002 年），頁 601-903。

30　袁永鋒、馬衛東：《節日情韻：中國傳統慶文化》（北京：世界知識出版社，2013 年），頁 124。

31　吳慧穎：《中國數文化》（長沙：岳麓書社，1995 年），頁 35-37。

32 完顏紹元：〈七月半〉，《中國風俗之謎》（上海：上海辭書出版社，1985 年），頁 5–9；
   巫瑞書：《南方傳統節日與楚文化》（漢口：湖北教育出版社，1999 年），頁 177–179。

33 香港天文學會：《觀星小手冊》（香港：世界出版社，2004 年），頁 27；張紫晨：《中國
   民俗與民俗學》（台北：南天書局，1995 年），頁 286；［缺作者］：〈牛郎與織女〉，姜
   濤主編：《中國傳奇》（台北：協林印書局，1985 年），頁 5–9。

34 葉春林：〈小雅・大東〉，《詩經・崇文國學經典文庫》（武漢：崇文書局出版社，2012 年），
   頁 405。

35 ［漢］劉安：《淮南子》（鄭州：中州古籍出版社，2010 年），頁 302。

36 ［漢］司馬遷著、韓兆琦譯：〈天官書〉，《史記》（北京：中華書局，2010 年），第 9 冊，
   頁 314；鍾敬文：〈序〉，鍾敬文等著、陶瑋選編：《名家談牛郎織女》（北京：文化藝術
   出版社，2006 年），頁 3。

37 ［漢］班固：〈西都賦〉，載［南朝梁］蕭統編、李善注：《昭明文選》（台北：文友書店，
   1968 年），頁 10。

38 同上，頁 4。鍾敬文：〈序〉，《名家談牛郎織女》，頁 3。

39 屈勝文：〈石爺廟石婆廟〉，《西安日報》，2012 年 8 月 26 日，http://epaper.xiancn.
   com/xawb/html/2012-08/26/content_139357.htm，最後訪問日期：2019 年 12 月
   12 日。

40 隋樹森：《古詩十九首集釋》（香港：中華書局，1975 年），頁 97–98。

41 鍾敬文：〈序〉，《名家談牛郎織女》（北京：文化藝術出版社，2006 年），頁 3。

42 ［漢］應邵著、王利器校注：《風俗通義校注》（台北：漢京文化事業有限公司，1983 年），
   頁 600。

43 ［晉］葛洪著、周天游校注：《西京雜記》（西安：三秦山版社，1979 年），第 3 卷，頁
   34。

44 ［魏］曹丕著：《燕歌行》，張可禮、宿美麗編：《曹操曹丕曹植集》（南京：鳳凰出版社，
   2018 年），頁 102。

45 ［魏］曹植著：《九詠》，曹海東譯：《新譯曹子建集》（台北：三民出版社，2017 年），
   頁 530。

46 ［晉］傅玄：〈擬天問〉，［南朝梁］宗懍著、譚麟注：《荊楚歲時記譯注》（湖北：人民出版社，
   1985 年），頁 106。

47 ［漢］李充：〈七月七日詩〉，［唐］歐陽詢：〈歲時中〉，《藝文類聚》，第 4 卷（上海：上
   海古籍出版社，1999），頁 128。

48 ［晉］蘇彥：〈七月七日詠織女〉，轉引鍾敬文：〈序〉，《名家談牛郎織女》，頁 3–4。

49 ［梁］吳均：《續齊諧記》（北京：北京出版社，2000 年），頁 202；參鄭士元：〈七夕傳
   說考源〉，《魏晉南北朝研究論集》（台北：文史哲出版社，1984 年），頁 214。

50 殷芸：〈小說〉，載氏著、周楞伽注：《殷芸小說》（上海：上海古籍出版社，1984 年），
   頁 210；儲冬愛：《鵲橋七夕 —— 廣東乞巧節》（廣州：廣東教育出版社出版，2010 年），
   頁 2–3。

51 周處：〈風土記〉，載［宋］李昉等著：《太平御覽》（北京：中華書局，1960 年），第 31

卷，頁 235。

52　[南朝梁] 宗懷著、譚麟注：《荊楚歲時記譯注》（湖北：人民出版社，1985 年），頁
　　109。

53　[南朝梁] 任昉：《述異記》，未閱原文，轉引自王漢民：《傳統戲曲與道教文化》（台北：
　　萬卷樓，2018 年），頁 462。

54　[陳] 顧野王著，顧恒一、顧德明、顧久雄輯注：《輿地志》，[宋] 李昉等著：《太平御覽》，
　　第 52 卷（北京：中華書局，1960 年），頁 404。

55　[南朝梁] 劉遵：〈七夕穿針〉，[唐] 歐陽詢：〈歲時中〉，《藝文類聚》，第 4 卷（上海：
　　上海古籍出版社，1999 年），頁 130。

56　王文章：《中國傳統節日》（北京：中央編譯出版社，2015 年），頁 139。

57　中國社科院語言研究所詞典編輯室：《現代漢語詞典》（香港：商務印書局，2016 年），
　　頁 1265。

58　[南朝梁] 宗懷著、譚麟注：《荊楚歲時記譯注》，頁 109。

59　張曉華：《七夕節》（北京：中國青年出版社，2007 年），頁 22。

60　[唐] 白居易：〈長恨歌〉，《白居易詩集》（北京：中國國際廣播出版社，2011 年），頁
　　47-56。

61　[唐] 孟浩然：〈他鄉七夕〉，《孟浩然詩集箋注》（上海：上海古籍出版社，2000 年），
　　頁 200-201。

62　[唐] 林傑：〈乞巧〉，載鴻宇：《節俗》（北京：宗教文化出版社，2004 年），頁 110。

63　[宋] 秦觀：〈鵲橋仙〉，載 [宋] 歐陽修、秦觀著，王鈞明、陳泚齋編：《歐陽修、秦觀詞選》
　　（台北：遠流出版公司，1988 年），頁 108-110。

64　蘇軾：〈鵲橋仙·七夕〉，李之亮：《蘇軾文集年箋注：詩詞附》（成都：巴蜀書社，2011 年），
　　頁 27。

65　[宋] 范成大：〈鵲橋仙〉，轉引樓霏：《鵲橋仙》（北京：東方出版社，2001 年），頁
　　193。

66　[唐] 王仁裕：《開元天寶遺事十種》，上海：上海古籍出版社，1985 年，頁 98。

67　[唐] 杜甫：〈牽牛織女〉，載 [清] 楊倫編：《杜詩鏡銓》（上海：上海古籍出版社，1980
　　年），頁 618-619。

68　[宋] 羅燁：《醉翁談錄》（上海：古典文學，1957 年），頁 367。

69　[宋] 孟元老：《東京夢華錄》（北京：中國商業出版社，1982 年），頁 54。

70　[唐] 王仁裕：《開元天寶遺事十種》（上海：上海古籍出版社，1985 年），頁 98。

71　[宋] 周密：《乾淳歲時記》（台北：藝文印書館，1970 年），頁 431。

72　[宋] 羅燁：《醉翁談錄》（上海：古典文學，1957 年），頁 367。

73　潘淑華：〈「建構」政權，「解構」迷信？── 1929 年至 1930 年廣州市風俗改革委員會
　　的個案研究〉，收入鄭振滿、陳春聲編：《民間信仰與社會空間》（福州：福建人民出版社，
　　2003 年），頁 111-115；危丁明：〈曾盛極一時的女兒節：七姐誕〉，《仙踪佛迹：香港
　　民間信仰百年》（香港：三聯書店，2019 年），頁 89-112。

74　胡樸安：《插圖本中華全國風俗志》（上海：上海科學技術文獻出版社，2008 年），頁
　　10。

75 同上，頁 82。

76 同上，頁 85。

77 同上，頁 101。

78 同上，頁 105。

79 同上，頁 107。

80 同上，頁 136。

81 同上，頁 142。

82 同上，頁 167。

83 同上，頁 224。

84 同上，頁 236。

85 同上，頁 614；有關廣東一地慶祝七夕節，參葉春生、黃曉茵：《嶺南民間墟市節慶》（廣州：廣東人民出版社，2010 年），頁 75。

86 《插圖本中華全國風俗志》，頁 619。

87 歐陽山：〈三家巷〉，未見原文，只好轉引自同上書，頁 76-77。

88 伍岳峰、盧博儀：〈廣州女兒節〉，劉志文主編：《廣東民俗大觀》（廣州：廣東旅遊出版社，2007 年），頁 603。

89 香迷子：〈再粵謳〉，收入朱少璋編校：《粵謳采輯》（廣州：廣東人民出版社，2016 年），頁 100。

90 余婉韶：〈佛山七姐誕〉，《廣東民俗大觀》，頁 605。

91 何學儔：〈「七夕水」儲「冬瓜水」〉，《廣東民俗大觀》，頁 605。

92 《插圖本中華全國風俗志》，頁 417。

93 同上，頁 434。

94 同上，頁 457。

95 同上，頁 576。

96 同上，頁 606。

97 原文載於《永州府志》，未見原文，轉引自巫瑞書：《南方傳統節日與楚文化》，頁 176。

98 周明泰輯：《清升平署存檔事例漫抄》，收入學苑出版社編：《民國京昆史料叢書》（北京：學苑出版社，2009 年），頁 34-35。

99 《清升平署月令承應戲》，《民國京昆史料叢書》，頁 205-206。

100 王汎森，〈序〉，《執拗的低音：一些歷史思考方式的反思》（北京：三聯書店，2014 年），頁 7；〈歷史教科書與歷史記憶〉，《思想 9 —— 中國哲學：危機與出路》（台北：聯經出版公司，2008 年），頁 123-139；Peter Zarrow（沙培德），*Educating China: Knowledge, Society, and Textbooks in a Modernizing World, 1902-1937*, (Cambridge University Press, 2015), pp. 113-146.

101 〈牽牛織女的故事〉，胡懷琛等編：《中國神話》（北京：海豚出版社，2012 年），頁 67-69。此書原為上世紀三十年代，上海商務印書館出版《小學生文庫》。

102 葉至善：〈織女星和牽牛星〉，葉聖陶、部紹虞、周予同、覃切疏合編：《開明新編國文讀本》（北京：人民文學出版社，2011 年），頁 129-131。此書原為 1948 年刊本。

103 ［漢］班固：〈食貨志〉，《新校本漢書並附編二種》（台北：鼎文書局，1981 年），頁 1139。有關中國農業社會與祭祀的關係，見郭必恒等：《中國民俗》（北京：人民出版社，2011），頁 29-58。

104 有關香港在二三十年代已舉行七夕節，本文多參閱危丁明：〈曾盛極一時的女兒郵：七姐誕〉，《仙踪佛迹：香港民間信仰百年》，頁 89-112。

105 〈乞巧吃驚〉，《香港華字日報》，1895 年 8 月 26 日。

106 鄭寶鴻：《百年香港慶典盛事》（香港：經緯文化出版有限公司，2014 年），頁 93。

107 〈七夕〉，《香港工商日報》，1928 年 8 月 21 日。

108 〈禁拜七夕中之廣州市面〉，《香港工商日報》，1929 年 8 月 6 日。

109 〈七夕砌品之暢銷〉，《香港工商日報》，1929 年 8 月 8 日。

110 〈各蘇杭商店七夕品物佈置忙〉，《天光報》，1933 年 8 月 21 日。

111 〈先施七夕展覽會紀〉，《香港華字日報》，1936 年 8 月 18 日。

112 〈國難嚴重僑眾撙節今年乞巧節情形冷淡紙料生菓購者寥寥無幾未能免俗胭脂水粉暢銷〉，《天光報》，1939 年 8 月 21 日。

113 〈乞巧節已近七夕貨品市道冷淡〉，《華僑日報》，1948 年 8 月 9 日。

114 〈七夕前夕〉，《工商晚報》，1950 年 8 月 19 日。

115 〈七夕乞巧節花花絮絮〉，《大公報》，1950 年 8 月 20 日。

116 〈七夕前夕〉，《工商晚報》，1950 年 8 月 19 日。

117 〈牛郎織女從此翻了身港九工人們七夕聯歡號召擁護新婚姻法建立正確戀愛觀響應工聯會失業醫藥救濟福利運動〉，《大公報》，1950 年 8 月 20 日。

118 同上。

119 同上。

120 同上。

121 〈七夕拜仙熱鬧未減〉，《工商晚報》，1955 年 8 月 24 日。

122 〈度七夕姊妹齊聚首華革婦女舉行聯歡曹淑娥勉勵姊妹爭取自由幸福各業女工分別聯歡展出巧手藝〉，《大公報》，1960 年 8 月 28 日。

123 〈今日七夕冷落七姐〉，《工商晚報》，1962 年 8 月 5 日。

124 〈記否今夕何夕？〉，《工商晚報》，1968 年 7 月 30 日。

125 劉以鬯：〈牛郎織女〉［按：原刊六十年代］，《故事新編》（香港：中華書局，2018 年），頁 246-367。

126 張帝莊：《美荷樓記》（香港：三聯書店，2013 年），頁 102-103。

127 廖迪生：〈「非物質文化遺產」—— 新的概念、新的希望〉，《非物質文化遺產與東亞地方社會》，頁 5-9。

128 Daniel Miller, *Material Culture and Mass Consumption* (Oxford: Blackwell, 1987)；《靈力具現：鄉村與都市中的民間宗教》。

129 主要參閱方偉達：《節慶觀光與民俗》，台北：五倫圖書股份有限公司，2016 年，頁 5-31；另參陳蕙芬：《流轉的傳統：節慶創新之道》（台北：遠流出版事業股份有限公司，2016 年），頁 12-17；Johnny Allen William O Toole, Robert Harris , Lan

McDonnel, *Festival and Special Event Management* (Milton: John Wiley and Sons Australia Ltd, 2011),pp. 5-11。

130 Richard Schehner, "Carnival (Theory) after Bakhtin, " 及 Milla Cozart Riggio, "Time out or Time in? The Urban Dialectic of Carnival, " (coll) Milla Cozart Riggio (ed.), *Carnival: Culture in Action - The Trinidad Experience* (London: Taylor and Francis, 2004), pp. 3-11; pp.18-25.

131 《嘉年華的誕生：慶典、舞會、演唱會如何翻轉全世界》。

132 儲冬愛：《鵲橋七夕 —— 廣東乞巧節》（廣州：廣東人民出版社，2010 年），頁 57。本文有關珠村七夕文化節的部分，多閱此書；也參考了潘淑華、黃永豪：〈文化遺產的保存的再造 —— 廣州珠村「乞巧文化節」〉一文，特此致意。

133 同上，頁 68。

134 同上，頁 69。

135 同上，頁 124。

136 同上，頁 135。

137 未見原文，只是轉引儲冬愛同上書，頁 137。

138 珠村居民對神靈期望，近似研究民間宗教學者提出民間多是傾向期待神靈具有「多用途」功能的觀點。有關民間表述神靈具有「多用途」的特色，見馬書田：《中國人的神靈世界》（北京：九州出版社，2006 年），頁 2-17。

139 同上，頁 162。

140 葉映均：〈七夕銀河會　雙星渡鵲橋〉，《穗港七夕文化節慶》（香港：泓澄仙觀，2019 年），頁 3；參〈節日與知識傳播：七夕文化〉，梁超然、梁操雅、區志堅主編：《多元視·覺 —— 兩岸四地中華歷史文化教育》（台北：秀威出版社，2020 年）。

141 泓澄仙觀編：《泓澄仙觀十周年特刊》（香港：泓澄仙觀，2011 年），頁 6。

142 郭詠珊訪問及整理：〈葉文均道長訪問稿〉，訪問日期：2019 年 10 月 6 日，未刊稿。

143 泓澄仙觀編：《泓澄仙觀十五周年特刊》（香港：泓澄仙觀，2016 年），頁 100。

144 《泓澄仙觀十五周年特刊》，2016 年，頁 102。

145 〈「七夕情繫社區·愛·繽紛晚會」〉，2017 年 7 月 26 日。

146 [清] 劉侗、于奕正：《新校本帝京景物略》（台北：鼎文書局，1981 年），第 2 卷，頁 172；泓澄仙觀：《觀訊》，2017 年，第 2 期，頁 5。

147 〈七夕文化園遊晚會〉，2020 年 7 月 7 日。

148 泓澄仙觀：《觀訊》，2018 年，第 3 期，頁 4。

149 〈2017 有獎詩詞對對碰〉，此為大會提供參加者的題目。

150 〈2017 年七夕文化節〉，此為宣傳單張。

151 〈廣州三元宮〉，《穗港七夕文化節慶》，頁 16；有關三元宮的發展，見黎志添：《道貫嶺南 —— 廣州三元宮志》（香港：香港中文大學出版社，2019 年），頁 33-58。

152 劉宗迪：《七夕》，頁 145。

153 潘志賢：〈序〉，《穗港七夕文化節慶》，頁 6；潘志賢：〈穗港七夕文化節演講詞〉，2019 年 8 月 5 日（農曆七月初七日），未刊稿。

154 葉映均:〈七夕銀河會 雙星涵鵲橋〉,頁 3。

155 「在七夕這個美好的日子裏,讓我們祈福,國家繁榮昌盛,家庭幸福安康,愛情甜蜜美好,學業有成,祈願我們的未來……」,此省略號,是原文內容,不是筆者為方便行文,省略內容。

156 〈贊助宮觀嘉賓〉、〈香港支持單位〉,《穗港七夕文化節慶》,頁 14、17。

157 「穗港七夕文化節慶晚會」佈置圖。

158 區志堅訪問及整理:〈泓澄仙觀主席葉映均道長訪問稿〉,訪問日期:2019 年 9 月 10 日,未刊稿。

159 葉映均:〈香港七姐誕文化習俗〉,《穗港七夕文化活動節慶》,頁 21。

160 郭詠珊訪問及整理:〈泓澄仙觀觀主葉映均道長〉,訪問日期:2019 年 10 月 6 日,葉映均道長手書,〈七夕牛郎織女轉世圖〉。

161 是次訪問主要在 2019 年 8 月 6 至 7 日進行,因為被訪者不欲列其姓名,故是次放在論文的訪問稿也沒有列出被訪者的姓名。

162 〈七夕園遊晚會熱鬧〉,《香港商報》,https://www.hkcd.com/content/2017-09/04/content_1063417.html,最後訪問日期:2020 年 5 月 2 日;〈道青團出席 2019 年七夕文化節慶〉,《香港道教聯合會》,http://www.hktaoist.org.hk/index.php?id=143,最後訪問日期:2020 年 5 月 2 日。

163 齊偉光:〈台灣漢人民間信仰與迎媒體:以臉書為媒介的宗教建構〉,林瑋嬪:〈跨越界線:LINE 與數位時代的宗教〉,載林瑋嬪主編:《媒介宗教:音樂、影像、物與新媒體》(台北:台大出版中心,2018 年),頁 227-262;頁 267-302。

164 Monica Sassatelli, "Urban Festivals and the cultural public sphere: Cosmopolitanism between ethics and aesthetics", (in), Liana Giorgi, Monica Sassatelli and Gerard Delanty (ed.) *Festivals and the Cultural Public Sphere* (N.Y.: Routledge,2011), pp. 12-28.

165 有關香港七姐廟的分布情況,見周樹佳:《香港諸神:起源、廟宇與崇拜》(香港:中華書局,2009 年),頁 191-192。

166 〈七夕園遊晚會熱鬧〉,《香港商報》,https://www.hkcd.com/content/2017-09/04/content_1063417.html,最後訪問日期:2020 年 5 月 2 日;葉映均:〈香港七姐誕文化習俗〉,《穗港七夕文化活動節慶》,頁 21。

167 承任教香港一間中學科主任徐振邦老師告知。

168 潘淑華、黃永豪,〈文化遺產的保存的再造 —— 廣州珠村「乞巧文化節」〉一文。

169 有關「傳承人」概念,見廖迪生:〈「非物質文化遺產」—— 新的概念、新的希望〉,《非物質文化遺產與東亞地方社會》,頁 6-8。

170 區志堅:〈圓融弘大的寺院建築藝術:以志蓮淨苑為例〉、〈宗教與寺觀文化:黃大仙祠的文化考察〉,Ivy Man, Chi Kin Au (ed.), *The Perspective of East and West Culture* (Singapore: Macmaillian, 2008),頁 63-75、頁 92-102;區志堅、黎漢傑合編:《盂蘭節與當代中國》,香港:香港潮屬社團總會,2017 年,以上均是在高等院校及中學歷史文化科的教材及教案,主要從以節日放進校內有關歷史文化課程及進行學生獲得節慶文

化知識的評估。

171 潘志賢:〈「穗港七夕文化節慶」開幕詞〉,《穗港七夕文化節慶》,頁 6;林瑋嬪:〈導論 媒介宗教〉,《媒介宗教:音樂、影像、物與新媒體》,頁 1-25。

172 葉映均:〈去年今夕何夕〉,《穗港七夕文化節慶》,頁 4。

第八章 | 七夕源流及其對現代之作用

廣州純陽觀 | 吳高逸

七夕，又被稱為乞節會、雙星節、[1]女兒節和小人節，[2]近年來甚至被認為是有潛力能夠和西方情人節相抗衡的「中國情人節」或「中國情侶節」。該節日定在農曆七月初七舉行，在中國乃至是華人地區都有慶祝和祭祀活動，包括「乞巧」、「乞美」等活動，人們希望能藉着這些祭祀活動獲得一門好的手藝和美貌。

一、七夕的由來及歷朝演化

周朝人觀星時發現天漢（即銀河）以北的三顆星，早晚位置會變動七次，而移動的方式就像織布機的機杼活動一般，就把這個現象想像成星空中有一位織女在織布，這就是織女星及織女傳說的由來。至於牽牛星則是和織女星隔着銀河遙遙相對的一顆星體。在牛郎和織女的神話故事廣泛傳頌開去後，人們把人間的故事映射到星空，化為了牛郎和織女傳說的一部分。[3]

織女的傳說早在西周時期已經存在，在《詩經·小雅·大東》中有「……跂彼織女，終日七襄。雖則七襄，不成報章。睆彼牽牛，不以服箱」的句子，[4]反映了當時人們對星體的想像，把織女和星體聯繫起來。

到了東漢時期，人們把牽牛和織女的故事逐漸豐滿，例如出現《迢迢牽牛星》這類的詩作。詩云：「迢迢牽牛星，皎皎河漢女。纖纖擢素手，札札弄機杼。」[5]另外，西漢時期成書的《淮南子》亦有七夕時有烏鵲成鵲橋的記載，[6]而《史記·天官書》中亦有「織女天女孫也」的記載。[7]可見當時民眾已開始把牛郎和織女的故事擴充，增加細節，更細膩的刻畫人物，深化人物形象，把神話故事增補得更為圓滿。

除了七夕故事本身的擴充，漢代的七夕慶祝活動更增加了不少儀式，例如漢人從織女下凡沐浴的典故中，發展出仿效織女「沐浴天孫聖水」，在七

夕當日沐浴濯髮以及汲七夕水等習俗；[8]在《西京雜記》中亦有提及時人穿七孔針於開襟樓的習俗。[9]另外，由於牛郎織女的故事在漢代廣為流傳，現存在西安昆明池的兩座東漢牛郎織女的石刻，[10]能反映牛郎織女的故事影響力的擴散。

南朝時期，民間開始出現了七夕穿針的習俗，一說是對着微弱的月光把彩縷穿進七孔針，穿得快而準為之得巧，反之則是輸巧，另一說則是背手穿針，穿得過便是得巧。[11]

到了唐朝時期，七夕的慶祝活動不只是在民間進行，更是傳入了宮闕之中。在七夕當天，天子會和妃嬪夜宴，而宮女則各自乞巧。唐代詩人白居易的《長恨歌》中寫「七月七日長生殿，夜半無人私語時」，便是提及了這番景象。[12]

宋元時期，部分城市出現了因七夕而舉辦的七夕市，從七月一日至七夕前三天，商販聚集銷售七夕用品，甚至出現了《醉翁談錄》中「車馬不通行……不復而出，至夜方散」的熱鬧景象。[13]此外，在宋代，慶祝七夕的風氣傳至中國南方，尤其是廣州一帶甚為風靡，南宋詩人劉克莊在他的《後村集》中提及粵廣一帶慶祝七夕的繁華熱鬧景象，詩云「瓜果跐拳祝，喉羅撲賣聲。粵人重巧夕，燈光到天明」[14]反映了當時廣州的七夕市遊人絡繹不絕，車水馬龍，熱鬧繁華的景象持續到天亮。

明代，民眾仍然有慶祝七夕的習慣，據《廣東新語》記載，當時民眾會沐浴天孫聖水，以茉莉、素馨結高尾艇。另外，時人還會汲江水或井水儲存，人們相信喝了這些「夕水」能夠驅除熱病。[15]而到了清代，則有設鵲橋，陳瓜果，焚檀楠等習俗，部分地區還會「鬥巧」，製作不同的小工藝品顯示創作者的才藝。[16]

而民國時期，由於對傳統封建文化的批評和否定，民國政府對七夕及其慶祝活動亦是持否定的態度，官方在宣傳上把七夕定義為「無知婦女」的「奇巧陋俗」。七夕一度被禁止，銷售七夕商品的店鋪被取締，但民間仍然有不少民眾慶祝七夕。然而隨着民國政府加大破除舊習的力度，例如在一九二九年七月成立了廣州市風俗改革委員會，便禁止民眾於七夕燒衣祭

拜，甚至對參與祭拜的人士進行拘拿和教育，宣傳七夕是「浪費金錢，毫無價值」的事，政府的宣傳使七夕相關的商品銷情慘淡，甚至出現滯銷的情況。到了新中國成立後，建國後初期而言，民間仍然有乞巧的活動，比如在一九五〇年，廣州市長便發表過一篇描寫乞巧的頌詞，在一九五一年舉辦的廣東民間工藝展覽中亦出現過七夕的工藝品，在一九六四年黃埔地區亦有女青年製作供案。然而，二十一世紀的活動亦非常多元，例如在二〇〇一年，天河珠村在老人的幫助下復辦了乞巧，在二〇〇五年廣州舉辦了乞巧文化節，在二〇一〇年天河乞巧成為了國家非物質文化遺產。[17]

二、七夕的習俗和背後的意涵

乞巧有不少從傳統祭星演化而成習俗，[18] 除了前文所提及的穿七孔針、背手穿針，以求得女紅和針線技藝，以及沐浴濯髮以乞美外，部分地區還會用色紙、胡麻、火柴盒、瓶蓋等製作各類迷你工藝品，比如製作迷你的衣裙、繡花鞋、扇子等，以顯個人才藝。[19] 另外，又有人會擺放香案用瓜果菜、酒脯，以祭祀織女，以表示對織女的敬畏和尊重，並祈求得巧。另外，在廣州地區，人們把祭祀織女發展出一整套儀式，包括「拜仙禾」、「擺七娘」、「睇七娘」和「送七娘」。[20] 在當天，家人還會一起聚餐，拜織女。[21] 部分地區還會製作七姐盆，把七樣梳妝用品縮小化，放在圓盆上，作為乞巧的貢品。

三、七夕對現代社會的意義

在古代而言，七夕的意義在於它能展示婦女的「言德容功」，但七夕對現代社會而言亦有其意義，這主要體現在四個方面：

第一，儘管現代女權隨着女性經濟獨立自主，而不再必須依附着男性，但是在現代社會中，女性面臨的壓力卻比以往的多，例如情感上、生活上和經濟上的壓力都比以往高，部分女性在面臨這種壓力下可能會選擇退縮，回

歸到傳統女性所代表的乞巧精神當中，她們可以把壓力寄託在織女這個精神信仰之上。[22]

第二，現代女性工作時間長，工作和壓力較古代女性繁重，沒有太多時間結識異性，甚至部分大齡未婚女青年被譏為「剩女」，這些女士有可能對乞巧所象徵的姻緣和愛情有需求，因此而參與七夕活動。[23]

第三，乞巧節是我國傳統節日之一，其文化及習俗均屬於傳統文化的一部分，七夕文化的復興和弘揚均是中華文化的一種傳承。正如上文所述，天河珠村的乞巧已經在 2010 年成為了國家非物質文化遺產，反映了乞巧節及其慶祝活動有其文化價值。[24]

第四，乞巧節有其經濟價值。現代的七夕慶祝，對貢品和工藝品仍然有需求，比如前文提及的七姐盆，便需要掌握這種技藝的手作人花時間和心思製作，無疑是帶動了女紅手工業和女性就業，有其經濟價值。[25]另外正如文章開首提及，近年來，乞巧節被提倡成為「中國的情人節」，部分商戶也看中了這個機會推出一系列的「浪漫經濟」，為「有情人」提供各種商品和服務，亦會舉辦大型活動以刺激經濟。[26]

七夕早於周朝便有所記載，至今已有數千年的歷史，可說七夕在文化內涵、傳說、習俗等方面凝聚了中華文化的特色。幸好七夕近年廣受政府、社會、各道教之志友的重視，使七夕節於中國再次盛行。

注釋

1　郁倩文：〈從唐代詩歌看牛郎織女傳說及七夕節俗〉，《語文學刊》，2012 年，第 6 期。

2　張勃：〈從乞巧節到中國情人節 —— 七夕節的當代重構及意義〉，《文化遺產》，2014 年，第 1 期。

3　郁倩文：〈從唐代詩歌看牛郎織女傳說及七夕節俗〉，《語文學刊》，2012 年，第 6 期。

4　張君：〈七夕探源〉，《湖北大學學報（哲學社會科學版）》，1993 年，第 4 期。

5　同上。

6　同上。

7　郁倩文：〈從唐代詩歌看牛郎織女傳說及七夕節俗〉，《語文學刊》，2012 年，第 6 期。

8　曾應楓：〈廣州乞巧風俗改革探析〉，《探求》，2017 年，第 1 期。

9　同上。

10　趙達夫：〈從隴東、陝西的牛文化、乞巧風俗與「牛女」傳說〉，《文化遺產》，創刊號。

11　曾應楓：〈廣州乞巧風俗改革探析〉，《探求》，2017 年，第 1 期。

12　趙達夫：〈從隴東、陝西的牛文化、乞巧風俗與「牛女」傳說〉，《文化遺產》，創刊號。

13　曾應楓：〈廣州乞巧風俗改革探析〉，《探求》，2017 年，第 1 期。

14　同上。

15　劉宗迪：〈華夏七夕溯源〉，《文化月刊》，2013 年，第 8 期。

16　趙達夫：〈從隴東、陝西的牛文化、乞巧風俗與「牛女」傳說〉，《文化遺產》，創刊號。

17　劉宗迪：〈華夏七夕溯源〉，《文化月刊》，2013 年，第 8 期。

18　葉春生：〈從廣府七夕風俗演變看當代乞巧的功能〉，《文化學刊》，2011 年，第 1 期。

19　郁倩文：〈從唐代詩歌看牛郎織女傳說及七夕節俗〉，《語文學刊》，2012 年，第 6 期。

20　曾應楓：〈廣州乞巧風俗改革探析〉，《探求》，2017 年，第 1 期。

21　郁倩文：〈從唐代詩歌看牛郎織女傳說及七夕節俗〉，《語文學刊》，2012 年，第 6 期。

22　儲冬愛、黃學敏：〈乞巧與傳統女性話語 —— 以廣東省乞巧節為例〉，《內蒙古社會科學》，2012 年，第 33 卷，第 1 期。

23　同上。

24　林素英：〈七夕節俗論略〉，《台北大學中文學報》，2009 年，第 7 期。

25　儲冬愛、黃學敏：〈乞巧與傳統女性話語 —— 以廣東省乞巧節為例〉，《內蒙古社會科學》，2012 年，第 33 卷，第 1 期。

26　張勃：〈從乞巧節到中國情人節 —— 七夕節的當代重構及意義〉，《文化遺產》，2014 年，第 1 期。

第三篇　七夕與女性

第九章｜乞巧節傳統風俗的禁與導

珠海學院香港歷史文化研究中心副研究員｜危丁明

　　乞巧節，即七夕、七姐誕，今天許多人都以之作為中國傳統的情人節，牛郎織女的「金風玉露一相逢，便勝卻人間無數」[1]，總會惹得不同時空的癡男怨女同聲感嘆。特別對於長期處於男尊女卑倫理格局中的婦女，丈夫幾乎就是一生幸福所繫，牛郎的樸實、勤勞，符合了男耕女織小農社會好男人的標準，他對愛情的堅貞與執着，更是傳統婦女所夢寐以求的。因是之故，自魏晉南北朝後，牛郎織女故事與七夕節俗融合，將此可能是源於上古星辰崇拜的節令，逐步發展成為以婦女為祭祀主體的傳統節日。

　　值得注意的是，乞巧節不是乞夫節，婦女雖在祈求天賜良緣，卻非被動地任由神明安排，而是向上天乞巧 —— 希望賜予自己治家才能方面的不斷改進 —— 從而成為可以配得起承受良緣的角色，也就是說要找到理想化的夫婿，自己首先要成為理想化的妻子。這種強調自強的態度，與只求神靈庇佑的私心付託相比，顯然更為積極和光明正大。七夕期間，婦女極盡巧思，製作出各種精緻物品，而且還樂意於設方桌於樓前戶外，將各種小玩藝盡數陳列，任人觀賞，當然是與七夕所強調的積極自強相關。

　　廣東位在南疆，與中原關山阻隔，地方文化本就更為不受拘束，勁健向上，而且雖僻處於海隅，卻因海上絲路，與外邦亦交流不少。南宋詩人劉克莊詠廣州七夕的《即事》詩，「瓜果跽拳祝，睺羅撲賣聲。粵人重巧夕，燈火到天明」。信眾恭奉瓜果，長跪在地，虔誠祝禱。大街上傳來一陣陣以摩睺羅泥公仔為獎品的博彩歡呼聲。廣州人重視七夕，慶祝通宵達旦。廣東地區的七夕活動自古就非常熱鬧，也從來不乏異國色彩，由此可見。

一、漸變中的七夕

　　到了近代，西風東漸。廣東作為首沐西方文化的中國土地，卻又是堅持

傳統的最頑強堡壘，它既培育了第一批改良派和革命黨，也在很大程度上保留了舊有的民族傳統文化，包括不少備受西方人詬病的陋習，如纏足、立妾、蓄婢等等。在信仰方面，粵地也堪稱民間信仰博物館：不但保留漢民族許多古老信仰，如海神則有老海神南海洪聖大王，也有新海神天后媽祖；不同的民系也各有不同的神靈信仰，如潮州人信仰宋大峰祖師、客家人信仰三山國王、廣府人信仰侯王等；再加上流傳於省內少數民族地區的各種信仰，包括自史前開始便一直備受崇奉的祖神信仰等等，使此地素被稱作「淫祠林立，俗信成風」。在這樣的信仰氛圍中，粵人重七夕的傳統，當然從不曾稍減。即便到了辛亥革命前夕，地方官的官眷仍親自帶動風氣——

> 英德縣□令女眷，初六在縣署二堂大排瓜果。所有顧繡□通堆砌□傘、橋樑等物及紫檀小椅桌，莫不備極精巧，均先期派令家丁與梳傭來省購備，所費五百餘金，共設台四十桌。是夜燃點大光燈，任令人民入內看具。官太、小姐列坐正中，前擺花碟簪、掛花籃，香氣撲鼻。凡往參觀者，嘆為見所未見。次日，仍擺列一天，以便鄉人來觀。人謂官眷此舉，以該處仕女向無鬧七夕者，故從而導之也。[2]

不過，當此西風激越之際，甚至連朝廷在一九〇二年頒佈慈禧懿旨，准許滿漢通婚時，也不忘提出「漢人婦女，率多纏足，由來已久，有傷造物之和，嗣後縉紳之家，務必婉切勸導，使之家喻戶曉，以期漸除積習」，[3] 開了反纏足的第一槍。廣州城七夕的慶祝活動，自然也會出現新意。據一九〇二年八月十六日《香港華字日報》報道：

> 七夕之夜，粵城兒女各呈巧思，以芝蔴砌成品物，鉤心鬥角，陳設庭中。聞有某家名媛，所製花瓜卍字巧不可階。並懸一聯云：一夫一妻，世界會上；七月七日，長生殿中。能以新思想混入舊典故，誠天衣無縫也。

在這一年，清政府經美國駐華公使康格等動員和邀請，同意派員參與兩年後在美國聖路易市舉行的世界博覽會，並委派貝子溥倫為正監督，候選道

黃開甲和東海關稅務司、美國人柯爾樂為副監督,辦理相關事宜。世界博覽會由是成為該年熱門話題。這位名媛透過此聯指出,世界博覽會上,中國非以一夫一妻為婚姻制度,否則難符國際共同倫理價值;而且一夫一妻制,亦與傳統價值相合:七月七日,長生殿中,唐明皇與楊貴妃的生死相約即是。她以簡煉的文字,鮮明地表達了對傳統社會納妾成風現狀的批判,以及自己對忠貞愛情的期待,在當時社會應該是有一定震憾性的。

在上世紀初,中國婦女地位上升已成不可遏止的趨勢。一九〇七年,清廷頒佈《女子小學堂章程》和《女子師範學堂章程》,肯定婦女有受教育的權利,在全國廣泛開設女學堂,甚至規定地方官指導之責,並須保護女學堂免受當地劣紳地棍騷擾。這件突破傳統劃時代的事件,亦自然會在七夕節有所反映。刊於一九〇七年八月十五日農曆七夕《香港華字日報》、作者嗣荀的〈戲為女學生七夕致祝雙星詞〉的序文:

> 竊維風氣西趨,是女學初萌之候;潮流東漸,又神權將落之時。喜世界之一新,洗塵緣之萬劫,也知情天孽海,箇中豈有神仙。即云月老冰媒,其說都緣附會。況以牛、女為恒星之一,河漢是輕氣之浮。以此推言,原無奇異,又何必筵開瓜果,望玉宇以輸誠,坐供香花,下鍼樓而膜拜哉。然則,將遂默爾而息乎?則女兒之結習,未遽能忘;將又隨俗以靡乎?則迷信之謬談,固所素恥。無已,其尚借七夕之良辰,藉以遣一時之清興,可乎?茲恰屆涼風之新至,又值暑假之餘閒。謹擬以文明之花、自由之果,敬獻於雙星之前。

從中可以看到,作者對於女子教育的出現,在充滿欣喜的同時,亦敏銳地感覺到其將帶來對傳統社會的衝擊。世界若因教育而失去神秘,在神權旁落的同時,婦女會有甚麼變化?七夕節的存在又有何意義?作者於序文之後的詩句中,在讚嘆牛、女愛情故事後寫道:

> ……緬懷仙躅,耕織尤勤。女修綺組,男務耕耘。犁溉膏雨,裳列錦雲。提倡實業,仰賴此君。敬祝雙星,照我女界。放大光明,掃除腐敗。

環珮胥捐，鉛華是戒。兒女英雄，一齊崇拜。我愛天足，破碎弓鞋。我倡平權，振起群釵。二十世紀，女傑是儕。明明雙星，曷鑒予懷。

在未來的社會中，雙星將成為鼓勵人們努力生產和生活的模範。特別是織女不事鉛華，不慕財富，寧用自己的巧手，勞動為生，更是時代女性的典範。顯然，作者是根據新時代對女性的要求，對織女進行了全新的演繹。

隨着女性地位的上升，社會對七夕的懷疑隨時日增，逐漸形成批判的聲音。「粵垣之乞巧會，鮮花供養，幻成牛、女，鵲橋亭台，維妙維肖。焰火戲法，尤足悅目。今夕何夕，引人入腦。此夕之金錢，耗費於無形者，不知萬幾！此夕之精神，消磨於無形者，不知萬幾！習俗之應革有如此……今夕何夕，天上人間，皆有無上之快樂 —— 噫籲嘻，是日無稽！是日眼前之快樂！」[4]

二、革命勝利與移風易俗

入民國後，德先生（民主）和賽先生（科學）成為時代的最強音，輿論界對傳統風俗的撻伐更甚。七夕種種現狀，成為記者樂於捕捉的新聞。在英殖統治的香港，號稱文明進步，更不容落後。

前晚為俗例乞巧節，港中婦女之拜仙者，忙個不了，致生種種之怪狀。茲錄如下：油蔴地宴桃園，有婦女六、七人，拜仙畢，即到宵夜。斯時坐為之滿，店伴應接不暇，以致遲遲未能將所喚之魚生送上（拜仙食魚生，可謂誠心到極）。婦女等大慍，頻催不已。及食時，呼酒兩大罇，大飲大嚼。後因互相爭食，繼而糾纏，竟將同枱別人之碗器打爛。更有二人因飲醉至被扯爛綢衫，體內盡露。一時途人觀者甚眾，後由店東多方調停，賠償損失費二元了事。
……又擺花街某女學校，由校長發起，每生捐銀一元作拜七夕費，兼選學生三名為籌備員，是晚十二時許燒龍涎香，齊跪下向天叩拜，數值十餘元之梳妝盤付之一炬。騎樓外琳琅滿目，更襯以電燈，式式俱備。……查今年之七夕，較往年為旺，故各洋貨店及街邊擺賣雜物之投機小販，獲

利不少。當此文明進化時代，此種迷信，仍未能打破，糜費無謂金錢，亦可嘆也已。[5]

而在內地政界，改良風俗更早就是政客們熱衷之話題。一九二一年初，陳炯明主政廣東，省長公署發出訓令，通令全省組織改良風俗會。此議原由鶴山勸學所長陸朝陽提出，他認為社會上頹風敗俗觸目皆是，已成為社會進化之障礙。而應付這問題的最佳辦法就是由各縣勸學所、教育會及各學校，聯合各界組織改良風俗會，對「舉凡迎神、建醮等耗錢風俗，吸烟、賭博私風俗及婚姻、喪祭中之不良風俗提倡禁革」。[6]不過，地方響應並不理想。陳炯明「刻因各縣奉令後據報遵令組織成立者尚屬寥寥，殊非重視改良風俗之道，特再飭催南、番各屬知事，迅行召集所屬士紳籌備組織成立，具報備案。一面調查該縣內人民習慣地方風俗各事項，詳為研究。何者應改革，何者應提倡，當分別體察情形，斟酌利弊，以為改良標準。」[7]

事實上，民國創立伊始，對傳統宗教信仰而言，德先生和賽先生早就打起了架。憲法上的信教自由與文化政策上的破除迷信本身就充滿了矛盾，它令舊日神道設教傳統中，由朝廷實際管理的佛、道兩教和所屬廟產，似乎頓然成為化外之民和無主之物的同時，不同的勢力紛紛打着破除迷信、廟產興學的旗號，明目張膽地進行合法掠奪。在軍閥割據，南北分裂的政治態勢中，所謂的中央政府也不大可能通過政策調整對矛盾加以調和。甚至中央政府也加入戰團，成為了攫取利益的其中一員。而在地方，特別是由鄉紳實際管治的鄉村，無論鄉祠、廟宇，乃至神誕、歲時、節慶、打醮等信仰活動，都與其管治的權力和經濟有着根深柢固的關係，絕不可能拱手相讓。陳炯明推行改良風俗會之所以失敗，也正是這個原因。

一九二八年七月，國民革命軍北伐成功，中國名義上全國統一。國民黨中央政治委員會北平臨時政治分會委員白崇禧就北平整頓提案，其中有改革風俗內容：

改革風俗案。北平社會，繼承專制政體，所遺留之習俗，仍未破除，

大如冠婚喪祭典禮，小如耳目聲色之娛樂，均係專制貴族遺下之奢侈陋習，至今仍存在。據最近調查，即檢煤球者，遇喪事必八人杠，或十六人杠，遇喜事，亦四人杠。牌旗執事，一報千金。舊制度亟應改革，以新耳目。又北平戲劇，實為腐化，應根據國民革命宗旨，改導演三民主義之真諦。改革一切陋俗，他如男女髮辮，婦女纏足，均當一律改革。[8]

將習俗與專制政體連結，為風俗改革戴上民主的政治光環，本來的文化改良就進化成為政治革命。對於在北伐戰爭中嶄露頭角的小諸葛白崇禧而言，可能只是揮灑軍事勝利豪情的神來之筆，卻使人清楚看到，在革命者而言，風俗之改良與否，不在於其與社會和民眾之間的相互關係，而在於建立革命政權之需要。只要被認為會對革命政權造成妨礙，即使如今天被認為是國粹的京劇，也必須退位讓賢。

隨着南京國民政府的穩定和全國施政的展開，同樣的革命豪情，也陸續在各地體現。一九二九年七月成立的廣州市風俗改革委員會（簡稱風改會），以改良風俗、破除迷信為宗旨，受市國民黨黨部監督指導。因為成立之日即是農曆七夕將屆之時，風改會把禁止七夕拜仙視為必須爭勝的首戰。成立不久，就在國民黨辦報刊《廣州民國日報》連日刊出有關廢除七夕拜仙燒衣標語十一條：

　　一、打破七夕拜仙陋習；二、打破七夕燒衣陋習；三、七夕燒衣是不良風俗；四、七夕拜仙是怪誕的舉動；五、七夕會牛郎是無稽的誑語；六、禁止七夕拜仙燒衣；七、誰敢燒衣拜仙即拿公安局究辦；八、禁止商店販賣七夕拜仙燒衣用品；九、禁止七夕拜仙燒衣是改革風俗的起點；十、一致遵照公安局布告廢除七夕拜仙燒衣；十一、我們自動起來廢除七夕拜仙燒衣。[9]

除此以外，又坐言起行，「對販賣七夕拜仙燒衣用品的商店加以查封……對『天河會』等傳統七夕戲劇，致函教育局加以取締……看到由於大部分在被禁之列的商店依舊『販賣如故』……風改委甚至還函請公安局准

予其組織調查隊⋯⋯『分區擔任巡查，如各縣仍敢舉行燒衣拜仙之迷信婦女，即會警拘送公安局究辦』⋯⋯」[10]

其實早在此前一年，因政局動蕩，民生凋敝，販賣七夕用品的商店已不得不割價求售，方可力保廣州七夕一仍其舊。據一九二八年八月二十一日《香港華字日報》報道，「售賣七夕玩品之大新街、高第街、上下九甫、十八甫等處各商店，本屆甚少精美品物陳列，類多去年滯銷留存者，改裝出售，且其價格之平，為近十餘年來所未有。大約因共亂之後，居民購賣力弱，不得不爭相貶價，以求主顧之故。」各商店期望在政局穩定後，可以收回損失，對此時風改會的禁令，當然力拒。「日來市內紙寶冥鏹行商人聆耗，僉以禁止燒衣之案若行，勢將無可營業。因該行營業，每歲係以七月燒衣之銷路為大宗也。又聞本市製造七夕玩物及花紙座頭行工商，對於禁止婦女慶敍七夕之舉，僉認為營業上生死關頭所繫。蓋是行終年所業，祇賴七夕一節銷售，否則無業可營，無工可作，勢將全數陷於失業地位，危險殊深。刻已擬與冥鏹行商，聯合定期請願當局收回成命。」[11]兩行商人與承辦冥鏹捐（政府徵收的專營商業稅）公司向市政府上書，「略稱現在該項貨物，早經上市，若一旦禁售，於商民血本有關，且徵收該項捐，亦蒙影響。請今歲暫緩禁售，俟來年方始執行等語。聞當局以所陳尚屬實情，擬於來年方執行取締」。[12]

黨部闒將與市府公務員對此事的態度出現的落差，實際為執行查禁製造了模稜兩可的空間。從當年七夕的相關報道中，似乎看到查禁的成效：

> 粵俗每年夏曆六月底，其準備乞巧者，極為熱鬧。而大新街之紙通花，及芝麻砌成玩具等商店，無不準備乞巧物品，鋪張華麗⋯⋯而下九甫之班粉店、蘇杭雜貨店，亦皆大減價以供仕女之裝飾。各餅店則製備□□酥、棋子餅等，以供拜乞巧之用。而閨中女子則紛紛自製織絲手工品，及浸種禾秧、芽菜、蓮子等物，以備陳列⋯⋯但今年自公安局布告禁止拜乞巧後，商店既不敢販賣此類物品，免於究罰。而閨中少女，亦以種種禁令，未敢遭犯，以免蹈犯刑章。以致現已六月下旬，社會仍毫無預備。恐今年天上雙星歡聚之時，正人間寂寥之際雲。[13]

然而愈接近七夕，情況卻變化愈大：

> 昨五日即舊曆七月一日……查昨午高第街等各處，仍見各商店將紙彩鵲橋，高陳店內發賣，熱鬧非常。而脂粉店，間有在門口大書七夕佳節，買一送一。各紙紮店，多將大如丈餘之所謂梳裝盤高掛者拜觸目皆是。[14]

終於到了七夕晚。「查七夕之最熱鬧者，厥為上下西關。昨晚七夕調查上下西關一帶及河南等處，向稱拜仙最鬧熱之地方者，其拜仙之舉，雖屬有之，然不比往年之熱烈。或雖舉行拜仙者，鵲橋廳陳設菓品等物，其他大為減省，祇見循例以香花、蠟燭、串炮而拜者居多，內廳則寥寥可數。」[15] 可見，風改會的查禁雖也產生一定影響，但七夕祭祀活動依然活躍，迫得風改會必須在七夕期間，「用革命的手段，更偉大及更嚴厲的查禁之辦法」，「由各團體派代表組織調查隊，全隊廿餘人，□於昨晚分別出發，會警拘捕燒衣拜仙迷信婦女。聞拘送各警署者，已為數不少。」[16]

禁七夕的功敗垂成，使風改會不得不發動更大規模的運動爭取翻盤機會，這就是於一九二九年九月十七至二十一日舉行的廣東各界破除迷信運動大會。在大會上，通過六項提案：「一，建議省市政府沒收寺觀廟產，以興辦教育慈善事業；二，建議省市政府遞年增加香燭及冥鏹捐實行寓禁於徵案；三，建議省市政府廢除一切□像木偶及其他類似偶像之迷信物品案；四，建議省市政府通令各教會學校，不得在校宣傳宗教及壓迫學生奉教，並禁止書店販賣迷信書籍案；五，建議省市政府實行限令卜筮星巫覡相輿依期改業案；六，建議省市政府實行查禁市內一切籤語神方案。」[17] 從提案看，風改會還是摩拳擦掌，準備大幹一場的。廣州市政府正恰在此時成立社會局，掌理全市一切社會設施事宜，其中就包括「關於社會風俗之改革事項」，「關於迷信事業之調查統計及取締事項」，「關於婚姻喪禮之註冊調查統計及改良事宜」[18]，表面上似乎為缺乏行政權力的風改會提供對口的執行機構，其實卻是風改會的掘墓者。一九三〇年二月，風改會便因與社會局作

用重疊之由被宣佈解散。

三、以嫘祖節取代七姐誕

經此巨變，一九三〇年的七夕：「客歲風俗改革出示勸喻禁止……而售賣拜仙品物之洋貨店及一般投機小販，因預早製就各物，銷場忽淡，咸叫苦不迭，故今年大新街及第十甫、十一甫、十八甫暨上下九路一帶之洋貨店，皆無製造拜仙品物出售。其所有陳列售賣者，多屬去年賣剩之貨。陳舊不堪，已非昔日滿坑滿穀，五光十色矣。而採辦該種品物者，亦以鄉村婦女為多，故銷場極為冷淡。」[19]一九三二年七夕前的一個多星期，廣州市社會局「現以該廢節又將屆期，誠恐市民故態復萌，決擬重申禁令，剴切曉諭。並將函請公安局，轉飭各分局，派警注意，對市上擺賣乞巧節奢侈品者，一律禁止，以免日久玩生云。」[20]此禁令承續了風改會的餘緒，但從其只禁奢侈品來看，恐怕只是虛應故事。不過，它也表達了一個清楚的信號，雖然風改會壽終正寢，但政府的改良風俗立場並沒有改變，改變的只是方法而已。

果不其然，一九三四年四月，廣州又傳出了將乞巧節改為嫘祖節的消息：

> 蠶絲局長廖崇真，為復興蠶絲運動起見，以我國絲業之發明，實為軒轅黃帝之元妃嫘祖所創始，亦開女子教育之先河。此偉大之女發明家，若在外國，早有相當紀念，然我國則寂寂無聞。獨對於荒誕不經，牛郎織女，尚年年向之乞巧，殊實不當。現為破除迷信，並紀念女發明家起見，特擬將舊曆七月七日，改為嫘祖紀念節。於是日舉行蠶絲出品展覽會，藉以提倡女子職業運動。關於籌備紀念辦法，現已與本市社會局及婦女團體，共同發起着手進行云。[21]

嫘祖，軒轅黃帝的正室妻子。據一九九〇年傳開的唐代《嫘祖聖地碑》的碑文，嫘祖「首創種桑養蠶之法，抽絲編絹之術；諫諍黃帝，旨定農桑，法制衣裳；興嫁娶，尚禮儀，架宮室；奠國基，統一中原。」甚至有學者認

為嫘祖應當就是最早的織女。[22] 雖然如此，但嫘祖崇拜在中國並不普遍亦是不爭的事實，要以嫘祖節取代流傳久遠而且一直在廣東地區備受歡迎的七夕節，如此腦洞大開的想法為何會產生？又有何現實根據呢？

蠶絲局的前身是嶺南大學蠶桑科，主要工作是在珠三角地區進行蠶桑調查。一九二七年，由省府部分津貼經費，改名廣東省建設廳蠶絲局。一九二九年擴展業務，從事蠶種和繅絲技術的改良工作，並取得成果，對廣東絲業產業產生一定影響。廖崇真是蠶絲局第四任局長，一九三三年接任。他是美國康奈爾大學農學碩士，為人事業心重。為振興因全球經濟衰落而一落千丈的廣東蠶絲業，在任期間，他殫精竭慮，在蠶絲技術的研究、應用、推廣等方面都做出不少成績。

廖崇真十分清楚，想復興蠶絲業，改良技術固然重要，但更重要的因素在人。要提高蠶絲業者對本行業的認識，使他們願意學習和運用新技術，並改變市場崇尚舶來品的定勢，為民族工業產品爭得一席之地等等，都非得要進行有效的社會教育不可。為了打響頭炮，他上任之初便在廣州組織一次規模盛大的展覽，讓大眾重新認識廣東絲業產品。他把展覽定名為「紀念嫘祖蠶絲展覽會」，而且聯合社會局、中山大學、嶺南大學、生絲檢查所、市記者公眾，以及廣州男、女青年會，婦女聯合會，女權大同盟等單位和社團參加籌備，邀請一些知名婦女賢達分任正副會長。廖崇真是基督徒，奉持着不拜異神的教規，他對嫘祖的推崇，與其說是神靈崇拜，倒不如說是出於復興絲業需要的偉人崇拜。然而將展覽定在一九三三年八月二十四日至九月二日的農曆乞巧節期間，就頗有改良傳統風俗，重構現代婦女價值典範的意味。是次展覽，據廖崇真的弟子羅宗晟回憶：除在淨慧公園佈置展覽外，並在長堤搭建牌樓，懸大幅嫘祖像……用蠶繭組成「蠶絲展覽」牌額。展覽會除陳列各種有關桑蠶的實物外，還有大量的桑樹、桑種、蠶種、蠶體解剖以及製絲、紡織品等標本；還有桑枝製紙、蠶蛹製油等科研成果的展出。各種圖解、圖表等亦十分豐富。各展室均有專人講解並設有繅絲表演等項目。八月二十七日（農曆七月初七），舉行紀念嫘祖

的親蠶典禮，並建議定是日為嫘祖節，以紀念始教民育蠶的嫘祖。展覽會展出後，參觀者十分踴躍，盛況空前。廣州各報均作詳細報道，並先後刊出《蠶絲專刊》。在三十年代，這樣的展覽會實不多見，在社會上有較大的影響。[23]

除了在廣州的盛會，香港的七夕活動同樣受到影響：

> 先施公司每年於舊曆七月間，必舉行乞巧大會。查今年更為擴大，除歷年原有之點綴外，更得廣州市蠶絲改良局之協助，報效蠶絲展覽，作復興我國蠶絲業運動。計出品極為豐富，而藝術佈景，則有發明蠶絲鼻祖之嫘祖妃教民育蠶繅絲，軒轅氏親鋤採桑，夏禹治水，及與蠶絲有歷史關係諸傑作。琳瑯滿目，美不勝收，為歷年展覽會中得未曾見之盛況。[24]

……關於蠶絲展覽方面，除由廣州市蠶絲改良局運來之蠶絲天然進化表演，及各種標本外，復有生蠶發育程序之具體展覽，殊為興趣云。[25]

其實，入民國以來，政府改良風俗，大約不離禁與導兩度板斧。前述風改會對七夕用的是禁；至於導，則可以孔誕日為例。孔子作為萬世師表，是傳統人文精神之所繫，掌政者當然不會輕易宣禁。北伐功成後，國民政府就以舊曆已廢為由，定公曆八月二十七日為教師節，取代舊曆八月二十七日孔誕日，以新瓶倒清舊酒。所以，廖崇真以嫘祖節取代乞巧節，實質上也不過是異曲同工而已。而且，廖崇真強調嫘祖為發明家、教育家和女性職業運動先驅，亦與乞巧重視婦功，強調自強的精神相近，又能結合復興廣東蠶絲業的現實需要，若可因此引導七夕燒衣浪費之俗，轉變成為支持本地蠶事發展之風，當然更符合改良風俗之旨。也許是因為首次紀念嫘祖蠶絲展覽會的成功，一九三四年，廖崇真乘勝追擊，事先張揚，乾脆大張旗鼓，與七夕舊俗正面對決。

然而，廖崇真的良苦用心似乎並不為太多人所理解。如在這一年中，香港《天光報》有關蠶絲局活動的報道不少，但標題卻充滿冷嘲熱諷：五月二十九日報道「蠶絲改良總區在大良成立」，就有「拜嫘祖足矣，何必多

尚研究」為副題；五月三十一日報道第二屆紀念祖蠶絲展覽會籌備情況，標題是「八月十二為紀念嫘祖節，一般蠶絲專門家請回，有了靈神便甚麼都得」；七月三日報道「中大農學院辦理女子蠶桑講習所」副標題竟是「參拜嫘祖足矣，不必請教授」；到了八月十三日報道第二次嫘祖蠶絲展覽會，標題更不留情面，是「崇拜木偶狂，振興蠶絲竟祀嫘祖。既崇古何有改新之可言，此種燈謎確實令人難猜。」在當時以改良風俗為政治正確的社會氛圍中，廖崇真竟然提倡以更古老的偶像代替古老的偶像，的確是會令人費解的。

第二次蠶絲展覽會為期十天，仍定在在農曆乞巧節期間於淨慧公園省立民眾教育館舉行。展覽會內容較之前更為豐富，「計分遊藝部，絲織品陳列，蠶絲標本展覽，繅絲及顧繡表演，中西音樂聯奏，燈謎部，即席揮□處等十餘部分。全場最特色□為嫘祖案，在二樓陳列。該嫘祖教案全座，用生絲製成，演繅絲方法全套。案內裝有電動機，嫘祖教演繅絲時甚為活潑。絲織顧繡品展覽部，羅例開室，類皆精緻巧妙。其餘各部，亦琳琅滿目……至遊藝部後，計有員警家屬學校白話劇、素社女劇團、長城電影、勵志社白話劇、各武館醒獅表演……」[26] 顯見第二次蠶絲會仍是一番盛況。其中的重頭戲嫘祖案，看來就是七夕擺桌的一個現代版。當年的報章確實也只是把蠶絲會當作七夕其中一個官辦節目作報道，所以即便蠶絲會成功，但距離其要取代七夕傳統的目標，仍然很遙遠。甚至是剛在當年春間成功舉辦過第一次蠶絲展覽會的順德大良，雖然因蠶業失敗，農村破產，社會一片不景氣，但到了七夕：

> 孰料是夕反覺人山人海，觀者塞途……記者睹此良辰，於是亦隨觀眾趁熱鬧，步經阜南華蓋、碧鈿等路，而少婦集，濃抹艷妝，爭妍鬥美。如雙峰高聳，臀部豐滿，袒胸露臂，不褲半衣……至華蓋里三巷某巨宅，大設乞巧盛會，標貼招請觀眾遊覽。查該宅乃大官二官所居，陳設佳麗，其二妾三妾等，祇穿褻服，或一線衫，或半截背心，故呈媚態，肉感撩人，咸趨之若鶩云。[27]

相沿成習，約定成俗，習俗能成為習俗是歲月淬煉的結果。即使生活迫人，歲時節令仍然令許多人着迷，因為只有在時節裏，人們才可以為生活的苦樂劃上刻度，可以憧憬和祈求更美好的明天。要改革風俗，無論出於何種高尚的動機，採取何種手段，都不可能一蹴而就。廖崇真雖在復興廣東蠶絲業方面貢獻不少，但以嫘祖誕取代七夕只是個人充滿想像力的設計，終歸成為畫餅。

四、改良風俗的困境

近代以還，移風易俗似乎已為有識之士所肯定，成為社會共同價值。而所以認為舊俗卑陋，必須更改，實際大部分是出於因為中國在走進世界的過程中，不斷遭遇慘敗而產生對傳統文化的反省，從而改以西方文明為尺度進行審視的結果。革命者夢想畢其功於一役，傾向用行政手段，對於違反西方文明尺度的所謂陳規陋俗，一律禁止；改良者則從同一尺度出發，惟考慮到舊俗與中國傳統文化和社會之間關係的盤根錯節，採取較為溫和的立場，或取之以代，用新的節日取代舊節日，或取以之導，在舊節日中增加新的內容。無論禁或導，目的都一樣，就是改良風俗。應該承認，這些有識之士的努力，均或多或少產生了一定的影響，然而都沒有根本性的意義。廣州七夕乞巧的傳統慶祝活動，熱烈情況似乎逐年有所遞減，但十分清楚的是，與其說這屬於他們禁或導方面努力的成果，倒不如說出於政局動蕩，經濟困難的原因。

其實，所有風俗的產生和傳承，都與其所在的社會和文化有着深刻聯繫。風俗具有相對的穩定性，卻必然會隨着社會和文化的改變而發生變化。惟其尚在穩定階段，出於任何高尚目標，採取或激進或溫和手段的移風易俗，都只是徒勞。但當社會和文化的發展，已從根本上改變了其存在的條件，舊風俗也必然發生改變。今天人類所重視的非物質文化遺產，不少就是以往所說的舊風俗，只是立場已從短視的移風易俗追求現代，轉變為較為宏觀的從人類文明發展的高度，去全面審視傳統。不過，面對的問題仍然一

樣，風俗要改變並不容易，但要保留同樣困難，都是不以人的意志為依歸。
當織女與牛郎一旦決心與現代人話別，我們可以做或可以做到的其實不會
太多。[28]

注釋

1　[宋]秦觀：《鵲橋仙》。

2　〈英德官眷拜七夕之鬧熱〉，《香港華字日報》，1911 年 9 月 2 日。由於原文部分字已模糊不清，無法查辨，因此以□取代。

3　朱壽朋：《光緒朝東華錄》（北京：中華書局，1958 年），頁 4808。

4　朗：〈七夕即事〉，《香港華字日報》，1910 年 8 月 11 日。

5　〈乞巧節之種種怪狀〉，《香港華字日報》，1927 年 8 月 5 日。

6　〈通令組織改良風俗會〉，《香港華字日報》，1921 年 1 月 12 日。

7　〈催設改良風俗會〉，《香港華字日報》，1921 年 3 月 18 日。

8　〈白崇禧在京之提案〉，《香港工商日報》，1928 年 7 月 21 日。

9　曹應楓：〈廣州乞巧風俗改革探析〉，《探求》，2017 年，第 1 期，頁 105。

10　李娜：〈淺議廣州市風俗改革委員會〉，《咸寧學院學報》，2008 年，第 28 卷，第 5 期，頁 104。

11　〈兩行商人反對廢除七夕燒衣陋習〉，《香港工商日報》，1929 年 7 月 26 日。

12　李娜：〈淺議廣州市風俗改革委員會〉，《咸寧學院學報》，2008 年，第 28 卷，第 5 期，頁 104。

13　〈預備乞巧之冷淡〉，《香港工商日報》，1929 年 8 月 2 日。

14　〈禁拜七夕中之廣州市面〉，《香港工商日報》，1929 年 8 月 6 日。

15　〈廣州七夕之冷淡〉，《香港工商日報》，1929 年 8 月 12 日。

16　〈嚴屬制止燒衣拜仙運動〉，《香港工商日報》，1929 年 8 月 12 日。

17　〈破除迷信運動大會詳誌〉，《香港華字日報》，1929 年 9 月 19 日。

18　〈廣州市社會局今日成立〉，《香港工商日報》，1929 年 9 月 11 日。

19　〈乞巧品今年銷場冷淡市面多售舊貨〉，《香港工商日報》，1930 年 8 月 29 日。

20　〈社會局乞禁乞巧節〉，《香港工商日報》，1931 年 8 月 11 日。

21　〈乞巧節將改嫘祖節〉，《香港工商日報》，1934 年 4 月 23 日。

22　姚寶瑄：〈牛郎織女傳說源於昆侖神話考〉，《民間文化旅遊雜誌》，1985 年 4 月。

23　羅宗晟：〈廖崇真與廣東蠶絲業〉，廣州市工商業聯合會、廣州市政協文史資料委員會：《廣州文史資料》，第 39 輯（廣州：廣東人民出版社，1989 年），頁 24-36。

24　〈先施天台蠶藝大展覽〉，《天光報》，1933 年 8 月 21 日。

25　〈先施乞巧會消息〉，《天光報》，1933 年 8 月 26 日。

26　〈崇拜木偶狂，振興蠶絲竟倡祀嫘祖〉，《天光報》，1934 年 8 月 13 日。

27　〈大良七夕乞巧之肉感寫真〉，《天光報》，1934 年 8 月 19 日。

28　關於七夕在香港的變遷，可參看拙文〈曾盛極一時的女兒節：七姐誕〉，載拙著《仙踪佛迹：香港民間信仰百年》（香港：中華書局，2019 年），頁 89-110。

第十章｜藉「乞巧節」文化習俗探討中國傳統婦女的優良品格——以清代才媛閨秀詩人七夕詩詞為例

香港教育大學中國語言學系｜賴志成

　　「七夕」，又名乞巧節，是發源於周朝時期的一個傳統節日，這個古老的節日隨着都市化、商業化的蓬勃發展，似乎有一種「重振聲威」的勢頭。這裏是「七夕燭光晚餐」，那裏是「七夕」配對會、相親角，「七夕」好像已經成為了「中國情人節」。但是，「七夕」真的完全等同於「愛情」嗎？它真的是「中國情人節」嗎？中國傳統七夕的文化內核是甚麼？中國傳統婦女的優良品格能在這個新時代薪火相傳嗎？通過研究清代女詩人的七夕詩詞等資料，或者能從中尋找以上答案。

一、七夕「乞巧節」的傳統風俗

　　農曆七月七日是我國傳統節日七夕，又稱為乞巧節，又可以稱為「女兒節」、「雙七節」、「小兒節」、「巧節會」等，它源於中國傳統曆法中重日為節的習俗，同時也結合了古代的星宿崇拜，逐漸成為以婦女乞求智巧為主要文化內涵的節日。七夕「乞巧節」最早可以追溯至東周的春秋時期，當時只是為祭祀牽牛星和織女星。漢朝以後，這個日子開始與牛郎織女的故事聯繫起來，並且正式成為屬於婦女的節日。南朝梁人宗懍（五〇一一五六五）所撰之《荊楚歲時記》，對南北朝時期「七夕」的傳統風俗有非常清楚的記載：「七月七日為牽牛織女聚會之夜。是夕，人家婦女結彩縷，穿七孔針，或以金銀鍮石為針，陳瓜果於庭中以乞巧。有喜子網於瓜上，則以為符應。」[1]唐朝時，七夕節日是很隆重的節日，五代時王仁裕的《開元天寶遺事》云：「帝與貴妃每至七月七日夜，在華清宮遊宴時，宮女輩陳瓜花酒饌，列於庭中，求恩於牽牛織女星也。又各捉蜘蛛，閉於小盒中，至曉開視蛛網

稀密，以為得巧之候。密者言巧多，稀者言巧少。民間亦效之。」[2]宋代孟元老的《東京夢華錄・七夕》亦云：「至初六、七日晚，貴家多結彩樓於庭，謂之乞巧樓，鋪陳磨喝樂、花瓜酒炙、筆硯針線。或兒童裁詩，女郎呈巧，焚香列拜，謂之乞巧。婦女望月穿針；或以小蜘蛛安盒子內，次日看之，若網圓正，謂之得巧。里巷與妓館，往往列之門首，爭以侈靡相尚。」[3]正如董乃斌所言：「在中國古代眾多的民俗節日中，就其參與者性別、節日活動內容、活動方式而言，七夕是個名副其實而且獨一無二的女兒節。」[4]由此可見，乞巧節的「涵義和活動方式是由雜多含混而漸趨單純明朗，即由全民參與，由登高、曝衣、曬書、乞富、乞壽、乞子等等活動，逐漸歸一化為僅由婦女們穿針引線向織女乞巧、向月亮禱祝，以此訴說她們的隱曲深衷」[5]的節日。我們也可看到，「七夕」的傳統風俗似乎和成年男子無關，雖然有牛郎織女的傳說，但和所謂的「情人節」相距甚遠。

　　七夕是婦女的大節日，她們希望能在當晚向織女乞得巧智，擁有靈巧的雙手，能在「女紅」上大放異彩。而婦女所追求的，也是和中國傳統中認定婦女應當具有的優良品格 —— 四種德行，即婦德、婦言、婦容、婦功緊密相連。「四德」語出《周禮・天宮・九嬪》：「掌婦學之法，以教九御婦德、婦言、婦容、婦功。」[6]鄭玄注：「婦德謂貞順，婦言謂辭令，婦容謂婉娩，婦功謂絲枲。」[7]班昭《女誡》對四德作了更詳盡的解釋：「夫云婦德，不必才明絕異也；婦言，不必辯口利辭也；婦容，不必顏色美麗也；婦功，不必技巧過人也。幽閒貞靜，守節整齊，行己有恥，動靜有法，是謂婦德。擇辭而說，不道惡語，時然後言，不厭於人，是謂婦言。盥浣塵穢，服飾鮮潔，沐浴以時，身不垢辱，是謂婦容。專心紡織，不好戲笑，潔齋酒食，以供賓客，是謂婦功。此四者，女人之大節，而不可乏無者也。」[8]特別是「婦功」，如上文鄭玄所云之「婦功謂絲枲」，就是指婦女繅絲績麻之事。《周禮・天官・內宰》：「以婦職之法教九御，使各有屬，以作二事。」鄭玄注引漢杜子春曰：「二事謂絲枲之事。」宋人陳亮〈祭徐子宜內子宋氏恭人文〉：「外事詩書，內事絲枲。」明宋濂〈劉母賢行詩序〉：「家素貧，逮處士卒，貧益甚。治絲枲自給，衣僅蔽身，日唯一食，艱瘁不可言，處之恆裕如也。」從

這裏我們可以看到「婦功」對婦女以及對每一個家庭來說是如此的重要，所以婦女焉能不珍而重之。

下文會以清代女詩人的七夕詩詞，追本溯源，分析在那「乍遠還近」的時代，在七夕乞巧節的月色下，這些才媛閨秀的喜悅與哀愁，以及她們對家庭，對工作，對夫君，對學問的態度，藉此探討中國傳統婦女優良品格的特質，並希望找出這些優良品格在現代社會的意義。

二、清代才媛閨秀詩人七夕詩詞中的中國傳統婦女的優良品格

清代工商業大盛，學風勃興，圖書出版事業非常發達，於是湧現了大批才媛閨秀詩人。在研究「乞巧節」文化和探討中國傳統婦女品格的時候，這些清代才媛閨秀詩人的七夕詩詞變得非常珍貴，因為之前許多有關七夕乞巧節文化的研究，都是通過分析前代男性文人的文學作品來進行的。如同上文所述，乞巧節純屬一個女性的節日，若我們更能夠聆聽婦女們自己的聲音，感受女性文人在當時內心的感受，研究就會更真實和更有意義。

如同上文提到，乞巧節家家戶戶的婦女都一起結彩縷，穿七孔針，或以金銀鍮石為針，陳瓜果於庭中以乞巧。但無論哪個版本的傳說，其習俗都離不開乞求織女傳授紡織技術。在這個極富女兒情懷的節日裏，才媛閨秀詩人們都誠心祈願，希望能夠像織女那樣得到天神相助，做出美輪美奐的「女紅」。筆者根據《江南女性別集初編》、《清代閨閣詩人徵略》、「歷代才媛七夕詩、詞選」、「御選四朝詩（四庫全書本）/全覽（六）」以及其他資料的分析整理，發現清代才媛閨秀詩人的作品體現的傳統品格有以下四點：第一，追求卓越，止於至善；第二，誠意正心，照顧家人；第三，情感真摯，心繫夫君；第四，持家有道，追求學問。現分述如下：

（一）追求卓越，止於至善

許多清代才媛閨秀詩人，都展現了她們對女紅技巧力爭盡善盡美的追求，錢孟鈿（一七六五──一八二〇，字冠之，號浣青，武進，今江蘇常州

人）就是一個很好的例子。她的《和漪香七夕詞四首》其四云：「試卜油花渡錦機，玉梭斜掛露霏微。多君乞得天孫巧，彩線安排繡袞衣。」[9]「試卜」就是當時乞巧節的習俗之一「占卜投針」。在七夕當夜，婦女把一碗水放在月亮之下，然後將針輕放到碗裏，使針能夠漂浮在水面上，再根據針的影子在碗底裏的形狀變化，去推測每一位婦女「女紅」的優劣。當然，這個活動純屬娛樂。這裏的「袞衣」是指古代帝王所穿的龍袍。這首詩是抒發錢孟鈿和閨蜜一起祈求女紅技術能夠不斷提升的美好願望。另外，錢孟鈿的《鵲橋仙七夕》「針樓暗度，兒女芳筵競禱」[10]也表現了她同樣的理想。

甘立媃（一七四三——一八一九，字如玉，江西奉新人）也是一個好例子。她在《七夕》中寫道：「蘭階小立望銀河，女伴穿針發興多。」[11]詩中也一樣要「對月穿針倚小樓」，也是乞求上天能夠使她的「女紅」技術不斷提升。

另外，駱綺蘭（一七五六——？，字佩香，號秋亭，又號無波閣女史，江蘇句容人）在《七夕大雨和會賓谷都韓作》[12]曾言：「閨中針線誰能巧，秋後衣裳乍怯寒。」此詩表現出駱氏提升「女紅」技術的盼望。曾賓谷就是曾燠，他是清代駢文八大家之一，曾經為駱綺蘭所著之《聽秋軒詩集》作序，可見二人交誼深厚，也可以從側面看到雖然當時女性的地位非常低下，但駱氏的才情竟然受到文壇大家的欣賞，其才華可見非凡。

梁蘭漪（一七二七——？，字素涵，號蓉溪，江蘇儀徵人）的《七夕曲》中有「何處天孫賜巧多，蛛絲戶戶牽羅幕」[13]之句，道出了七夕時家家戶戶的婦女都紛紛向織女祈求巧技的盛況，也表現出梁氏自己內心的追求。

而陶安生（一八四四——一九七〇，字竹筠，號南沙女史，江蘇常熟人）的《閨中雜詠秋》中寫：「新涼要把征衣製，那有工夫乞巧來。」[14]展現了女詩人為了更用心地織布，竟然連向織女乞巧的活動都顧不上了，此處用矛盾的外表，表現其內在努力的追求，實見其用心！

此外，張友書（一七九九——一八七五，字靜宜，江蘇丹徒人）《七夕》寫道：「丁寧莫把湘簾下，留待天孫送巧來。」[15]顯示她為了迫切等待織女送來靈巧，特意吩咐婢女不要放下簾子，其立意是提升「女紅」技巧。還有

左錫嘉（一八三一—一八九四，清代女畫家。字韻卿，一字小雲，又字浣芬，孀居後易字冰如，陽湖，今江蘇常州人）《拜新月·七夕》中的「度金針、女伴聯社吟。但偷乞、巧思誰多寡」；[16] 孫佩蘭（生卒不詳，清道光咸豐年間人，字譜香，錢塘，今浙江杭州人）《七夕觀女弟等乞巧》中的「閑觀女弟穿針巧，心似靈犀一點通」[17] 等，都表現出女詩人們追求卓越，止於至善之情懷。

（二）誠意正心，照顧家人

佛教乃傳統中國人的精神泉源，也是人們修身立命的寄託。同樣，許多清代才媛閨秀詩人也希望誠心禮佛，潔淨心靈，祈求家人的幸福平安。如金蘭貞（生卒不詳，字紉芳，浙江嘉善人）的詩稿集《繡佛樓詩鈔》[18] 就表達了她用「女紅」所展現對佛法的誠心。金氏三十歲就不幸喪夫，只靠她一人挑起全家的重擔，而且當時又遭逢兵荒馬亂，生活之艱苦不足為向外人道。在此逆境當中，她為求保祐家人，誠心繡佛，又因其詩畫水準高超，故被傳頌一時。

錢守璞（生卒不詳，號蓮因、蓮緣）著有《繡佛樓詩稿》[19] 傳世。同樣，她也為了家人潛心佛法，鑽研繡佛技巧，為提高「女紅」技術而刻苦用功，其事跡更被鄉人所稱譽。

凌祉媛（一八三一—一八五二，字芷沅，浙江錢塘人）在其詩作《女遊仙》[20] 中，描繪了一位綽約多姿的仙女，其中有「一尺硬黃新製絹，蠅頭繡出法華經」之句，此仙女在一尺絹布上繡出佛家經典《法華經》，充分體現了女遊仙凌氏立心效法此仙女高超的女紅技術和虔誠的信仰。

女詩人駱綺蘭除上文所述的《七夕大雨和會賓谷都韓作》外，另有一首詩《春日繡觀音像繡畢吟詩一首》[21]，道出自己因忙於照顧家人而有較長時間荒於「女紅」，終於在某個春日騰出時間繡觀音像，「香火今朝續舊緣」，祈求家人平安幸福。

以上幾位元朝女詩人的作品，都表現出她們對誠意正心、照顧家人的期盼。

（三）情感真摯，心繫夫君

部份才媛閨秀詩人的七夕詩詞，還訴説着她們不能與夫相聚的離情別緒，情感真摯動人。

席佩蘭（一七六〇──一八二九，字月襟，號藥珠，又名道華、浣雲、韻芬、席佩芬，昭文人，即今江蘇常熟人）與丈夫孫原湘感情極深，他們相互切磋學術，相互學習，當丈夫為了事業而遠離家鄉時，她在《七夕寄外書》道出了「焚香羞對雙星拜，自覺簾前抱影孤」[22]的痛苦，情感真摯。

章婉儀（一八四一──一八九二，字耐卿，金匱人，即今江蘇無錫人）在十七歲的時候嫁給華文匯，隨後跟隨丈夫奔走大江南北，但在某年的七夕時節，丈夫不在其身邊，思念之情躍然而生，在「兒女喧嘩聚一室，也來乞巧向雙星」時，章氏則要「虔誠拜罷抬頭望，要看仙人駕彩」（《七夕》其二）[23]。

鮑之蘭（一七五一──一八一二，字畹芬，又名畹芳，江蘇丹徒人）也是一位著名的女詩人，她不僅文采出眾，更勤於女紅，與丈夫感情深厚。她的《七夕立秋三首》[24]創作於五十歲之後，其一有感於牛郎織女的別離之苦，而發出「萬古佳期終不改，人間餘巧底須求」的悲號。

季蘭韻（一七九三──一八四八，字湘娟，江蘇常熟人）的《七夕（其二）》[25]詩，寫於其丈夫去世的十一年後，因此她在「家家兒女拜星辰」的時候，道出「惟儂不乞天孫巧」的悲鳴。

此等詩歌例子，都道出了傳統詩詞中的思婦情懷，情真意切。

（四）持家有道，追求學問

許多清代才媛閨秀詩人，都是持家有道，追求學問的表表者。曹貞秀（一七六二──一八二二，字墨琴，自署寫韻軒，安徽休寧人，生於江蘇長洲）就是其中一個。她的〈從妹瓊娟詩序〉有云：「顧自言針指之餘，顏以筆墨自遣。」[26]這句就表達了她不但會處理好家庭事務，還會在學問上力求精進的態度。她在《書端容西樓遺稿》中也寫道：「容善女紅，兼好為

詩。」[27] 女紅和詩詞兩兼顧。

　　歸懋儀（一七六二—一八三二，字佩珊，號虞山女史，江蘇常熟人）的《湯晝堂茂才惠題拙稿以韻奉謝》有「少負耽吟癖，塗鴉刺緒餘」[28] 之句；袁希謝（一七九四—一八二六，字寄塵，江蘇吳江人）的《自題繡餘吟卷》中也有「深閨寂寂練余時，聊寫閨情賦小詩」[29] 的抱負；另外張慧（生卒不詳）的自序〈冷香閣主人卷末自志〉中述說：「《冷香閣詩草》原本上下二集，乃餘嫌餘之雜詠也。」[30] 而刁素雲（生卒不詳）的《和夫子友梅論詩》也一樣有「紅閨總暇學吟詩，幸侍春風化雨時。」[31] 此等詩句，都深刻地表達了女詩人在處理家庭事務之餘奮力追求學問的決心。

　　值得一提的還有謝香塘（一八〇〇—一八七〇，浙江礬山莧頭庵人），她身世頗為悲涼，不但丈夫早逝，而且兒子更是早夭，連串的人生巨變使她多次有輕生的想法，後來為了使夫家能有繼後香燈，於是撫養繼子，盡心盡力，並以做女紅來維持一家開支。她曾作《吾俗迎神其傘蓋皆婦女所繡因敬刺一詩於上》，道盡對女紅和神靈的關係。另外她的《紅餘詩詞稿》中言道：「值刺線之閒暇，感時光之綺麗。纏綿徘惻，不無遣興之思。」[32] 可見她在悲苦之際，仍然樂觀自處，並且持家有道，更力求學問的精進。

　　此外，包蘭瑛（生卒不詳，字者香，又名佩芬，江蘇丹徒人）的《季秋遲蘭芬未至》中有「女紅餘暇譜詞章」[33] 之句，在《自嘲》中則有：「刺繡餘閑翻舊稿，自吟詩句自還刪。」[34] 同樣展示了在持家之餘，不忘學問的追求。

　　施淑儀（一八七六—一九四五，字學詩，江蘇崇明人）在《清代閨閣詩人徵略》中也提到了幾位出類拔萃，持家有道之餘，又不忘追求學問的傑出女才子。例如鍾韞（一六二八—一六九一，字眉令，又名鐘韞，明末清初仁和，今浙江杭州人）乃「有女兒字山容，女弟字眉士，針綃餘閒，互相倡和」。[35] 彭孫瑩（生卒不詳）乃「自幼穎慧嫻文，恒針黹之暇，好以吟詠自娛」。[36] 陸鳳池（一六八〇—一七一一，字元霄，號秀林山人。青浦人，即今上海青浦人）乃「暇好吟誅」。[37] 閔懷英（生卒不詳，字畹餘，號蘭軒，浙江錢塘人）乃「體弱多病，針紡外無愜意者，復肆力於詩」。[38] 范貞儀（生

卒不詳，字芳筠，號一柏，江蘇如皋人）乃「貞儀女紅之暇，潛心經史」。[39]
陳素安（生卒不詳）乃「針紹之暇，輒事吟詠。」[40]張丹（生卒不詳）乃「針
紡外，頗工吟袂。」[41]施淑儀書中所介紹的閨閣詩人，都能展現出她們持家
有道，追求學問的過人之處。

三、在新時代探討「女紅」的含義

根據《江南女性別集初編》、《清代閨閣詩人徵略》、「歷代才媛七夕詩、
詞選」，「御選四朝詩（四庫全書本）／全覽（六）」以及其他資料的不完全
摘錄，清代才媛閨秀詩人的七夕詩詞處處凸顯對「女紅」的追求，凸顯「繡」
的重要，再以此展現她們的人生態度，以及生命的追求。當然，她們的人生
態度和對生命的追求，在當時的社會氛圍以及「超穩定」的文化傳統影響
下，顯得格外的樸素與單純。或許，這種樸素與單純，正正代表了傳統中國
女性最真的特質，這種最真的特質，也正是中國傳統婦女最優良的品格。

如今，工業文明和商業文明的發展使傳統的「女紅」日漸式微，我們需
要新時代的「女紅」嗎？若需要的話，它的含義是甚麼？這些都是我們需要
去探討的。但筆者認為，無論在哪個時代，在哪個社會，清代才媛閨秀詩人
七夕詩詞所顯示的中國傳統婦女的四個優良品格：追求卓越，止於至善；誠
意正心，照顧家人；情感真摯，心繫夫君，以及持家有道，追求學問等等，
都是值得我們薪火相傳的。

注釋

1　俞汝捷主編:《中國古典文藝實用辭典》（北京:中國青年出版社,1991 年）,頁 844;
　　區志堅:〈七夕神話與節日的起源〉,《穗港七夕文化節慶》（香港:泓澄仙觀,2019 年）,
　　頁 18-19。

2　同上。

3　同上。

4　董乃斌:〈唐人七夕詩文論略〉,《文學評論》,1993 年,第 3 期,頁 166。

5　同上。

6　宋希仁、陳勞志、趙仁光主編:《倫理學大辭典》（長春:吉林人民出版社,1989 年）,
　　頁 45。

7　同上。

8　同上。

9　「御選四朝詩（四庫全書本）/ 全覽（六）」,https://zh.wikisource.org/zh-hant/%E5%
　　BE%A1%E9%81%B8%E5%9B%9B%E6%9C%9D%E8%A9%A9_(%E5%9B%9B%E5
　　%BA%AB%E5%85%A8%E6%9B%B8%E6%9C%AC)/%E5%85%A8%E8%A6%BD6,
　　最後訪問日期:2020 年 3 月 5 日。

10　「歷代才媛七夕詩、詞選」,http://blog.sina.com.cn/s/blog_58511d880102vt01.
　　html,最後訪問日期:2020 年 3 月 5 日。

11　同上。

12　同上。

13　查正賢主編:《江南女性別集（二編）（上冊）》（合肥:黃山書社,2010 年）,頁 112。

14　胡曉明、彭國忠:《江南女性別集初編（下冊）》（合肥:黃山書社,2011 年）,頁 1359。

15　張友書:《綺雲閣詩存卷一》,光緒十二年刻本,頁 4-5。

16　歷代才媛七夕詩、詞選,http://blog.sina.com.cn/s/blog_58511d880102vt01.html,
　　最後訪問日期:2020 年 3 月 5 日。

17　同上。

18　同上。

19　同上。

20　同上。

21　同上。

22　同上。

23　同上。

24　同上。

25　同上。

26　《江南女性別集初編（上冊）》,頁 410。

27　同上。

28　同上,頁 783。

29　《江南女性別集初編（下冊）》，頁 977。

30　同上，頁 1077。

31　同上，頁 1212。

32　同上，頁 1227。

33　同上，頁 1480。

34　同上，頁 1481。

35　施淑儀：《清代閨閣詩人徵略》（台北：台聯國風出版社，1970 年）（影印民國十一年 [1922 年]）崇明女子師範講習所鉛印本，頁 83。

36　同上，頁 105。

37　同上，頁 197。

38　同上，頁 214。

39　同上，頁 249。

40　同上，頁 273。

41　同上，頁 287。

第十一章｜小喬初嫁 —— 蘇軾黃州七夕詞與
《念奴嬌·赤壁懷古》

新加坡南洋理工大學人文學院｜衣若芬

　　七夕是宋代的國定假日，[1]孟元老《東京夢華錄》記載京城開封的七夕盛況：「七夕前三五日，車馬盈市，羅綺滿街，旋折未開荷花，都人善假做雙頭蓮，取玩一時，提携而歸，路人往往嗟愛。」「至初六日七日晚，貴家多結彩樓於庭，謂之『乞巧樓』。鋪陳磨喝樂、花瓜、酒灸、筆硯、針線，或兒童裁詩，女郎呈巧，焚香列拜，謂之『乞巧』。」[2]

　　節令予人的時間感和節慶活動的感官印象往往是文學創作的素材，宋代文學有豐富的七夕書寫，本文談的是蘇軾在黃州填的兩首七夕詞，探討蘇軾的詞贈對象，進而推想：為何在《念奴嬌·赤壁懷古》中「天外飛來」與赤壁之戰無關的小喬嫁周瑜（一七五—二一〇）之語？是否反映了蘇軾當時的情感狀態？

　　北宋神宗元豐二年（一〇七九）蘇軾因遭御史台彈劾入獄審訊的「烏台詩案」，被關押一百多天後。十二月二十八日，蘇軾被判無罪，皇帝聖旨：蘇軾可責授檢校水部員外郎充黃州團練副使，本州安置，不得簽書公事。和家人團聚共度除夕後，隔日大年初一，蘇軾離開京師，由長子蘇邁（一〇五九—一一一九）陪同，前往黃州（湖北黃岡）。

　　二月初一，蘇軾抵達黃州，暫寓居定惠院。三個月後，蘇轍帶蘇軾的家眷到黃州團聚。這四代同堂的家庭至少十餘人，包括蘇軾的乳母任採蓮、繼室王閏之（一〇四八—一〇九三）、王閏之生的次子蘇迨（一〇七〇—一一二六）、三子蘇過（一〇七二—一一二三）、侍妾朝雲（一〇六三—一〇九六）。蘇邁已經於一〇七七年和呂陶的女兒結婚，並於第二年生下一子蘇箪。五月二十九日，蘇軾遷居臨皋亭。同年的七夕，蘇軾作《菩薩蠻·七夕，黃州朝天門上》二首：

其一

畫簷初掛彎彎月，孤光未滿先憂缺。遙認玉簾鉤，天孫梳洗樓。佳人言語好，不願求新巧。此恨固應知，願人無別離。

其二

風迴仙馭雲開扇，更闌月墜星河轉。枕上夢魂驚，曉來疏雨零。相逢雖草草，長共天難老。終不羨人間，人間日似年。[3]

　　詞意明顯表達了久別團圓的喜悦和祈求長相廝守的願望。學者大多認為這兩首詞是寫給妻子王閏之，[4]感念自己下獄使得家庭受打擊，幸有賢妻主理家務，熬過劫難。筆者則推測，蘇軾是為朝雲而作，《念奴嬌·赤壁懷古》裏的「小喬初嫁」影射的是蘇軾納朝雲為侍妾，時為一〇八〇年。文學作品未必可實證歷史，本文提出的設想姑且聊備一説，尚祈方家指正。

一、黃州時期的東坡與朝雲

　　蘇軾於一〇七四年在杭州納十二歲的朝雲入蘇家。一〇八〇年，蘇軾寫給鄂州太守朱壽昌的信中説道：「所問菱翠，至今虛位，雲乃權發遣耳。何足掛齒牙，呵呵！」「雲」即指朝雲，那年她十八歲，正是青春年華。「菱翠」指小妾，蘇軾《皂羅特髻》詞：

　　　采菱拾翠，算似此佳名，阿誰消得。采菱拾翠，稱使君知客。千金買、采菱拾翠，更羅袖、滿把珍珠結。采菱拾翠，正髻鬟初合。真個采菱拾翠，但深憐輕拍。一雙手采菱拾翠，繡衾下抱着俱香滑。采菱拾翠，待到京尋覓。[5]

　　「采菱」和「拾翠」是兩個小妾的名字，合稱「菱翠」，泛稱小妾。《皂羅特髻》詞寫得輕佻香艷，講的是想到京城買兩個年輕貌美的小妾，雲雨溫存，內容有失讀者認識的蘇軾正經形象，不為學者所取；然而今存最早的宋代傅幹《注坡詞》已經收錄本作。

蘇軾告訴朱壽昌「所問菱翠，至今虛位」，意思是身邊沒有正式的小妾。至於朝雲，可能朱壽昌知道她 —— 朝雲沒有妾的名份，用宋代的官制來比喻，叫做「權發遣」。「權發遣」特出於銓選規格，因實際需要而越級任職。[6]朱壽昌關心蘇軾的情感生活，蘇軾的回答說出了他和朝雲的特殊關係，朝雲沒有妾的名份，但服侍蘇軾如妾。

蘇軾還有一首《南歌子》：

> 寸恨誰雲短，綿綿豈易裁。半年眉綠未曾開。明月好風閒處、是人猜。春雨消殘凍，溫風到冷灰。尊前一曲為誰回。留取曲終一拍、待君來。[7]

注者認為此詞作於元豐三年（一〇八〇）春中，[8]對照前述《菩薩蠻‧七夕，黃州朝天門上》二首，可知作於等待朝雲來黃州之時。從烏台詩案蘇軾被拘捕，到翌年春正過了半年，詞人想像對方擔憂自己而愁眉不展，朝雲為歌妓，能歌善舞，故而詞人期待相見後酒酣歌舞。

如果容許再大膽的推想，蘇軾在湖州時（一〇七九年）還有一闋《漁家傲‧七夕》，是否也和朝雲有關？

> 皎皎牽牛河漢女，盈盈臨水無由語。望斷碧雲空日暮，無尋處，夢回芳草生春浦。鳥散餘花紛似雨，汀洲蘋老香風度。明月多情來照戶，但攬取，清光長送人歸去。[9]

蘇軾愛好白居易作品，《菩薩蠻‧七夕，黃州朝天門上》寫的是在城門樓上的訴情，有《長恨歌》「七月七日長生殿，夜半無人私語時」的韻味。朝雲篤信佛教，為她填有宗教歌舞意象的《菩薩蠻》恰如其分。詞句「佳人言語好，不願求新巧」，乞巧的習俗對三十三歲王閏之的意義應該不如年輕的朝雲吧。所以蘇軾才強調她沒有為自己的巧藝祈福，而是祝禱「願人無別離」，等於接受了兩人的相處。「風迴仙馭雲開扇，更闌月墜星河轉。枕上夢魂驚，曉來疏雨零」，寫同床共枕，半年前的詩案餘悸猶存。人間有種種

苦痛折磨，讓分離的人們度日如年，此時的歡聚，如神仙眷侶，永恒不移。

一〇八一年，蘇軾寄章楶（字「質夫」）信簡，次韻章質夫的柳花詞，並抄錄自己的七夕詞，想來是讓友人得知近況。[10]

一〇八三年九月二十七日，朝雲生了兒子，四十八歲的東坡十分欣喜，寫信告訴蔡承禧（景繁）：「凡百如常。至後杜門壁觀，雖妻子無幾見，況他人也。然雲藍小袖者，近輒生一子，想聞之，一拊掌也。」[11]

蘇軾為兒子取名蘇遯，滿月時還創作了著名的《洗兒詩》：

> 人皆養子望聰明，我被聰明誤一生。唯願孩兒愚且魯，無災無難到公卿。

可惜未滿一歲，孩子就夭折了。喪子的打擊，讓朝雲更接近佛教，她後來隨蘇軾貶居廣東惠州，終焉於惠州，結束三十四年的人生。

二、創作《念奴嬌．赤壁懷古》

蘇軾《念奴嬌．赤壁懷古》

> 大江東去，浪淘盡，千古風流人物。
> 故壘西邊，人道是，三國周郎赤壁。
> 亂石崩雲，驚濤裂岸，捲起千堆雪。
> 江山如畫，一時多少豪傑。
> 遙想公瑾當年，小喬初嫁了，雄姿英發。
> 羽扇綸巾，談笑間，檣櫓灰飛煙滅。（檣櫓，一作「強虜」）
> 故國神遊，多情應笑我，早生華髮。
> 人間如夢，一尊還酹江月。（人間，一作「人生」）[12]

這闋詞和蘇軾的前後《赤壁賦》是描寫黃州赤壁的傳世名篇，二賦寫於元豐五年（一〇八二），因此《念奴嬌．赤壁懷古》也被認為寫於同一年。

然而，如果對照蘇轍的詩《赤壁懷古》，可以發現蘇轍把黃州赤壁當成「三國周郎赤壁」：

> 新破荊州得水軍，鼓行夏口氣如雲。千艘已共長江險，百勝安知赤壁焚。皆距方強要一鬬，君臣已定勢三分。古來伐國須觀釁，意突成功所未聞。[13]

蘇轍大約在一○八○年六月一日遊黃州赤壁，寫作《赤壁懷古》詩，他避開了對眼前地理實景的描繪，不談此地是否三國古戰場，只是就史事發表評論。過去蘇軾和蘇轍兩兄弟多次寫詩次韻唱和，這一回，蘇軾沒有寫同題詩作，而是改以詞的形式，寫作的時間或許不會晚到一○八二年。蘇軾很少寫《念奴嬌》詞，除本作之外，還有寫中秋的《念奴嬌》（憑高眺遠），一般繫於一○八二年。[14]

《念奴嬌》詞牌興於北宋中期，念奴為唐玄宗時善歌的名倡，元稹（七七九—八三一）《連昌宮詞》：

> 初過寒食一百六，店舍無煙宮樹綠。夜半月高弦索鳴，賀老琵琶定場屋。力士傳呼覓念奴，念奴潛伴諸郎宿。須臾覓得又連催，特敕街中許然燭。春嬌滿眼淚紅綃，掠削雲鬟旋裝束。飛上九天歌一聲，二十五郎吹管逐。
> 元稹自注云：「念奴，天寶中名倡，善歌每歲樓下關宴，萬眾喧溢，嚴安之、韋黃裳輩辟易不能禁，眾樂為之罷奏。明皇遣高力士大呼樓上曰：『欲遣念奴唱歌，那二十五郎吹小管逐看人能聽否？』皆悄然奉語然明皇不欲奪狹游之盛，未嘗置在官禁。歲幸溫湯，時巡東洛，有詞潛遭從行而已。」

考慮到朝雲的出身和念奴相同，蘇軾刻意填《念奴嬌》詞似乎有一定的合理性。赤壁之戰於建安十三年（二○八）發生，周瑜三十四歲，娶小喬已經十年。這場戰役沒有小喬的情節，蘇軾卻從可能的古戰場「遙想公瑾當年，小喬初嫁了，雄姿英發」，把你死我活的殺戮轉向你儂我儂的兒女柔

情，因為那是他心目中「千古風流人物」的美好。

我曾經比較蘇軾評價孔融（北海）、諸葛亮、曹操（魏武帝）的文章〈孔北海贊並敘〉[15]、〈諸葛亮論〉[16]和〈魏武帝論〉[17]，歸納出蘇軾理想的「英雄」條件：

1. 英雄具有勇氣、擔當和不怕死的特質：「臨難不懼，談笑就死為雄」。

2. 世人以成敗論英雄，無可厚非。曹操可稱為英雄。

3. 曹操臨終前流露了真性情：「平生奸偽，死見真性。」他在赤壁之戰之所以失敗是因為「魏武長於料事，而不長於料人」；「重發於劉備而喪其功，輕為於孫權而至於敗」，也就是誤判形勢，施力不當。諸葛亮比曹操重視仁義，可是不能掌握時勢，終究還是缺失。[18]

在蘇軾詩文裏提及的周瑜，多稱他為「周郎」和「公瑾」，重視他能解音律和外表的颯爽英姿。[19]周瑜的雄才戰功自不待言，而站在傳說中的「三國周郎赤壁」，結合蘇軾個人當時的情態，他隱約將自己和周瑜相提並論，把周瑜塑造成「羽扇綸巾」的儒生形象。四十五歲的蘇軾，「早生華髮」，當然容貌比不得周郎，然而同樣是「多情」。《三國志》說周瑜「納」小橋（喬），小喬可能非周瑜的正妻，和朝雲的處境相近。周瑜有小喬；蘇軾有朝雲，同為如畫江山中有情有義的豪傑。

一〇八〇年蘇軾有詩云：「與君飲酒細論文，酒酣訪古江之濆。仲謀、公瑾不須弔，一酹波神英烈君。」[20]追弔古人畢竟是一時一地之事，更深沉且恒遠的是大自然的力量。「人生如夢，一尊還酹江月」，禮敬長江明月，江水東逝，月有盈虛，是變動中的恒常。此時蘇軾的如夢人生，在歷經政爭攻訐之後如驚弓之鳥，在黃州沒有職務，無以建樹事功，他反求諸己，身邊朝雲給予的適時安慰，撫順他的心情。

本文從蘇軾的黃州七夕詞推想朝雲可能是詞作的書寫對象，並且認為《念奴嬌·赤壁懷古》和黃州七夕詞同樣寫於一〇八〇年。《念奴嬌·赤壁懷古》寫及「小喬初嫁」影射朝雲為小喬，蘇軾為周瑜。如果只看周瑜的美貌和音樂才華，並不能將他定義為英雄，卻更符合蘇軾黃州期間無所事事的理想風流人物。

注釋

1 龐元英《文昌雜錄》卷一：「祠部休假，歲凡七十有六日，元日、寒食、冬至各七日，天慶節、上元節同。天聖節、夏至、先天節、中元節、下元節、降聖節、臘各三日。立春、人日、中和節、春分、社、清明、上巳、天祺節、立夏、端午、天貺節、初伏、中伏、立秋、七夕、末伏、社、秋分、授衣、重陽、立冬，各一日。」《全宋筆記》（鄭州：大象出版社，2006 年），頁 117。

2 孟元老：《東京夢華錄》（鄭州：大象出版社，2012 年），頁 172-173。

3 張志烈、馬德富、周裕鍇主編：《蘇軾全集校注》，第 1 卷（石家莊：河北人民出版社，2010 年），頁 260-262。

4 唐玲玲：《東坡樂府編年箋注》（台北：台灣學生書局，2017 年），頁 152；鄒同慶、王宗堂：《蘇軾詞編年校註》（北京：中華書局，2002 年），頁 292。

5 《蘇軾全集校注》，詞集，第 3 卷，頁 817-820。

6 袁枚：〈權發遣〉，《隨園隨筆》，第 8 卷：「宋法判、知之外，又有云『權發遣』者，則因其資輕而驟進，故於其結銜稱權發遣以示分別，王安石秉政時，最多此官。程大昌《演繁露》云：『以知縣資序隔二等而作州者謂之權發遣，以通判資序隔一等而作州者謂之權知。』宋制六曹尚書從二品，而權尚書則正三品，侍郎從三品，而權侍郎則從四品，是權知與知亦有分別。東坡以端明殿朝奉郎學士知定州，知州事，差遣也；端明殿學士，職也；朝奉郎，則其寄祿官也。差遣罷而官職尚存，職落而官尚在，非有大罪則士大夫無一日儕于編氓之禮，古之優臣工者如此。至明太祖始法重而恩殺焉。」《袁枚全集》（南京：江蘇古籍出版社，1993 年），頁 128。

7 《蘇軾全集校注》詞集，第 1 卷，頁 258-260。

8 同上。

9 同上，頁 243-244。

10 孔凡禮：《三蘇年譜》（北京：北京古籍出版社，2004 年），頁 1256。

11 〈與蔡景繁十四首〉（之六），《蘇軾全集校注》，文集，第 8 卷，頁 6161。

12 《蘇軾全集校注》，詞集，第 1 卷，頁 391。

13 《欒城集》，第 10 卷（上海：上海古籍出版社，1987 年），頁 226-227。

14 《蘇軾全集校注》，詞集，第 1 卷，頁 402-405。

15 《蘇軾全集校注》，文集，4，第 21 卷，頁 2314-2315。

16 《蘇軾全集校注》，文集，1，第 4 卷，頁 378-380。

17 《蘇軾全集校注》，文集，1，第 3 卷，頁 291-292。

18 衣若芬：《陪你去看蘇東坡》（北京：商務印書館，2020 年）。

19 蘇軾：〈送歐陽推官赴華州監酒〉：「知音如周郎，議論亦英發。」

20 蘇軾：〈王齊萬秀才寓居武昌縣劉郎洑正與伍洲相對伍子胥奔吳所從渡江也〉，《蘇軾全集校注》，詩集，第 20 卷，頁 2169。

第十二章｜七夕節重建現代女性生命教育

濟川文化研究會研究員｜**潘樹仁**

七夕節是傳統的節日，主要由女性參與及主導各種慶祝活動。中華文化復興的工作遍佈各種不同領域，在傳統節慶日子裏尋找優秀文化，是現代中華兒女的時代機遇。七夕節成為民間風俗，從而在不同地區產生多樣化的名稱，以至多種不同的慶祝模式，令社會歡樂，人人愉悅。例如：有浪漫的「情人節」之稱，情人每年只能相會一次；有機靈手藝的「七巧節」，成為織造服裝的創意設計；有賢良淑德的「女兒節」，成為培育德才兼備的女性文化及教育功能等等。

現代社會重視男女平等，是一項重要的原則，另一方面卻有指忽略了男女自然的生理及心理差異。傳統文化以各守本份、各安其職為基礎，每個人都發掘自己不同的潛能，綻放自我的人生妙花，以幸福和樂為眾人的訴求，在家庭和社會都謀求互相配合，孝親禮讓相互扶助，自我發揮才能，在互動中共贏、共成其事，割裂、自私及單邊主義只會破壞社會安寧，平等是在宏觀的情況中達致。當代生命教育着重天、人、物、我之間的互動關係，這種整全思維與中國傳統文化恰恰吻合。以下從解讀傳統文化為切入點，用現代生命教育的宏觀視野，探索七夕節的豐富內涵，以重建現代生命教育為目標，從個人到倫理道德，兼顧家庭的組合，構築確立女性在當代生命教育的重要位置。

一、七夕節的源流

（一）從天文現象肇始的浪漫意象

織女星與牛郎星在中國古代已經被命名，因為農曆七月的夏天，晚上的朗朗星空中出現兩顆耀目的星，成為夏日眾星的座標，吸引着大眾觀星的眼

光。織女星（西方稱為「天琴座 α 星」[Alpha Lyrae]，或名為「維加星」[Vega]）在河東，牛郎星（西方稱為「天鷹座 α 星」[Alpha Altair]，又稱為「牽牛星」或「大將軍」，日文中稱為「彥星」）在河西，中間相隔較暗的銀河（稱為「天津四星」）。據現代天文學計算，兩顆星的來回約需十六光年（光速）。這樣東西相對，在視覺上較為明顯而不會太遙遠，令人容易產生種種思維，更易套入生活的細節，甚至浪漫的想像，在它們之間想像出傳說中的鵲橋。可能在周朝或更早的天文觀察中，便定立織女、牛郎二星，《詩經‧小雅‧小旻之什‧大東》亦早有記載織女一詞：「或以其酒、不以其漿。鞙鞙佩璲、不以其長。維天有漢，監亦有光。跂彼織女，終日七襄。」[1] 意思是有些人飲酒，有人根本沒有普通的薄酒，佩戴的寶玉（璲）發出聲響，但縛纏的絲線有些短，天空的銀河寬闊，仍有閃光照亮，織女好像踏開了步伐，每個時辰都改動位置一次。

東為陽、為男、為幹、為剛強，喻意牛郎壯男的形象，定形及強化了人的想像；西為陰、為女、為坤、為溫柔，比喻織布女在家勤懇及柔順的形象，這種概念套入了天上的星宿。陰陽配合而平衡互動的構想，成為古代先祖的思維方式，故有《易經》乾坤陰陽學理的流傳記事。當中由天象拉到人間，將人們的生命合攏在天人的意境中，亦配搭了男女少艾原始生命的結合，人類繁殖的自然需求，兩性在青春期的傾慕和依戀，是何等的浪漫甜蜜。但人生不如意的事十常八九，人間的浪漫難尋，抬頭仰觀，向天傾訴是最好的抒懷，解開了巨大的心結。

（二）民間風俗的形成

民間神話的整合通常都要經過一段時間，牛郎織女的故事在漢代有較完整的版本，當中天上的西王母，早在商代的卜辭中有「西母」一詞，被認定是最早而貼近的稱號。《山海經》亦有記載西王母，而解釋則有多種。古籍《穆天子傳》亦有記述西王母，《史記‧趙世家》記「繆王使造父御，西巡狩，見西王母，樂之忘歸」，與《竹書紀年》都說周穆王曾經和西王母互相交往。故事傳到漢代初年，西王母又被稱為王母娘娘，主管着三千年才結果

的蟠桃，而且蟠桃令人長生不老，王母便成為掌管不死藥的神仙，老百姓有病，都前去拜祭和禱求王母娘娘。

故事的女主角織女，傳說是王母娘娘的外孫女，仙女動了凡心，流落人間與牛郎締結良緣，夫妻恩愛，生兒育女幸福快樂。豈料此事令天帝震怒，命令王母娘娘押返織女，七月初七日，王母奉旨領着天兵天將，捉拿織女，牛郎雖然心痛欲絕，仍得到仙牛的協助，用籮筐挑着兩個兒女直追上天，快要追上的瞬間，王母娘娘拔出頭上的金簪，向腳下輕輕一劃，霎時牛郎的眼前湧出一條滔滔不絕的天河。另一邊的織女哭不成聲，只能遙望對岸的愛郎和兒女，這種真誠悲切的哭聲撼動了喜鵲，電光火石之間無數的喜鵲聚落在天河兩岸，搭起一座牢固的鵲橋，牛郎織女便可以在鵲橋上會面。王母娘娘深受感動，便應允牛郎織女每年可以在七月初七相會一次。這個不朽的愛情故事，流淌在民間風俗之中，每年的七月七日，都向着天空祈禱，珍惜愛侶相聚的佳期。這種對天的投入，也成為天人合一的文化概念一部份，天有多種的展示：「宇宙萬物是自然之天，父母男女是社會、倫理之天，血氣身體是自我之天，因此，天人合一還應該包含人我合一、身心合一等義涵。」[2]因而男女的情感膠結，輕易與天合一。

（三）名稱多樣化的豐富內涵

根據不同的名稱，可以理解中國各地的七夕節慶有不同的風俗，而且帶來不同的教育意義。「七夕節」主要是時間的定位，即農曆七月初七日的夏天，日期易於記憶，或許有晴朗的日子，也會隨時有雨，有行雷閃電，引發着人生的無奈及不穩定的生命前境。「七娘生」是由年幼子女的角度出發，失去了母愛，使人倍覺母親慈愛的偉大，想孝順母親也無法達成，更令人懷念女性離開兒女的慟痛。「七巧節」主要讚揚織女的巧工手藝，除了織布外，婦女的巧藝有很多方面都值得推崇及傳承，如針線功夫、廚技、服飾穿着配搭和設計、刺繡功夫、插花技巧、家居裝飾及陳設等等。「乞巧節」則是向織女乞求各種巧藝的時刻，織女成為婦女的學習偶像。古代婦女外出學習的機會不多，一年一次聚集，提醒青年少女好好向前輩學習，藉機提升技

藝的水準，達到巧工妙藝的最高級水準。古代正月及八月、九月都有乞巧，宋代後才定七夕為乞巧。「巧夕」代表着一切能工巧技的女性聚集，在此時此刻的美好時光，共同分享才技和傳遞技巧予下一代婦女。「女兒節」呼籲年青女性在庭院聚會，穿着新衣、拜雙星（即牛郎星和織女星）、擺設香案、供奉生果及各種食品，穿針引線（五色、七色彩線）、搭接彩縷，進行各項女性教育活動。「七姐誕」是紀念織女，無須刻意考究是否織女真正的生辰日子，因為生命是最重要的，以誕辰作為最重要的紀念日，令人難忘。不論哪個名稱，上述都是所有年齡層的女性大聚合，由前人傳遞着賢良淑德的婦女職責，承傳中華文化的優秀訊息。節慶可以凝聚家族群體，確立中華文化的特性，錢穆在《中國文化史導論》說：「家族是中國文化最主要的柱石。」[3]家族亦成為文化、節慶傳承的重要樞紐。

二、生命教育的概要

（一）傳統文化對生命的關懷

在傳統文化中，男耕女織，外內處理家庭事務，達到分工合作的和諧配搭。女性被認為有生育嬰兒的天職，有母親對生命的慈愛、關懷，是元始生命的動力，其感應流通生化的功能，是其他人無法取代的。《周易・坤・卦二・象傳》：「至哉坤元，萬物資生，乃順承天。坤厚載物，德合無疆。含弘光大，品物咸亨。牝馬地類，行地無疆，柔順利貞。君子攸行，先迷失道，後順得常。西南得朋，乃與類行；東北喪朋，乃終有慶。安貞之吉，應地無疆。」傳統又認為女性的溫柔淑順，大愛無窮，不會尖銳對抗，可以生生不息，作為敦厚品德的楷模，用柔和的光輝照耀萬類，使一切和樂安泰而獲得吉祥。

古代讚美女性在家中的地位，〈家人〉：「利女貞。」〈幹〉：「『貞』者，事之幹也。」認為女性的柔順有利於家中人際關係的協調。《周易・家人・卦三十七・象傳》：「家人，女正位乎內，男正位乎外，男女正，天地之大義

也。家人有嚴君焉，父母之謂也。父父，子子，兄兄，弟弟，夫夫，婦婦，而家道正；正家而天下定矣。」又指主婦固守家庭，令大家和諧共處，使社會與家庭進一步緊扣，營造社會和順的氣氛，自然產生良好的風氣。「家正而國安，作為社會結構基本單元的家庭穩定了，社會國家也就穩定了。」⁴然而現代社會男女為了經濟金錢而外出工作，若使兒女的生命成長得不到愛和照顧，這個代價是很大的。當男女內外位置逆轉，分工必須雙方溝通，才能兼顧安定家庭生活。

（二）現代生命教育理念

現代生命教育其中一個重要理念，是將生命由內連繫到外，以反射生命的整全性和關連性。四個主要連繫：（i）天：人與天地宇宙。中國傳統以「天人合一」的思想最為根本，顯示人與宇宙的生命往來與最終的結合關係，「金岳霖在比較中西哲學時指出，天人合一是中國哲學『最突出的特點』。他充分意識到這一概念之包羅廣泛和複雜，但他傾向於將之解釋為『人與自然的同一』，而且把它與西方盛行的『征服自然』思想相對照。」⁵；（ii）人：人與人。以孝表達尊重父母親帶來生命的恩惠和喜悅的正向心理思維；（iii）物：人與自然環境及萬物。人與萬物都是平等之生靈，物物生而平等，生命互相愛護，又互相滋養；（iv）我：人與自身之存在意義和價值。反覆由外進入內，又從內幅射向外，內省生命自求自在逍遙。將以往五倫（天、地、君、親、師）關係化為生命的存有，天、地、長（長輩、領導者）、親（孝親敬祖）、師。生命自然向上，一種是哲理思辨性質：「真、善、美、德（聖）」，從追尋至真的道理、至善的幸福生活、至美的所有事物，達到聖賢的最高道德行為，作為楷模，即生命最善德美好的呈現；另一種從個人生命出發，步向更廣大層面融匯：「身、心、社、天地（靈）」，個體生命的內化協調和諧、心性與生命的內在關連、生命與社會其他人的人際交流、感通天地一切生靈物命，生生之德是互補互助生命的成長。

（三）生命教育發展的方向

　　生命價值是彰顯道德價值觀與態度的生活過程，包括：種族文化的和諧共存、人與禽獸的分別。生命存在的寶貴價值，在於天、人、地相關並存的特殊生命價值，這是生命教育的重要宗旨。

　　因此生命教育的首要工作是培育人們道德意志的思辨，人的材質潛能不同，才能的發展各有成就，而德育才是最基本的教育，因為人人沒有道德的差別。老師的工作包括：傳道 —— 傳遞道德哲理概念，引導正反的多元思維，輔導人際關係的協調；授業 —— 傳授生活的技藝，發掘興趣和潛能，教授各行業的生產技能；解惑 —— 解釋人倫道德的生命價值，明辨是非，消除生命差異的疑惑。

　　傳統智慧的啟示，永遠放道德在第一位。《周易‧繫辭下》：「天地之大德曰生，聖人之大寶曰位。」「天地最大的恩德是廣生萬物」，[6] 生命存在必須用道德維繫，才能生生不息，顯出人與禽獸的分別。孔子在《論語》說：「吾十有五而志於學，三十而立，四十而不惑，五十而知天命，六十而耳順，七十而從心所欲，不逾矩。」儒家推行「成德之教」，用道德外在行為實踐生命的意義，道家修養「成德之道」，用氣功修養自身的智慧以達天地的大德，佛家修持「自覺成德」或「積善成德」，用慈德渡化眾生離苦得樂，三家的哲理可總括為「相關一體共生同德」。人類只是外表和膚色有異，心靈意志都是相同的，人們的生命共生於地球，必須尋求一體同德，尊重與包容，以大同為目標，避免人類族群自毀於地球，才能使人類永續發展。

三、女性生命教育的重要性

（一）女性整全生命觀

　　女性得到受平等教育的機會後，可以與男性互動調換位置和角色，對整全的生命觀亦應該放眼於宇宙，擴建專屬的生命觀。有人認為，女性由家

庭步出社會，會出現失衡現象，放棄家庭，損害下一代的成長，社會同時崩坍。整全的生命觀便基於永恒的道德哲學思維，連繫於現代社會人與事物的生態互動互補，維護家庭的和諧價值，超越個人心理意識而形成人類社會的凝聚意志力。

從新儒、新道兩家思想結合，可以為女性開創新的終生學習的整全生命觀。

（ⅰ）修身：婦德與真我的關聯 ── 生理、心理有別於男性，這是自然的人道，真我的存在面對眾多的關聯：男性、家庭、家族、社區、天地，在現實的關連裏才能呈現真我的存在價值。傳統《周禮・天官塚宰第一》：「九嬪掌婦學之法，以教九御婦德、婦言、婦容、婦功，各帥其屬而以時御叙于王所。」婦德貞順的挺立，辭令柔和而容貌婉娩，古代婦女的主要工作是處理「絲麻（婦功謂絲枲）」[7]，現代工作雖然轉變，但道德不只存在於家庭、家族，更樹立為社會的模範，是真我亮麗的光輝；（ⅱ）齊家：親屬連繫與直觀的關聯 ── 家族內的長輩是模範，母親可以是第一位老師，家庭是培訓的基地，從細心觀察到智慧的直觀，領袖都必須自我完善，常言女性的直覺能力較男性強，而直觀是意志靈性的創造力，領導者必須具備直觀智慧，發揮管理平衡的措施；（ⅲ）社會：社群的全面關聯 ── 現代的通訊方式能將資訊傳達到每一個角落，以至必須面對社會群眾的互動力量，而且自由衍生出很多假新聞，要分析是非善惡，為了防止下一代接收社會負面訊息，父母都要成為保護家庭的大門；（ⅳ）萬物：地球萬物的關聯 ── 傳統天地一家，從女性平等到萬物平等，古時沒有現代環保的名詞，雖然並非完全一致，但只要尊重萬物，對生命愛惜，地球便可以永續發展；（ⅴ）學習：心智與身體的關聯及科目的關聯 ── 社會瞬息萬變，科技創新，每天都要學習新事物，所以不能拒絕自己沒有興趣的科目，「藉由探索心身的再教育、律動、舞蹈、心念專注及身體律動，我們能夠幫助學生連結心智與身體」，[8]不少女性有細心與耐性的優點，用關聯模式學習，發掘潛能，在悶寂的科目中尋找樂趣，生命每天都化成彩虹。

（二）家庭承傳生命的延續

　　《顏氏家訓》傳頌千載，對家庭系統的整體建構有條不紊。以下解讀其中的篇章〈治家第五〉：「夫風化者，自上而行於下者也，自先而施於後者也。是以父不慈則子不孝，兄不友則弟不恭，夫不義則婦不順矣。父慈而子逆，兄友而弟傲，夫義而婦陵，則天之凶民，乃刑戮之所攝，非訓導之所移也。」[9]家庭的風氣直接影響家庭的教化，因為家庭教育以身教為主，母親常是子女的第一位老師，上行下效便是家風的積蓄，無須特別教導兒女，父母以身作則是最好的化育。父母要用慈愛為原則，講解是非曲直，兄姐要友善呵護弟妹，丈夫承擔家庭的責任道義。若果教而不善，甚至觸犯法例，只好受法律的制裁。現代流行的說法：家庭有一個子女，會變成寵物，兩個兒女，可以用互愛來教育，三個孩子以上，便要設立小型的管理系統。禮是自我管理，公義是小數服從多數，恕是包容，誠信是不能說謊，和是互相遷就，整體成熟的培訓，使生命暢順地延續。

　　〈治家〉：「婚姻素對，靖侯成規。近世嫁娶，遂有賣女納財，買婦輸絹，比量父祖，計較錙銖，責多還少，市井無異。或猥婿在門，或傲婦擅室，貪榮求利，反招羞恥，可不慎歟！」當今社會男女平等，現代女性得以為婚姻作決定，但不論任何人都要留意人性中的貪慕虛榮，因此女性決定結婚之前，須有深遠的思慮，作全面而長期的安排，使承傳生命的意志涵蓋兩個人的歡愉，以至家庭文化及心身健康得到樹立，對未來家庭的生活必有裨益。

（三）女性生命中的意義和使命

　　女性能成為兒女依附的保護傘，所以厚愛子女，教導他們基本的生活自理，以及做人的基本禮儀應對言語，被認為是女性生命中重要的意義和使命之一。

　　《顏氏家訓·風操》：「吾觀《禮經》，聖人之教：箕帚匕箸，咳唾唯諾，執燭沃盥，皆有節文，亦為至矣。但既殘缺，非複全書；其有所不載，及世

事變改者，學達君子，自為節度，相承行之，故世號士大夫風操。而家門頗有不同，所見互稱長短；然其阡陌，亦自可知。」禮的培養很簡單，將生活細節用心做好，持之而恒成為習慣，自然使青少年形成做人的氣質。例如不要隨意吐痰、拋棄垃圾，穿衣、納履等注意整齊、清潔、端莊，都是禮貌，能養成良好的儀容習慣。而母親身教言教，正能讓孩子明白禮是互相尊重，要自我節度，學習成為一個君子以及文明的現代人。「周禮周文……這就是文化的力量。中國人自詡禮樂文明之邦自覺文化高超相信文化力優於政治力，都是在這段時間確定的」。[10] 禮的巨大作用，在周朝已經充分實踐而證明成功。

《顏氏家訓·勉學》：「自古明王聖帝，猶須勤學，況凡庶乎！此事遍於經史，吾亦不能鄭重，聊舉近世切要，以啟寤汝耳。士大夫子弟，數歲已上，莫不被教，多者或至禮、傳，少者不失詩、論。及至冠婚，體性稍定；因此天機，倍須訓誘。有志尚者，遂能磨礪，以就素業；無履立者，自茲墮慢，便為凡人。人生在世，會當有業：農民則計量耕稼，商賈則討論貨賄，工巧則致精器用，伎藝則沈思法術，武夫則慣習弓馬，文士則講議經書。」只要母親從小對小孩耳濡目染，勉勵他們學習及立志，掌握解決困難的能力，經過細心栽培，下一代自能成為德才兼備的人。

四、男女互相協調的新世代

（一）自由平等的新世代

自由平等的思想凸顯於西方，尤其在法國大革命之後。人們除了提倡教育平等，對事物的價值觀自然也有多元化的不同看法。而雙方交往時以禮相待，互相尊重與包容，加上不同文化的接觸，以「和」為基礎，用大同為目標，是男女在這個新世代的共同道路。

自由必須包括自律、自知、自主，自律就是禮的應用，自我管理的能力，傳統文化的智慧很清楚說明，《論語·學而》：「禮之用，和為貴。先

王之道斯為美，小大由之。有所不行，知和而和，不以禮節之，亦不可行也。」真正的和，不是表面的和稀泥，必須有禮的節制，從內心判別去自律，徹底明白自由的框架。自知就是知道自己的能力及知識，顏淵曾說：「智者自知，仁者自愛。」（《荀子》）時常有謙虛向智者學習的心態，不會對事情妄加批評，而且事前必須有充足資訊，深入了解前因後果，知所進退，才真正是自知之明。自主就是負責任，不胡亂盲目跟從，不自大驕橫，細心分析，冷靜處理，禮讓尊敬其他人，保留自律與自知的不足，對個人決定所帶來的後果，確實承擔自己主觀的責任。

平等是社會地位、權利義務、國民保護、同工同酬等等情況下的公平分配，在新時代的環境中，人人口裏都說平等，在人生的機遇及社會的運作中，不容易追尋絕對的平等，包容輕微的差異才是真誠的男女相處之道。不管甚麼年代，男女都能夠為國為民，發揮人性忠義的特質，就是平等的天性。清朝范昌棣的《重修昭君祠碑記》：「適萬裏以酬君恩，弄一身以餌驕虜。士大夫猶或難之，昭君纖弱女子耳。」[11] 犧牲自己的一切而為國，新世代的人，不分男女都應該堅持。

（二）男女互相協調的生活模式

提倡協調及包容，是男女之間的理想生活狀況。因為在社會共同工作，男女互相接觸是正常的情況，在相互禮讓的行為裏，留有空間給對方，減少磨擦，多想一想性別的差異，包容胸襟更加擴大，和諧的生活就在身邊。

傳統的七夕，女子要學穿線針織，甚至廚藝。現代生活環境改變，我們要提取當中的精神，不是形式物質。上文提出女性的整體生命觀，此處作為生活模式的應用，分為家庭與社會兩大關連。家庭的基礎是青年未婚的培訓營地，在婚後便自立成小家庭，因而婚前的自我訓練是必要的，當中除生活模式的設計，還可安排下一代新生命隨時降臨。社會的工作崗位，在婚後也必然有影響，預早做好計畫，免得生活混亂。

《周易・繫辭上》：「形而上者謂之道，形而下者謂之器。化而裁之謂之變，推而行之謂之通，舉而錯之天下之民，謂之事業。」形是人的身形軀

體，人要有精神生活的道德，也要有物質生活的器物。世事不斷在變化之中，人們如何裁決取捨，拿取物質或提升精神道德，兩者協調成為每個人的生活模式，這種定位在建立家庭之前，要男女雙方互通理念，才可以在未來生活之中推行。夫妻的協調和諧受人民重視，國家的精神文明建設，便成為一個鞏固的事業。女性的溫柔，正是協調迴旋的力量。溫順處理差異，人人安居樂業，家家幸福。

（三）節慶氛圍的現代教育意義

節慶活動除了有相同的愉悅聚首、家庭和樂、特色飲食滿盆等效益外，每一個特殊的節慶都可以承傳及延伸現代化的教育意義，亦牽動經濟活動及社會活力。例如中秋節，可以成為設計彩燈的創意培訓，提倡一家人圓滿和諧團結，製造月餅比賽等等。據以上闡釋，七夕節可伸展為現代化的教育，有如下數點：

（i）家庭教育：重新推行現代化的家庭教育，以道德教育為主旨，用「敬老尊賢」為大方向，以女性為核心，男女在婚前要接受相關課程，包括兩性關係、如何安排照顧上一代的父母、下一代的教育問題、「詩禮傳家」的現代演繹、精神生活與物質生活的協調、「孝慈」為本的實際可行辦法、人倫道德關係的維繫、家族倫理等，重建家庭道德和諧力量，在社會中發揮正面能量。（2）鞏固婚姻制度：男女在平等融和當中，要尊重婚姻關係，必須平衡及協調多方面問題，例如：家庭生活內部零碎事務的安排、家庭與工作的協調、夫妻相敬如賓的實踐等，才能獲得幸福快樂和美好的將來。（3）文化教育與傳承：在青壯或初婚的時期，家庭可以為物質而努力，將文化教育放於次要位置，但進入中年以後，不論事業成功與否，都要加強文化教育，即注重文化的建設，不會因為物質經濟的單薄而鬧意見，勾劃理想藍圖：文化傳承與現代化的建構、藉着節慶氛圍提高家庭的歡樂、不同節慶設計不同活動以凸顯其中的特殊意義等，成為教育下一代及長遠的人生趣味部份。中國傳統文化亦有讚揚女性，錢南秀形容：「『烈女』與『賢媛』：中國婦女傳記書寫的兩種傳統。」[12] 承傳文化，加以擴充，是現代之路。七夕可以凸顯服

裝設計，成為特殊文化的開顯。

五、加強女性生命教育的效果

在中國傳統節慶中，七夕節的精神內涵特色，可接合現代女性教育，且是全方位令女性擔負起家庭及社會責任。因應現實情況，女性生命教育必須全面加強，達致幸福快樂的願景，其效果如下：

（ⅰ）肩負傳承文化教育工作：女性在家庭中可有領導人的主要角色，肩負家庭教育的重任，傳承優秀傳統文化道德教育，這種做人的教育是從最簡單的禮貌及孝順開始，「《論語》為做人之根本書籍，不讀《論語》，真如終身長夜。《孝經》為經中之綱領，在昔學人，最重視之，今則為一輩講新道德者與提倡家庭革命者所反對。惟孝經所說之語，句句系自天性中來，非空泛者可比，故反對者無論如何激烈，餘可斷其毫無效用」[13]因為孝是生命教育的普世價值，用禮實踐孝是基礎教育；（ⅱ）男女平權：女性在社會達至男女平權的作用，故男女的社會責任也相同。人雖然微小，但志氣高遠，就存在真正的意義。范仲淹在《岳陽樓記》中的大志：「先天下之憂而憂，後天下之樂而樂！噫！微斯人，吾誰與歸！」[14]任何人都應該負起社會責任；（ⅲ）發揮女性的慈愛：帶動弱勢社群受到關顧，提升社會多元發展，不偏重經濟。女性一般較為慈愛與溫柔，但除此以外，「人是肉體和其他東西的組合 —— 心智。不過，這個觀點最關鍵的重點在於將心智視為與一種與肉體不同的東西。」[15]人類的精神文明是祖先們心智的積累，社會須要多元發展，男女同受教育，大家都要奉獻巨大的心智，携手義務工作共建家園，才能有幸福美好的未來。

注釋

1　陳節注譯：《詩經‧注譯》（廣州：廣東省出版集團，2007 年），頁 307。

2　徐興無：《龍鳳呈祥‧中國文化的特徵、結構與精神》（南京：江蘇人民出版社，2017 年），頁 129。

3　何茲全：《中國文化六講》（北京：北京出版集團，2018 年），頁 10。

4　張立文主編：《和境 —— 易學與中國文化》（北京：人民出版社，2005 年），頁 127。

5　余英時：〈天人之際〉，《人文與理性的中國》（台北：聯經出版，2008 年），頁 2。

6　馬恒君：《周易正宗》（北京：華夏出版社，2007 年），頁 525。

7　賀友齡注譯：《周禮讀本》（台北：三民書局，2018 年），頁 77，

8　John P. Miller：《生命教育‧全人課程理論與實務》（台北：心理出版社，2009 年），頁 174。

9　李小傑：〈導讀〉，《顏氏家訓》（香港：中華書局，2013 年），頁 53。

10　龔鵬程：〈第十二講‧周公：文化實踐的聖王〉，《中國傳統文化十五講》（台北：五南圖書文化出版，2009 年），頁 284。

11　王世昌主編：《民族團結使者王昭君》（北京：大眾文藝出版社，2010 年），頁 65。

12　遊鑒明主編：《重讀中國女性生命故事》（台北：五南圖書出版，2011 年），頁 83

13　章太炎：《國學救亡講演錄》（北京：北京出版社，2018 年），頁 81。

14　王耀輝：《范仲淹的人生哲學》（台北：揚智文化事業股份有限公司，1997 年），頁 7。

15　Shelly Kagan：《令人着迷的生與死：耶魯大學最受歡迎的哲學課》（台北：先覺出版，2015 年），頁 23。

第四篇　不同地區的七夕文化

第十三章｜中國七夕文化的傳播 ── 以廣東為例[1]

南開大學歷史學院教授／南開大學中國社會歷史研究中心教授｜**侯杰**
天津師範大學新聞傳播學院教師｜**李淨昉**

中國的節慶文化，歷史悠久，內涵豐富，不論是春節、元宵節，還是清明節、端午節，大都經歷了從傳統到現代時代風雨的洗禮，以及漫長而複雜的蛻變，七夕文化也是如此。七夕文化與牛郎和織女的神話、傳說關係密切，和每年農曆七月七日，即中國傳統的民間節日之一「七夕」節密不可分。[2] 其間也經歷了口語傳播、圖像傳播、文字傳播、影視傳播等不同階段。

千百年來，生活在中國各地的人們圍繞着這一節日形成了一系列的信仰與民俗活動。筆者除了在中國民眾意識、宗教意識和民間信仰的研究中，關注過七夕、牛郎和織女外，[3] 也曾多次參加由石家莊民俗學會會長袁學駿主辦的紀念七夕中國情人節的主題學術研討會，並在田野調查和文獻解讀中，借助社會性別的視角對傳統社會流傳的不同版本的神話傳說、明清以來直到近代仍然流行於華北地區以及中國其他地區的七夕民俗分別進行過探討。[4]

一、七夕文化的源起

眾所周知，近年七夕節已經被包括廣東在內的中國各地民眾所接納，甚至被認定為中國的情人節。其中雖然有商家借助傳統文化中的某些題材進行節日促銷炒作的成分，但也離不開當代人對牛郎織女驚天地泣鬼神的愛情的弘揚，說明中國文化具有跨越時空、生生不息的頑強生命力和傳播力，同時也從一個側面證明了傳承的力量。毋庸諱言，在這場從傳統到現代的文化旅行中，牛郎、織女和七夕文化等既有傳承，也有變化，經受了時代風雨的一次次洗禮，終因寄託了古往今來中國人的文化理念和期望而春風吹又生。

在中國的歷史長河中，七夕文化枝繁葉茂，借助於口語傳播、文字傳播等不同的形態，不斷進入人們的心靈世界。為比較系統地了解七夕文化在不

同歷史時期的流傳，特做如下簡要梳理。早在遠古時期，中國人就對牽牛星和織女星有了一些認識和了解。《詩經·小雅·小旻之什·大東》中就有這樣的表述：

維天有漢，監亦有光。跂彼織女，終日七襄。雖則七襄，不成報章。睆彼牽牛，不以服箱。

漢朝時，中國人將以牛郎、織女命名的這兩顆星想像成一對夫妻。在《古詩十九首·迢迢牽牛星》中留下感情充沛的詩句：

迢迢牽牛星，皎皎河漢女。纖纖濯素手，札札弄機杼；終日不成章，泣涕零如雨。河漢清且淺，相去複幾許？盈盈一水間，脈脈不得語。

魏晉時期，有關牛郎、織女的傳統逐漸演變成民間節日。晉朝周處在《風土記》中記載：

七月初七日，其夜灑掃於庭，露施幾筵，設酒脯時果，散香粉於筵上，以祈河鼓織女。言此二星辰當會。

隨着七夕文化的不斷傳播，有關七夕節的儀式和活動日漸豐富，形成新的傳播方式，並與地域文化相結合，增加了很多內涵，賦予了更多的功能。在廣東等地也形成了具有鮮明地域特色的七夕文化。

二、廣東地區的七夕文化發展

七夕文化在廣東流傳較廣，尤其是清代、民國時期還流傳着「七娘會」即「拜七姐」的女性風俗。清人屈大均在《廣東新語》中對清初的廣東「七娘會」就有所記述。

七月初七夕為七娘會，乞巧。沐浴天孫聖水，以素馨、茉莉結高尾艇，翠羽為篷，遊泛沉香之浦，以象星槎。[5]

　　民國時期的廣州是一個國際知名的熱鬧商埠，每年七月都要「拜七夕」，吸引了四面八方的人前來參加一年一度的節日盛會。時人不僅看到七夕節的文化內涵，而且注意到「那些趁熱鬧的人，真個舉國若狂，揮金如土」。[6]這說明拜七夕在民國時期依然興盛，而人們對這一傳自古代的民俗文化之態度已經發生變化，對此有所反思和警醒。

　　那麼在這樣一種複雜的情勢下繼續出現的「拜七夕」、「拜七姐」活動，實際活動狀況究竟是怎樣的呢？據參加過民國年間「拜七姐」活動的老人說，每逢七夕節，廣州西關一帶的少女、少婦都要「拜七姐」，並帶領在一旁觀看的中老年女性和男性一起行禮祭拜織女。

　　因為是為數不多的女性節日，因此在女性的心目中，「拜七姐」的活動十分神聖，也非常重要，她們會花費很長時間，傾注很多的心血精心籌備。為此，每年都要由熱心女性組成臨時性組織、協調機構，具體負責籌備「拜七姐」的各項活動。而成千上萬的女性在六月就已經開始把稻穀、麥粒、綠豆等浸泡在器皿之中，使之發芽，待嫩芽長到二寸多長時，正好趕上七月七日「拜七姐」。因此，這些芽苗通常被稱為「拜仙禾」和「拜神菜」。不僅如此，愈臨近七夕，祭拜織女的女性就愈忙碌。她們要製作各式各樣的手工藝品，做多方面的準備，為的是在七月初六和初七的晚上，於家中「拜七姐」。

　　一般情況下，家境比較好的少女、少婦都在廳堂的八仙桌上，設有燭台，擺放以牛郎織女為造型的偶像以及香爐、點燃的香燭，還有各種花果、器物、女紅製品等用於祭祀，以表達自己和家人對織女的虔誠祭祀，同時向姐妹和同伴展示自己的手工製品。這些手工製品愈精緻，愈小巧，愈與眾不同，愈容易贏得家人、親朋好友的讚揚。久而久之，心靈手巧的她們竟能用十分常見的彩紙、米粒、芝麻、燈草芯等材料編出各式各樣巧奪天工的塔樓、桌椅、瓶爐、文房四寶、各種紋路和字形圖案的供品。

此外，女性在日常生活中頻繁使用的胭脂、鏡、彩梳、絨花、脂粉等化妝用品也都擺放出來，供織女享用，還有點心、茶、酒、瓜子、花生等食物，作為祭品，供牛郎和織女品嚐。家境一般的女性則會在花前月下設一個香案，供上應時的鮮花、水果，虔誠地參拜織女。由此可見，不論家境如何，自己處於何種經濟狀態，女性都會以瓜果為參拜織女的祭品之一。

那麼瓜果為甚麼會成為女性參拜織女普遍選用的祭品呢？重視現世人生的中國女性，以體內籽多的瓜果為祭品，就是取多籽多福之意，真誠而又不失委婉地表達重視生育和繁殖等思想觀念。常言道：「女子設瓜果祀織女乞巧。」[7] 這一方面反映出廣東的女性為了取悅織女，毫不吝惜地選用美酒、美食、美言，另一方面就是她們祈求織女、牛郎等具有超自然力者降恩賜福，滿足自己祈求生活美好，多子多福的願望。

為了讓織女幫助自己實現心願，廣東的女性在祭拜前還要用天河水沐浴更衣，以示虔誠。她們通常的做法是洗頭髮，沐浴身體，然後盡己所能地精心梳妝打扮自己。成千上萬的女性要在身上換上平時很少捨得穿用的裙襖、旗袍等盛裝；在頭上佩戴造型不一的髮髻以及自己喜愛的首飾；在臉上畫眉毛、抹脂粉、點絳唇；在手上用色彩鮮艷的鳳仙等花汁把指甲染色。經過精心打扮之後，廣東的女性爭奇鬥艷，仿佛仙女下凡。她們圍坐在八仙桌旁，聚集於庭院中，一邊做遊戲，一邊遵照風俗等待着祭拜織女那一刻的到來。她們的娛樂活動種類繁多，形式多樣，與各自的生活和愛好密不可分。有的是吟詩作對，分享各自對詩文典故的理解，有的是行令猜謎，有的是追憶牛郎、織女天上人間的愛情故事，還有一些家庭除了由家中的女兒和媳婦彈奏琴簫等樂器展示才藝外，還請來歌姬演唱粵曲，奏樂助興等，以增加節日的喜慶氣氛。像這樣精心準備的節日盛典怎能不和親朋好友分享？於是，廣東女性在家人的陪伴下都會走出家門，到熟悉的親朋好友家參觀香案上面擺放的祭品，共用節日氣氛。她們所到之處都會受到熱情款待，這也成為七夕文化的重要組成部分。

在廣州，參拜織女是從初六晚開始一直持續到初七晚，最高潮是在初七晚二十四時出現的。因為這一刻被她們視為織女下凡的吉日良時。一瞬間所

有彩燈、香燭全都被點燃，家家戶戶燈火通明，五光十色，姹紫嫣紅。興高采烈的少女、少婦恭迎她們的七姐 —— 織女。她們不約而同地對着星空行跪拜禮，恭迎織女。在廣州，女性還要在三更至五更接連祭拜七次。有些地方的女性還要焚燒一個紙製的圓盆，裏面放置了紙製的衣服、巾履、脂粉、鏡台、梳篦等物品，而且每樣要有七種，名「梳妝盆」，用來祈求美貌。[8]

她們在祭拜織女後，往往還要「暗陬中持稠絲穿針孔」[9]，即手執彩線借着燈影嘗試將線穿過針孔。如果有哪位女性能夠一口氣穿過七個針孔者，叫得巧，被稱為巧手，穿不過七個針孔者，叫輸巧。但不論是得巧，還是輸巧，她們都有機會得到親朋好友饋贈的精美禮物。因為小姐妹有一個美好的願望和約定，就是要把自己精心製作的手工藝品、玩具等贈送給要好的朋友。這樣既交流了手工編織技藝，又增進了彼此之間的友情。

由此不難發現，廣東女性採取穿針引線、丟針觀紋、蜘蛛結網等祭拜方式，禮拜織女。她們的目的非常明確，那就是想盡各種辦法，千方百計地向織女乞巧，以便讓自己掌握更多的生活技能，更加心靈手巧，承擔或即將承擔起相夫教子、照顧家人的職責和使命。在這個跨越時空、代代相傳、歷久彌新的日常生活劇中，廣東女性不斷以各種新奇可喜的方式上演着七孔針、水上漂針、做巧面、盛蛛盒等等充滿情趣的劇情。在這個節日的夜晚，廣東女性最後還要和家人們歡聚一堂，品嚐獨具特色的粵式美食佳餚。難怪清朝詩人汪侖在《羊城七夕竹枝詞》中寫道：「繡闥瑤扉取次開，花為屏障玉為台。青溪小女藍橋妹，有約會宵乞巧來。」

值得一提的是，在廣東女性看來，七月七日是仙女下凡沐浴的日子，從天上降落到地面上的水是「聖水」，所以家家戶戶都將其視為日常生活的珍稀之物，用各種器皿細心儲存。還有些人家打些井水，用於釀酒。在廣東，因為水域廣闊，所以有很多沿海、沿江、沿河之人都生活在船上，堪稱水上人家。直到民國時期，他們都會「沐浴天孫聖水」。[10]

與此相似的是，生活在廣西等地的女性也有把七夕聖水儲存起來以備日常生活之需的風俗。在這些地區流傳的故事、傳說是每年七月七日早晨，仙女們都要從天界下凡到人間，到河中洗澡。因此經仙女使用過的這種水

就被人們奉為寶物,命名為「雙七水」。在他們的眼裏,「雙七水」不僅味道特別,營養豐富,而且還具有神奇的醫療效果。假如平常百姓喝了「雙七水」,既有益於身體,滿足人們的基本生存需要,還能夠使人們避邪、治病、延長壽命。因此,人們在這天都會起得很早,甚至有人為了避免次日睡過了頭,整個晚上都不眠不休,成為了「全夜不睡者」。為了先人一步,許多人都會提早行動,往往「三更以後,街市中即有人行走之聲及水桶之聲」[11],人們紛紛走出家門,爭先恐後地奔向河邊或者江邊,用家中的水桶乃至各式各樣的罈罈罐罐取用「雙七水」。人們肩挑手提,將「雙七水」取回來後,小心翼翼地儲存到乾淨的瓮壇缸之中,以備日後家用。家中若有身體不太好的孩子,家長還會用紅頭繩結成七個結,戴在孩子的脖子上,祈求織女降恩賜福,保佑其祛病消災,身體康健,順利成長。

如前所述,民國時期七夕文化在廣東乃至全國的處境已大不如前。隨着「反迷信」運動的興起,特別是二十世紀二十年代由中國國民黨部發起,社會各界人士參與的改良風俗委員會自成立以來,「對於原有不良風俗,亟欲廓而清之」。七夕也成為該會「改造善良風俗」的目標之一,「只以執行過急,致未能收循循善誘之效」,還有勞民傷財之虞,受到質疑。如該委員會要嚴屬「取締販賣七夕貨物……因時日過促,商人於前期數月,已耗盡不知幾許精神與資財,及期販賣,博取微利,突然禁止,商人損失,當不堪切想,故公安局體念商人,不予執行。」[12]

可是,隨着政府的不斷介入,七夕等不僅與迷信劃上等號,祭祀等相關用品還要上捐,因此「銷路日減,究其原因,貨物徵捐值漲,大受影響」。更為重要的是,由於「市民智識漸開,對於迷信之害,多已覺悟,故將所謂清明、七夕、盂蘭拜祭之種種迷信心理剔除,故倒賣各種迷信物品者大減,傳營迷信品物者多導虧折。」[13]不僅如此,女性在社會上和家庭中經濟權利的缺失,以及經濟不景氣的社會環境,也都給七夕文化及其傳播造成更大的困難,下面這則時事評論揭示了民國時期七夕文化的實際處境:

夏曆七月初七日為乞巧節,此節為婦女界舉行,故又名女兒節。以

一般新嫁娘及女子最注重，每於節前則紛紛籌備慶祝，新嫁娘則向丈夫索取資財回家作辭仙之舉，女子則由父母給資拜仙，兩者均屬耗財傷神。當此不景氣籠罩中，為丈夫與父母者多不允給予，苟給，亦隨便多少而已，故舉行者亦不如前之熱鬧。今年自經公安局取締後，市面之營奇巧節物品者，均一落千丈，市面各紙紮店，隨意製作梳妝盆在門前懸掛求售而已。而市面之洋什貨店，所售之米口公仔，紮作品，七夕粉等甚暢銷，果類如蘋果、龍眼、油甘子等，因銷路減，取價亦低。[14]

儘管七夕文化歷經磨難，在一次次政治運動中受到衝擊，但經受考驗後，仍然顯現出頑強的生命力和傳播力。「野火燒不盡，春風吹又生」，七夕文化經由傳統與現代不同傳播方式的共同作用，開花結果，開枝散葉，形成新的文化生態。

三、地理阻隔造就七夕文化的多元

當七夕文化重新走近人們，走入人們的日常生活後，不難發現廣東的「七娘會」和全國各地女性祭拜織女的七夕節慶風俗有很多共同之處。其中之一就是它作為女性的節日，吸引了成千上萬的少女、少婦廣泛參與。女性是七夕文化的重要創造者、組織者和參與者。這一文化現象的出現，絕非偶然。這不僅僅是由於織女是一位女神，還因為她跟女性祭拜者有相同性別，從情感和心理上會比較容易親近和接受，希望她能夠給祭拜者帶來更多的心理安慰，滿足她們求子、求福、乞巧等不同的生活需要。更為重要的是，平日在家庭和社會中受到壓抑和限制的少女、少婦們通過「過節」、祭拜織女的方式，公開展示自己的生活技藝，表達自己對美好生活的嚮往，增進與其他女性的交往，減輕或舒解積壓在內心的某種不良情緒。

在牛郎和織女民間傳說的基礎上逐漸形成的七夕文化，在廣東乃至全國很多地方的流傳形式並不完全相同。這似乎是應了這麼一句古話「十里不同雨，百里不同風」。實際上，這也不難理解：因為中國幅員遼闊，不同的地域具有各自的文化、信仰、風俗等方面的特點。在節日流傳的過程中，與之

相關的祭祀、紀念等活動，已經或多或少地和當地的民間文化發生了不同程度的融合。然而，吸納眾多不同地域性文化而形成的風俗、儀式和活動，並沒有徹底破壞這一節日的整體性。恰恰相反，這些地域性差異不僅反映了中國文化在七夕這一節日中所體現出來的巨大包容性，而且還豐富和充實了其文化內涵，使之更加精彩。

總之，地理空間的天然阻隔，並不能妨礙包括七夕文化在內的中國文化、民俗信仰的流傳。早在多年前，筆者就曾斷言「各地的風俗習慣雖然有些差異，但是彼此之間的文化心理是相通的，幾乎沒有隔閡。山山水水造成的只是空間的距離，卻不能割斷信仰民俗上的聯繫。」[15] 如今，筆者更堅信地理上的自然阻隔儘管可以造成七夕文化的地域差異，但同時也會進一步增強七夕文化的多樣性和豐富性，從而使七夕文化更有生機與活力。

註：本文在搜集資料的過程中，得到香港學者蔡志祥教授、黎佳恩博士，澳門學者鄭健超，內地學者王敏等人的幫助，特此鳴謝。

注釋

1　雖然筆者對廣東等地的七夕文化有所關注，但是缺少專門考察，因此，在區志堅教授的盛情邀請下，本文本擬以文化傳播的角度，對七夕文化在廣東、香港、澳門的傳承再做闡釋，也得到香港學者蔡志祥教授、黎佳恩博士，澳門學者鄭健超等人的大力支持，惠賜資料。終因疫情嚴重，無法去圖書館進一步搜求七夕文化在香港、澳門的資料，而不得不只關注廣東的七夕文化傳承情況。

2　七夕稱作七夕節，又稱女節、女兒節、乞巧節、避節或雙星節等。

3　侯杰、范麗珠：《中國民眾宗教意識》（天津：天津人民出版社，1994 年）；侯杰、范麗珠：《中國民眾意識》（太原：山西教育出版社，1999 年）；侯杰、王曉蕾：《民間信仰史話》（北京：社會科學文獻出版社，2012 年）。

4　侯杰、秦方：〈中國七夕節民俗文化考略 —— 從華北到全國的初步考察〉，《名家談牛郎織女》（北京：文化藝術出版社，2006 年）；侯咏梅、侯杰、李劍：〈解讀不同版本的古籍文獻 洞悉中國社會性別的隱喻 —— 以牛郎織女的傳說為中心〉，《廣東社會科學》，2007 年，第 4 期；侯杰、李劍：〈乞巧節和牛郎織女的傳說：中國社會性別的隱喻〉，《河北七夕文化研究》（石家莊：河北人民出版社，2008 年）。

5　［清］屈大均：《廣東新語》（北京：中華書局，1985 年），頁 299。

6　《越華報》，1928 年 8 月 28 日。

7　胡樸安：《中華全國風俗志》下編（石家莊：河北人民出版社，1986 年），頁 108。

8　同上，頁 377。

9　同上。

10　胡樸安：《中華全國風俗志》上編（石家莊：河北人民出版社，1986 年），頁 257。

11　胡樸安：《中華全國風俗志》下編，頁 411。

12　《香港華字日報》，1929 年 9 月 11 日。

13　《香港工商日報》，1930 年 8 月 9 日。

14　《天光報》，1936 年 8 月 23 日。

15　侯杰：〈解讀近代中國信仰民俗 —— 以華北信仰民俗為例〉，（韓國）《中國史研究》，第 12 輯，2001 年 2 月。

第十四章｜甘肅西和與廣州珠村兩地乞巧文化的比較
── 以傳承為核心[1]

華南理工大學｜儲冬愛

農曆七月初七，是中國古代廣泛流傳的傳統民俗節日，民間有「七夕」、「乞巧節」、「女兒節」等不同的叫法。這個始於漢代的節日主要源自古代牛郎織女的浪漫愛情故事，是舊時女性表達願望、乞求人間幸福的良辰，是完全屬於女性的女節。在過去，乞巧習俗在各地並不完全相同，但一般都選擇在七夕，由女子設香案、供瓜果，以祭祀織女，並有以種巧芽、蛛網或穿彩針以驗巧拙等習俗。隨着時代的演進，乞巧文化在各地也盛衰不一。

地處甘肅南部、西漢水上游的西和、禮縣一帶，是秦文化的發祥地，悠久的歷史文化以及民情風俗在這裏得以延續和傳播。跟國內其他地區流傳的零星乞巧風俗相比，這裏延續了自「漢代以來的乞巧傳統」（漢代乞巧風俗有哪些？這個說法值得討論），蘊涵着濃郁的地方特色及深厚的傳統民俗文化意味，可謂中國傳統「七夕節」民間風俗的活化石。作為目前全國唯一一個地方流傳着完整的七夕節民間風俗，當地乞巧節已經引起了國家和政府文化部門的高度重視，二〇〇六年三月，西和縣被中國民間藝術家協會命名為「中國乞巧文化之鄉」，同時「西和縣乞巧節」已被確定為甘肅省及國家級非物質文化遺產，二〇〇七年農曆七月初七，西和縣與中央電視台聯合舉辦了「首屆乞巧民俗文化節」，產生了極其廣泛的影響。[2]

無獨有偶，在遙遠的南方 —— 相對西和的位置而言 —— 廣州地區的乞巧文化之盛，不遑多讓。從宋朝至民國時期，廣州的乞巧節一直熱鬧非凡，可與春節媲美。歷經近代近百年的沉寂後，以廣州市內番禺的凌邊村、天河珠村、黃埔橫沙村，最早復蘇乞巧節。其中珠村更是連續七屆廣州市乞巧文化節的舉辦地，乞巧節的影響波及海內外，珠村也贏得了「乞巧第一村」的美譽。[3]

西和是偏居西北的小縣，珠村則是華南大都市裏廣受關注的「城中村」，兩者的乞巧文化同樣繁盛，分別成為原生態民俗與都市新民俗的代表；西和的傳統脈絡一直比較清晰，而廣州則經歷了複雜而深刻的變遷；兩者對比鮮明，承載了各自的地域文化傳統，但都折射出乞巧習俗在當下的傳承態勢。

一、節日名謂與時間週期

無論西和、禮縣，還是廣州珠村，傳統的乞巧風俗大多都限於未婚少女參加，都是名副其實的「女兒節」。西和一帶圍繞「請巧娘娘」、「送巧娘娘」展開，當地人習慣稱之為「巧娘娘節」。學者趙達夫考證，西河乞巧中「巧娘娘」的「娘」讀「nia」，是對織女的昵稱，其原型為西秦文化中秦人始祖女修，也可能雜糅了人文始祖女媧、麻姑、桑神等民間傳說中的傑出女性人物，以織女神話傳說作為母題塑造出來的神話形象。[4] 無論發音，還是崇祀物件，均與當地文化傳統密切相關。

乞巧節，廣州人通常稱為「擺七夕」、「擺七娘」、「拜七娘」、「七姐誕」等。「×姐」是粵地對成年女子的敬語，如姑姐（姑姑）、大衿姐（舊式婚禮中的伴娘）、電影提及過的「桃姐」等，留意即使年紀很大，也要慎用「×姨」。「誕」在粵語中多指神仙誕辰，如觀音誕、關帝誕、龍母誕等，但據廣州珠村的老婆婆解釋，「七娘誕」並非織女生日，而是紀念七姐下凡或牛、女二星相會的日子。

時間上，西和的活動時間從農曆六月三十日到七月初七，共歷時七天八夜，參與人來自周邊十八個鄉鎮。廣州傳統七夕只有三天，從初六開始，初八結束，但「擺巧」往往要先期籌辦，通常提前三至六個月，準備好各式工藝品及典禮儀式。廣州現代乞巧節還將連續擺展與表演擴展為「乞巧周」，這還沒計算新創的「乞巧女兒形象創意大賽」。就參與度而言，西和地域範圍廣泛，人數眾多；廣州則更為集中，其跨度之長，儀式之繁縟，甚至超過西和。[5] 而且，廣州一直延續着宋代六夕的傳統，「至將七夕從初六，南粵

猶存五代風」⁶，古老也不亞於西和。

二、乞巧儀式與程序

乞巧節共同的訴求都是女性的聰明靈巧，但各地方式不同乃至迥異，同樣顯示地域文化傳承的多元與豐富。歸納起來，西和與廣州乞巧的區別可以分為以下幾點。兩相比較，折射了兩地不同的人文傳統：

（一）西和乞巧重在「表演」，表現為抒情的審美特質；廣州重在「擺巧」，表現出強烈的務實風格。西和乞巧包括坐巧、迎巧、祭巧、拜巧、娛巧、卜巧、送巧七個環節，但大體可以歸納為祭巧、唱巧、乞巧、送巧四項，重點在祭祀與歡唱，核心在「巧」，即求出色的女紅，更求一份好姻緣。「歌唱祈巧」的方式貫穿始終。如迎巧歌：「一根線，兩根線，我把巧娘接下凡。一片瓦，兩片瓦，我把巧娘接下馬。一爐香，兩爐香，我把巧娘接進莊。一根繩，兩根繩，我把巧娘接進門⋯⋯」平穩悠長、細膩委婉；「跳麻姐姐」是高潮部分，一唱一和，節奏緊促，動感強烈；卜巧歌歡快明亮：「巧了給一個花瓣兒，拙了給一個鞋墊兒⋯⋯」；「送巧」接近尾聲，歌詞中充滿了無邊的惆悵與悲傷：「有心把巧娘娘留兩天，害怕走遲了天門關。野鵲哥，野鵲哥，你把巧娘娘送過河。駕的雲，打黃傘，你把巧娘娘送上天⋯⋯。」能歌善舞，是女性的天然優勢，在完全屬於女性的節日裏，以歌舞的形式來表達信仰與歡樂，無疑最能將女性的心聲與實力展露無遺。但這種解釋顯然不足以服人，聯繫當地深厚的民間藝術傳統，問題便迎刃而解。秦地山歌、社火曲、春官調、敬神曲、婚喪音樂、秦腔等歷史悠遠，其中山歌、敬神曲和秧歌調等人聲演唱形式對乞巧歌影響最大，⁷都屬於當地民間音樂的審美範疇，具有濃郁的地方特色。

顯然，這種歌舞相伴的乞巧儀式對參與者來說，「絕不是因為乞巧的實用性意義而進行，是因為通過歌唱、舞蹈等行為活動，在供奉『巧娘娘』像、在香煙繚繞的儀式情境中，給自己的心靈和精神一個寄託，讓『巧娘娘』成為他們的精神領袖，並使『巧娘娘』少了神性而具備完整的人性，從

而通過這樣一個情境來享受和傳達她們的精神境界。」[8]尤其在「跳麻姐姐」環節，音樂與巫術結合，人神互通，在神秘的宗教體驗中，既拉開了與現實人生的距離，又製造了咫尺天涯的審美氛圍。

珠村傳統的「七姐誕」則包括擺七娘、拜七娘、睇七娘等儀式，以「擺巧」為核心。「擺巧」是指未婚女性在自家庭院或家族祠堂展示自己的手工作品——「衣食住行」，各類玩意，不一而足。從目前的文獻介紹來看，國內其他地方的乞巧節無不以各種形式的「祈巧」為重頭戲，西和亦不例外，而粵人的「擺巧」活動卻將「賽巧」、「鬥巧」的範圍擴展，從單一的「穿針引線」拓展到婦女生活的方方面面。通過「擺巧」，讓人們品評觀賞，女孩借機展示各自的女紅。觀看的人多，姑娘就體面。

能歌善舞，固然與「巧」相連，但相較而言，「女紅」更切中民間「巧」的本質，也更符合傳統社會對女性的審美要求。「唱巧」考驗詩、歌、舞的技能，有「鬥巧」成分，但重在抒發情感、表達願望，格調高雅。同樣是「祈巧」，國內其他地方如蛛網驗巧、照瓣卜巧等都帶有極大的偶然性，呈現「務虛」的特點；「擺巧」卻透過實實在在的女紅技藝，其「任觀不禁」的氣度既顯示出女性自信的一面，同時更體現出「務實」的特點，顯示了廣府民系溫存、務實的族群性格。[9]

（二）西和乞巧中有和歌互拜的習俗，禮儀性突出；廣州「睇七娘」旨在展示女性巧藝與風采。拜巧，是指鄰近乞巧隊伍之間像走親戚一樣相互祭拜交流，從七月初二一直持續到初六。拜巧時，姑娘們列隊前往，互敬互拜，載歌載舞、展示才藝、增進交流。[10]拜巧給女性製造了「鬥巧」和歡娛的機會，但從另一稱謂「行情」來看，原意在於女性之間、村社之間的交往，漢民族「禮尚往來」的人文精神在秦地傳承綿延深厚。

廣州過去「睇七娘」，主人家敞開大門，任觀不禁，男女不限，有的還設糕點茶水，因為觀看的人愈多，這家的姑娘就愈體面。除了「品評工藝美，作價論短長」，也會出現「几案鋪排百物羅，兩旁環座女嬌娥。登徒逐隊尋芳至，看物人稀看人多」的有趣場景。在眾目睽睽之下展示自己的心靈手巧，表達對幸福愛情的渴望，乞巧讓女性的身心得到了極大的釋放。相比

之下，「睇七娘」為女性提供了更為寬鬆的社交環境，也更便於展示個性化的風采。「嶺南山川之靈秀，海外風情之薰染，遠離中原內核文化之監控，使得廣府文化表現了一種大膽追求的精神和寬鬆自由的風格」，「充滿南國水鄉的浪漫情致」。[11] 正是在這樣一個相對開放的社會環境中，女性更願意，也更能夠展示自由的個性，所以才會在「七姐誕」中出現別處鮮見的男女相嬉的場景。而「自梳女」、「不落夫家」等特有的「抗婚」現象，在珠三角的出現更是一個突出的例子。而一旦走上了「自梳」之路，乞巧便成了這些終日與孤燈為伴的自梳女排遣孤獨、製造愉悅的重要方式。[12]

三、文化內涵與功能

無論西和，還是廣州，傳統乞巧節的主角都是未婚女性，都以祈巧、祈愛、祈心聰等為主題，表現出建構女性成年禮的民俗功用。雖不同於一次性的「笄禮」，但貫穿少女婚前的重複性的乞巧儀式活動，同樣散發出「通過儀禮」的文化意蘊。

有學者指出，甘肅隴南漢水流域乞巧儀式活動作為當地女性幼年時期的傳統人生儀禮，是一個典型的過渡儀禮。只不過，它不是一次性的，這個「成年禮儀」舉行的時間被設置在女性整個少年時期之內，每次活動為期七天八夜，年年如是，直至結婚之前的數年都可以乞巧。在神聖與世俗的不斷交替更迭中，它是一個周期性往復的「成年禮儀」。在乞巧的過程中，少女們通過製作巧果、女紅，逐漸習得了女性的職業技能；通過表演歌舞顯示才藝，既表達自己的心聲，真心乞求心靈手巧，聰明能幹，同時也接受社會的檢閱，獲得社會對其合格成員的承認。同時，由於儀式活動的娛樂性和信仰因素，它化解了焦慮、緊張，使得女性以一種自然而然的方式，在不自覺與自覺中逐漸完成了自我的塑造與建構。[13]

如果對「成年禮」的概念外延加以擴展，上述分析同樣適用於廣州珠村傳統的乞巧節。只不過，廣州乞巧活動中還有特別之處，即新嫁婦女的「辭仙禮」——連接成年禮、婚禮的特別儀禮。近人胡子晉曾寫道：「粵俗女子

出嫁，翌年回母家，借辦各種芝麻紙蓮砌成之玩具及果品，拜牛郎織女，七月的六、七二日拜神，名曰辭仙。」[14]當乞巧節將已婚、久婚的婦女排斥在外的時候，婦女們自我變通，創造了「辭仙」的禮儀。「辭仙」儼然成為婚俗的一個組成部分，正如新婚之後的「回門」一樣，是必經的一個程序，所不同的是，前者是女子自己創造出來的婚姻禮儀，並未得到習慣性的社會認同。雖然，祭拜星辰是人人都有的權利，少婦也可以於七夕夜焚香遙拜，稱為「慕仙」，即欽慕雙星的情變纏綿，但慕仙不是「乞巧會」的活動，「拜仙」只是處女們（指過去的未婚女子）的專利，結婚不僅意味着少女時代的結束，也意味着與乞巧的告別。對看者而言，已婚者已失去魅力，被看者「祈婚」的首要目的也已實現，自然要退出乞巧會了。然而，「做人新抱甚艱難」，面對無法預知的未來，剛為新婦的女子們通過「辭仙禮」，不僅與少女時代、與女兒的節日做正式的告別，也為自己的婚姻之旅揭開了序幕，這其中自然有着難以訴說的懷念與失落，或許還有着對未來的憧憬。

四、節俗傳承與變遷

隨着時代的演進，乞巧習俗從形態到內涵都會發生不同程度的變異。就珠村而言，要對這裏的民俗文化，或者說是都市新民俗進行觀察，離不開對「城中村」這一特殊文化空間的整體把握。在城市的擴張中，廣州眾多的「城中村」不僅失去了其村落形態的生存空間，也失去了其文化形態的生存場景。如與乞巧共生的龍舟文化，在很多村落已難以維持。這裏面的因素有公共空間的變化、群體與個體文化心理的疏離，還有一點很重要的原因，就是自然環境的變化。以前的珠三角，包括廣州在內，河道密布，水域寬廣，水體乾淨，是龍舟文化的理想舞台。而目前廣州扒龍舟的河涌，能夠保留下來的已屈指可數。這似乎不可避免，也無可奈何。村落文化的失落，既是村民的自我（有的是被迫）逃離，也是城市文化中心主義對村落文化的消解。

當然，「城中村」民俗在城市化中的變遷，有多種可能。一些民俗事象逐步消失，另一些改變了形態，還有一些則可能被保存下來。廣州城中村的

變遷，對龍舟文化的衝擊遠大過對乞巧文化。相反，隨着非物質文化遺產理念的普及，我們在珠村看到政府與社會在有關方面出現聯動，而乞巧文化以其自身的特徵，進入了現代視野，呈現出從鄉土社會向城市環境的遷移、調適，乃至重新整合和創新發展的過程以及趨勢。

村民自發的「擺七娘」，雖説依照過去的老一套「有樣學樣」，但箇中變化卻十分明顯。乞巧的主體從未婚的「小孫女」變為已婚的「老婆婆」，「乞愛」的主題開始淡化，轉變為「乞富」，甚或自我消遣。當牛女二星在「拜七娘」儀式中與其他「一切神祇」並列的時候，作為粵人心中曾經的司愛之神，牛女二星的「愛神」神格已日趨模糊，顯現出與民間諸神信仰趨同的傾向。伴隨着這一過程，乞巧節與牛女傳説中的愛情故事主題拉開了距離，這是一種節日內核的蛻變。[15]

另一方面，隨着官方對節日的利用和再造，「七姐誕」由原本限於鄉民的節日開始向現代化的大都市滲透，推動了民俗的復興。但帶有官方色彩的文化節具有了「二手民俗」的性質，傳統的「拜七娘」儀式日趨簡化，已無拜仙、迎仙、辭仙、慕仙之分，並呈現觀光化、表演化的態勢；作為乞巧活動的新樣式，「乞巧女兒形象創意大賽」未能將主旨貫徹始終，落入了都市「選美秀」的套路，在一定程度上消解了節日原有的文化內涵，加速了文化消費主義的趨勢。[16]

由於地緣的關係，廣州「城中村」財力雄厚，非內地農村所能想像，更不用説攀比 —— 無論是現在的村委會，或者是以後的街道組織 —— 這對某些地方特色的民俗無疑有絕大好處。以珠村乞巧節為例，從村子到街道到天河區乃至廣州市，都對之予以充分的重視，有政策上鼓勵、經費上扶持。這裏面既有重視區域傳統文化的成分，也有其他考量。相對於扒龍舟，乞巧文化對空間的依賴性有限，最多需要一些較為寬廣的祠堂式展示平台，容易運行。更重要的因素，是乞巧的女性符號對當代性別文化的構建、對個體與家庭以及社區文化的維護，[17]還有其特有的視覺之美，都可以進入文化事業與文化產業的核心層面。

乞巧節的核心訴求是女性的性別認同，對智慧、靈巧、美麗的追求，對

經濟獨立和精神健康的努力，這中間有男權社會的作用。在廣州，女性意識充分現代化，女性的獨立性大為提高，但女性在日益獨立的同時，也會生出對自身性別認同的迷惘。而乞巧文化，特別是女紅，在新時代賦予現代女性不一樣的美感，使其在獨立健康的基礎上提升審美水準，有助於完美性別和個體的建設，因此能受到更多女性 —— 結婚與否不再像過去那樣關鍵 —— 的歡迎。

乞巧文化在廣州，有走向文化產業的趨勢。這點如同某些傳統文化的衰落一樣，都是不可避免的。政府的扶持總是傾向於利益主導，哪怕是非遺這樣純粹的事業，也是必須要通向旅遊業等現代產業帶來顯著效益。而乞巧節女性主體的概念，必然會使女性成為文化消費的對象，而女紅這樣賞心悅目的事業，也適合視覺傳播，進入影視。廣州乞巧選秀，完全是現代商業概念，它一方面可以使乞巧文化廣為人知，從數量上、影響力層面上受到更多關注和支持，但也必然帶來美好傳統的變形乃至淪落。因為乞巧文化畢竟不是流行音樂，它的核心概念是還原、傳承與維護。這是整個傳統文化事業的核心。確保這個核心，才能進行周邊的開發、包裝與傳播。

相比廣州，西和乃至整個隴南處於現代文明的邊緣，儘管作為地級市的隴南在甘肅的經濟水準較為發達，但在中國版圖上，財力無疑屬於一般偏下。

西和以及周邊地區的乞巧文化，歷史要比廣州悠久，這裏甚至可以上溯到伏羲女媧時期。事實上乞巧文化的源頭秦文化也是上承遠古，脈絡清晰。在其後的數千年內，這裏雖然飽經戰亂，但民俗傳統保留得非常完整。迄今為止，這裏由於乞巧文化的面貌完好、參與度高、人氣旺、影響力大，獲得了官方的高度認可，甚至進入聯合國體系的視野。這也與非遺在世界範圍內受到重視有關。

與經濟水準相應，西和地區乞巧文化的舞台主要是農村、鄉鎮，包括少數縣城，活動地域遠比廣州開闊，參與主體也多為農民，生活節奏相對緩慢，出外務工也不如四川、湖南等地熱烈，本地人對傳統認同程度高，富於熱情。

珠村乞巧的內容主要是女紅，現在還加上「乞巧選秀」。西和地區的展示手段相對豐富，包含宗教、巫術、藝術意味的儀式，還有歌舞、崇拜精美的巧娘娘偶像，構建了一整套地方乞巧文化體系。

　　以音樂藝術而言，兩者的區別很大。兩地都有民歌，廣東自有本地民歌，但囿於方言等因素，知名度不及隴南和周邊的「花兒」和「信天遊」。隴南地區是秦腔，在西北地方廣受歡迎，尤其是鄉村社會。而粵劇的程序繁複，表演優美，聲腔古雅，但在民間傳播層面，由於粵語本身的發音，加上廣東的水土原因，遠不如秦腔的粗獷和高亢，對於民眾的感染力也就相形見絀。放到電視上——比如說中央電視台——展示，效果也一樣，因為對於全國大多數人而言，秦腔沒有語言隔閡。

　　從這點上出發，珠村傳統「擺七娘」傳播的客體，在事實上也只能鎖定廣州市內有限的「城中村」村民、珠三角的鄉村居民，還有珠三角城市內較為認同和熟悉嶺南傳統文化的市民。這些人的消費力高，但在對接他們的消費需求時，必須確保傳承的有力。

　　西和地區的傳承壓力要少很多。同為原生態文化，他們受到外來的影響與壓力有限，而且會受到中央政府乃至國際的事業性財政支持。不過與廣州相映成趣的是，他們無疑也希望增強產業化的能力。因為財政支持總是象徵性的，對於還原、傳承、維護以及相應的研究來說，未免捉襟見肘。而且本地經濟偏差，沒有現代產業，如果乞巧文化能夠在一定程度上推動本地的文化旅遊產業，無疑是一件理想的事業。

　　有鑑於此，對於兩地乞巧文化的發展，可以建議如下：

　　第一，在地域層面上，全國範圍內聯動，西和與廣州乞巧文化可以建立聯繫，前者以「唱巧」為主線，女紅未能充分展示，但可以參與廣州的七夕貢案，每年進行交流與比賽，於兩地手工技藝的提升大有裨益。廣州乞巧文化節「乞巧女兒形象創意大賽」的經驗與教訓，亦可為西和乞巧提供借鑒。「巧模巧樣」、「巧才巧藝」、「巧手巧做」、「巧思巧答」等環節的設計，頗能契合乞巧文化的主題；而選手展現的才藝，可以從歌舞拓展到現代生活的方方面面，濃郁的時代氣息和極強的觀賞性，將顯示出對新生代女性的

吸引力。

　　第二，在產業層面上，以女紅為核心的乞巧工藝，可以地區為品牌或者以創作者個人為標籤或商標，打造一些原創的核心品牌，進行商業上的委託授權。進入現代製造業，規模或許有限，卻能有效創造效益、提升知名度，反哺傳統技藝。在廣州，乞巧工藝品不僅被個人或博物館收藏，在跨文化交流活動中還充當了最具特色的禮品信物。如廣州黃埔巧姐陸柳卿的廣繡作品，被送往上海世博會展示，二〇一〇年國外駐廣州的三十多家領事參觀乞巧文化節，珠村乞巧藝人潘氏姐弟的廣繡作品，被「欽定」為外國嘉賓的特別禮物。廣州珠村專為乞巧元老設立「乞巧工作室」，如有可持續的發展，不僅可以擔當文化傳承人的角色，在職業培訓、休閒產業方面也可有所作為。

　　另外，在衍生產品的開發方面，無論西和，還是廣州都顯得相當滯後。除了「喜鵲」、「蜘蛛」、「老牛」、「七巧板」等共同的文化因素，推出「標識性」的文化產品在當下尤為迫切，如西和「織女」雕像，宜更名為更具辨識度的「巧娘娘」像，作為西和乞巧的文化符號，利於各類衍生品的開發。廣州乞巧文化節節徽「穿針引線」在全國範圍內海選而出，別具一格，與「擺七娘」十分契合，但由於一直未能推出可承載的標識物，並未產生積極效應。

　　第三，在藝術層面上，儘管西和乞巧文化在專業領域內名聞遐邇，但在全社會的影響力仍有待提高，而乞巧文化中的秦腔等地方音樂，知名度卻遠遠超過乞巧，所以完全可以進行「捆綁」式開發與傳播，舉行各種展示。這點也可以借助本地和周邊媒體。廣州是全國的媒體重鎮，但整個西北地方確實是媒體的窪地，西和乞巧固然可以通過如甘肅電視台一類本地媒體大打傳統文化牌，藉以提升乞巧這一特色傳統文化，也能推動本地媒體的進步。它甚至還可以與遙遠的廣州媒體展開合作，在全國和國際範圍內進一步增強影響，實現文化內涵與經濟效益的同步增長。

五、總結兩地異同

某種意義上，也只有從民俗節慶的視角出發，我們才會看到西和和廣州珠村兩個地域被放到一起進行比較和分析。兩地的地理距離、經濟水準與人文環境判若雲泥，但透過兩地乞巧節這一古老而美好的風俗演變，尤其是分析當代語境下兩地節慶的聯繫和區別，可以對文化研究、社會學、民俗學乃至生活方式的理解有所裨益。

如同前文所說，西和的乞巧文化歷史悠久，保存良好，堪稱「活化石」，而且自成體系。在當下，這些文化遺產已經進入國家和國際視野，有了更好的生存和延續的可能。其中地緣的因素至關重要，西和地處西北，經濟發展程度和城市化水準不夠，不像四川湖南等地，本地居民流動務工比率不高，居民有較多閒暇與熱情投入傳統式的文化生活。但隨着經濟全球化、全國經濟均衡化的態勢 —— 當然這只是理想的狀態 —— 本地居民也會有更多流動，尤其是青年的成長，乞巧這一民俗能否良性延續，研究者與文保官員不能不未雨綢繆。

西和的乞巧，參與度廣，內容豐富，無論是靜態的巧娘娘形象展示，還是動態的歌舞助興以及其他儀式，算得上面面俱到。其中的巧娘娘形象，特別能體現西北的造型藝術，而以秦腔為主的音樂以及相關舞蹈，飽含了宗教、巫術與民間藝術的元素，能夠展示古老的西北風俗與風情。

相比西和乞巧，廣州珠村的乞巧重在「擺巧」，內容相對單一，卻又意蘊深遠。廣州以至珠江三角洲的歷史，從時間維度上不如西北，後者畢竟是伏羲女媧傳說與文王以及秦文明的發源地，但沿用顧頡剛先生「層累地造成的古史觀」，珠三角的優勢就十分明顯，這裏是移民文化的代表，各種族群在不同歷史階段遷徙、定居、生存、交往、競爭，各種原生和次生的民俗五方雜陳，粲然大觀，與嶺南以外的整個中國相比，都算得上獨一無二，但追根溯源，又有千絲萬縷的聯繫，因此深具文化人類學的標本價值。

珠三角是中國城市化的樣本，與京津唐或者說環渤海地區、長江三角洲並列為三大「都市圈」，近代以來一直開風氣之先，無論是清末民初的革命

女性群體，還是媒體喜聞樂見的西關小姐，莫不如此。這裏女性的社會角色、地位、意識與文化心理的變遷，自然值得高度關注。乞巧文化的直接訴求和終極目標，顯然是「培養」西關小姐類型的女性。但西關小姐顯然有別於「裹小腳」這樣的可怕形象，其意識之獨立、生活之豐富，比之現代都市女性，不遑多讓，甚至美感遠遠過之。而革命女性與西關小姐，並無天然區別。中國古代士君子的理想人格，也是溫柔敦厚與剛烈正直兼備的。

城中村是中國現代化的獨特產物，這裏也是「都市新民俗」的主要舞台。相比西和的農耕文化，這裏雜糅了農耕、商業、工業各種形態，多元性和不穩定性強烈。同時，這裏既是城市權力的物件，在一定階段內又能輸出各種獨特的方式 —— 當然，這種輸出也是以「他者」或者「物件」的方式進行交流 —— 這種文化交流的細膩、委婉、曲折，與乞巧文化的女性特徵頗有相似。當然，這更多是一種文學化的想像而非學術的判斷。

跟西和相比，廣州珠村的乞巧民俗更多受到地方政府的關注和推動，這也不可避免地使這種精緻而脆弱的民俗成為都市文化消費的對象，使之速食化、娛樂化，發生功能與本質上的變異。這個問題更需引起各級政府以及社會各界，尤其是媒體和學者的正視乃至批判。因為開發 —— 以文化旅遊產業和製造業為主要方向的開發 —— 必須建立在嚴謹的研究、還原和堅定的繼承和保護的基礎上。

無論從歷史、地理還是現實處境來說，西和與珠村對比極大，好比西藏和上海，或者美國的新墨西哥州與東北部。但從乞巧這一文化樞紐出發，我們發現兩者之間的淵源深厚，而又各具特色。特別是在傳承方面，雙方既有深厚的資源與積累以及相應的主動性，但也面臨各種壓力，需要認真應對。同時兩者也可以在一定程度上相互借鑒，推動合作。如此，則是民俗文化事業與民俗研究的幸事。

注釋

1 原文刊於《文化遺產》，2014 年，第 6 期，誠蒙作者及編輯批准轉載，不勝感銘。

2 〈一個具有濃郁地方特色的傳統節日文化空間 —— 關於甘肅省西和與禮縣傳統乞巧節的
   調查報告〉，第三屆東嶽論壇，人文探索子網，央視國際，2007 年 02 月 16 日，http://
   discovery.cctv.com/special/C17729/20070216/103497.shtml，最後訪問日期：2020
   年 5 月 4 日。

3 這是廣州民俗文化研究會對珠村乞巧的美譽。媒體據此說珠村是新中國成立以來第一個恢
   復乞巧活動的鄉村，其實是不準確的。番禺縣（現為廣州市轄區）的凌邊村一直沒有完全
   停止擺七娘活動，「文革」期間也曾偷偷進行。近鄰黃村的恢復也早於珠村。珠村之所以
   有名，是因為媒體的報道和介入，這又與珠村村民、廣州市民協副主席潘劍明的大力奔走
   分不開。2001 年七夕，潘劍明自費邀請廣州市民協及市內兩家新聞媒體（《羊城晚報》、
   《廣州日報》）的記者到珠村過七夕節。正是在這一年，珠村的「七娘誕」開始為海內外
   所知曉。

4 趙逵夫：〈漢水與西、禮兩縣的乞巧風俗〉，《西北師大學報》，2005 年，第 6 期。

5 儲冬愛：〈傳統時期嶺南地區「七姐誕」的民俗探析 —— 以廣州珠村為例〉，《文化遺產》，
   2008 年，第 4 期；〈乞巧的復活與蛻變 —— 以廣州珠村「七姐誕」活動為例〉，《民族藝
   術》，2009 年，第 3 期。

6 《東莞文史》編輯部：《東莞文史》（東莞：政協東莞市文史資料室委員會，2001 年），頁
   339-340。據該期《東莞文史》記載，該文最早見於《廣州日報》民國十二年九月三日。
   這樣的表述似乎有誤，疑為《廣州民國日報》，1923 年 9 月 3 日。

7 張芳：〈西和、禮縣乞巧儀式的歌舞特徵研究〉，《歌海》，2011 年，第 2 期。

8 同上。

9 儲冬愛：〈傳統時期嶺南地區「七姐誕」的民俗探析 —— 以廣州珠村為例〉，《文化遺產》，
   2008 年，第 4 期。

10 中共西和縣委書記、政府縣長郝愛龍：《西和乞巧文化的保護傳承與發展狀況彙報》，
   2012 年 7 月 4 日。

11 葉春生：《廣府民俗》（廣州：廣東人民出版社，2000 年），頁 8-9。

12 儲冬愛：〈傳統時期嶺南地區「七姐誕」的民俗探析 —— 以廣州珠村為例〉，《文化遺產》，
   2008 年，第 4 期。

13 王亞紅：〈甘肅隴南漢水流域乞巧節的「通過儀禮」意蘊闡釋〉，《臨滄師範高等專科學校
   學報》，2010 年，第 1 期。

14 雷夢水、潘超等編：《中華竹枝詞（四）》（北京：北京古籍出版社，1997 年），頁 2755。

15 儲冬愛：〈乞巧的復活與蛻變 —— 以廣州珠村「七姐誕」活動為例〉，《民族藝術》，2009
   年，第 3 期。

16 同上；〈走在娛樂的大路上 —— 乞巧選秀與媒體選美比較論〉，《理論與創作》，2010 年，
   第 6 期。

17 儲冬愛、黃學敏：〈乞巧與傳統女性話語 —— 以廣東省乞巧節為例〉，《內蒙古社會科學》，
   2012 年，第 1 期。

第十五章｜邁向情感自覺的民間宗教儀式研究
── 以甘肅西和的乞巧節為例[1]

雲南大學民族學與社會學學院｜宋紅娟

一、問題的提出

　　民間宗教儀式中飽含情感是很常見也很普遍的現象，人類學學科從情感維度來研究宗教儀式也有着很深的傳統，這一傳統可以直接追溯到涂爾幹。值得注意的是，以涂爾幹為代表的經典儀式研究所重視的，是儀式中具有促進社會團結功能的集體情感。此後受涂爾幹影響的維克多・特納則提出了一種看似相反的觀點，他認為應該重視儀式活動中蘊含了反思社會控制、指向現實的批判性情感。毋庸置疑，這兩種理論針對不同的現象均各自顯示了較強的闡釋力，但也不難發現，他們對儀式中的情感構成都持一種一元論觀念，即認為宗教儀式中的情感成分是純粹而單一的。

　　在中國甘肅省隴南市西和縣，[2] 每年陰曆的七月初一到初七這七天是當地女性乞巧的時間。西和乞巧既是一個女性節慶活動，同時也是一個民間宗教儀式活動，儀式物件是專司女性心靈手巧的神靈，西和人叫「巧娘娘」；儀式過程非常豐富，包括接巧娘娘、祭巧、唱巧、行情、辦會會、照花瓣以及送巧娘娘等。[3] 筆者在對西和乞巧的民族志考察中發現，西和乞巧儀式中同樣存在着大量的情感，但是這些情感不僅有涂爾幹意義上的集體情感成分，亦有一定程度反思社會的成分，這兩類情感並非涇渭分明地相互區隔，而是同時並存地融合在一起。

　　首先，西和乞巧的命名體現了這種融合性。在西和，「乞巧」是偏向於文人雅士的用詞，日常用語中用得比較少。西和人對「乞巧」有另外的慣常叫法，一般叫「乞巧娘娘」和「狂巧娘娘」，而這兩種叫法包含着不同的內涵，代表了詞語使用者完全不同的兩種心境。「乞巧娘娘」是比較正式的說法，「乞」字是要凸顯乞巧的神聖性。「乞巧娘娘」大多用在相對嚴肅的場

合中，比如每年商量是否乞巧以及如何籌備乞巧期間。在此情境下，「乞巧娘娘」的説法側重於指向乞巧儀式的物件「巧娘娘」，強調儀式細節的重要性，如果不遵守好儀式規則會被視為對神靈的怠慢，會因此收到懲罰。比如在「接巧娘娘」儀式中，「巧頭」要求儀式參與者聲音洪亮地重複唱傳統乞巧歌，乞巧歌唱得好不好決定着請神的成敗。[4] 再比如，「送巧娘娘」儀式中特別要求將巧娘娘紙紮像以及與儀式相關的所有物品都焚燒乾淨，否則會給儀式參與者和所在村莊帶來不祥。很顯然，「乞巧娘娘」這個地方性説法是對傳統乞巧儀式規則的強調，實際上體現的正是宗教儀式的強制性方面。

「狂巧娘娘」則偏向於一種詼諧用語，是將乞巧視為一種自娛自樂、輕鬆明快的活動。相較於「乞巧娘娘」的神聖性、嚴肅性，「狂巧娘娘」所透露的恰恰是西和乞巧的娛樂性方面，而這一含義通過「狂」字得以透徹表現。「狂」[5] 是西和俚語，在西和人的日常語言中有着非常高的使用頻率，是理解西和乞巧、西和社會的一個重要的地方性概念。「狂」在最直接的層面上，是玩耍、玩賞、轉悠的意思，比如西和人尤為喜愛根雕和字畫，不管是製作根雕還是寫字作畫，抑或是收藏和購買的人，在受到別人誇讚時常常會自嘲道：「我這是狂的。」西和人把春節時的社火活動也叫做「狂社火」或「耍社火」，強調大家浸淫在社火的歡騰之中。「狂」既可以是對個人喜好的戲稱，也可以是對群體活動的命名，不管是根雕、字畫還是社火和乞巧，它們皆與日常生活的柴米油鹽有所不同。「狂」包含了超越日常生活狀態的一種心態和帶有娛樂性質的文化活動，這也正是「狂巧娘娘」這個叫法所蘊含的屬性。總體而言，「狂巧娘娘」的説法不再指向乞巧儀式的對象「巧娘娘」，而是指向超越乞巧儀式之外的某個獨特的範疇。如果説「乞巧娘娘」是指乞巧的祈神部分，那麼「狂巧娘娘」更多指涉的是乞巧的娛樂性部分。

其次，西和乞巧在儀式內容上也體現出一種融合性。乞巧儀式活動的空間主要分為兩個部分，一個是接神和送神的途中以及在香案前，這是祈神的空間；一個是香案所在屋子外面的空間，乞巧的地點一般是選在某個村民家中或村邊小賣鋪。一個地方是否有寬敞的空地是選擇乞巧地點的重要標準，這個空地主要是給乞巧的人唱乞巧歌和跳舞。在前一種空間裏所唱的乞巧歌

都是祈神性質的，包括傳統的接神、祭神、送神類的乞巧歌。對此，西和人心中也有相應的神學觀念作為支撐。他們認為這些場合必須嚴格唱相應的乞巧歌，而且聲音要大、要整齊，才能感動神靈、祈得福祉。而在後一種空間裏，祈神類的乞巧歌並不是必須唱的，不同時代的人們會演繹出不同的歌曲來傳唱，並編排舞蹈與之相配，此類乞巧歌呈現出較強的時代特徵。

由此看來，西和乞巧儀式由兩個性質迥異的部分構成，兩個部分分別包含着不同的情感類型，一類是依託於儀式的傳統形式所表達出來的集體情感，即儀式參與者對神靈近似相同的崇敬之情；另一類則是在儀式活動中每一個人在講述或表達着的個人情感，這種情感主要來自各自具體的生活經驗。前一種情感通常被解釋為社會團結的黏合劑，後一種情感則被解釋為反思社會、追求個人自由的內在動力。按照涂爾幹的相關理論，這兩類情感是無法同時在場的，二者存在作用力與反作用力的關係，對於集體情感的達成必須以消磨個人性情感為基礎。但是，西和乞巧卻呈現了這兩類情感和諧和自然的融合。西和乞巧中的集體情感建立在西和人的神學觀念之上，他們對於「巧娘娘」的崇敬之情可以促成儀式參與者抽離日常生活，達成集體認同。而其中的個人性情感卻又恰恰以日常生活為基調，在抽離日常生活的乞巧儀式中得以表達。西和女性經常感慨乞巧可以讓自己「心上亮清」，[6] 她們也因此十分喜愛和珍惜乞巧。個人情感在以集體情感為基調的西和乞巧儀式中並未受到阻礙。這一現象提示我們思考，以往儀式研究對於情感問題的探討是否存在問題？是否能夠找出另外一種新的思考路徑？

二、涂爾幹傳統下宗教儀式研究的情感路徑及其缺陷

在涂爾幹之前，也不乏有學者採取情感的路徑來理解宗教儀式活動，但是他們所說的情感主要是指人類對於大自然的畏懼，換言之，宗教的產生以及儀式活動的發展是建立在人類對大自然畏懼的情感基礎上。而涂爾幹認為宗教的產生並不是源自這種畏懼，而是來自於人們對某種神聖事物的崇敬，即一種「最崇高的、最理想的情感」[7]；涂爾幹將這種「最崇高的、最理想

的情感」稱為美好的宗教情感。神聖事物在人類的早期階段表現為圖騰，圖騰是宗教情感的外化，宗教便起源於圖騰崇拜。[8] 被神聖化了的圖騰能夠反過來激發人們的宗教情感，將個人和集體融為一體，從而產生了氏族；因此，涂爾幹認為氏族的誕生並不是基於共同的習慣或共同的血緣，而是因為他們有着共同的圖騰，氏族通過圖騰將個人和集體融為一體，正是人類社會得以可能的最初基礎。[9]

涂爾幹首先將宗教分為信仰和儀式兩個部分。從信仰的角度講，他又將世界區分為凡俗和神聖兩個範疇，宗教情感正是驅使人們從凡俗向神聖提升和超越的原初力量。而儀式的一大功能便是鞏固人們心中的這種宗教情感。他以儀式性的集體歡騰為例，指出人們在集體歡騰中，體驗到一個與他們的日常生活完全不同的世界，在這個世界中充斥着異常強烈的力量，使人們興奮、發生質變。[10] 涂爾幹認為人們心中的宗教情感在凡俗世界或日常生活中會逐漸被私利和個人事務吞沒，所以必須要有周期性的儀式活動，將個體和集體融合在一起的宗教情感才能夠得到鞏固和維持。[11] 正是這種宗教情感對個體產生了一種力量，使其能夠從凡俗世界或日常生活世界向神聖世界進行超越，涂爾幹認為這種力量是社會得以產生的根本。

從涂爾幹的思想脈絡來看，他的宗教研究最終指向的是「社會」，這一旨趣延續了盧梭的思想，即致力於探討人類從自然狀態向社會狀態的轉變機制以及社會再生產機制。顯然，涂爾幹認為這一機制蘊含在人性當中。在他看來，人性可以分為動物性或個人性和社會性兩個方面，社會的產生與發展就是人性中社會性一面的提升，以及動物性或個人性一面的被壓制的過程。由此，他進一步將人的情感區分為個體情感和集體情感，個體情感在凡俗世界或日常生活中佔主要地位，集體情感類似於宗教情感，具有凝聚個體的能力，在集體歡騰和儀式活動中完全統治個體情感。涂爾幹主要通過集體情感這個概念來論述儀式活動的功能，集體情感集中體現在儀式中，最後可以變為集體意識，集體意識引導和訓誡個體意識，從而促成社會團結。[12] 涂爾幹在宗教以及儀式研究中所採取的情感路徑較為成功地將外在事物的發生機制通達人心，建立了外在事物與人的內在世界之間的深層關係。相較於之前的

學者，涂爾幹對宗教和儀式活動的研究不只是單純地考察宗教和儀式活動本身，還看到宗教與人的實踐活動之間的關聯。

西和乞巧儀式參與者面向「巧娘娘」的崇敬之情正是涂爾幹意義上的集體情感。在接巧娘娘、祭拜巧娘娘等儀式中，乞巧的女人們必須以一種嚴肅、莊重的態度來遵守傳統的儀式規範、齊唱乞巧歌；這時的乞巧是一個純粹的祈神儀式活動，女人們一定會小心謹慎地完成儀式過程，如果其中有一絲差池，原本祈福的儀式便會轉變為災難，這是西和人典型的神學觀念。在這樣的意義上，西和人將乞巧稱為「乞巧娘娘」。但是，西和乞巧的有趣之處又恰恰在於整個儀式過程又不完全是祈神的，其中還夾雜着大量的娛樂性內容，這種情況下，西和人就會將乞巧稱作「狂巧娘娘」。乞巧的女人主要通過自編的乞巧歌和舞蹈以及自創的身體裝扮來表達一種近似狂歡的情感，此外，大家聚在一起還會談論起各自的心情故事；很顯然，西和女性在「狂巧娘娘」中所表達的情感已經不再是涂爾幹的「集體情感」所能囊括的了。不難發現，西和乞巧實際上包含兩種不盡相同的情感類型，本文將其稱為西和乞巧儀式中的雙重性。

在根本上，西和乞巧儀式所呈現的這種雙重性實際上是神聖和凡俗的融合，這正是涂爾幹聖 / 俗二分思想中所説的神聖和凡俗。涂爾幹對於宗教儀式中情感問題的探討以及在其影響下的相關研究，都是建立在其聖 / 俗二分思想上的；他對人的情感進行的二分式處理也嚴格遵從了聖 / 俗二分思想，個體情感和集體情感分別對應着凡俗世界和神聖世界。正是這一點導致了涂爾幹宗教研究的情感路徑的缺陷。這種二分法的最大問題在於其中暗藏的等級秩序，涂爾幹強調神聖世界才是人們應該去追求和重視的物件，凡俗世界消磨人們朝向神聖世界的崇高情感，因此應受到控制和抵制。所以説，在凡俗世界中佔主要地位的個體情感是處於集體情感之下的，不僅沒有積極作用，反而應該受到控制。

但是西和乞巧儀式不僅呈現了集體情感與個人性情感的共存，而且還呈現了二者的融合。這在兩個方面與涂爾幹關於宗教研究的情感理論形成了對話。首先，涂爾幹認為宗教儀式屬於神聖範疇，其中充斥着豐厚的集體情

感，而個人性情感在其中是要被壓制的，否則儀式的神聖性便會受到污染；其次，涂爾幹認為個人性情感和凡俗世界一樣，對於社會團結都是毫無意義的，甚至會起到阻礙的作用，因為它們只會促使人們關心一己之利。西和乞巧儀式中的這種混融性說明涂爾幹的觀點是值得商榷的。深受涂爾幹影響的維克多‧特納似乎也注意到了這一點，他在儀式研究中提出了「結構」與「反結構」的概念。相對於功能主義在儀式研究中對穩定性的強調，特納更多的是關注儀式的變遷及其顛覆性和創生性能力，他稱之為「反結構」。他所說的「結構」包括相互依存的各種制度、反映不同社會地位的各種組織機構，或者也包括了它們所需要的社會參與者在內的一整套相對獨立的體系；而他所強調的「反結構」則是說在儀式過程中，結構中所存在的一類人對另一類人的壓迫和剝削、階層、等級暫時被取消，特納認為在「反結構」中，人回歸到了自然狀態，它是社會秩序向前發展的過渡階段。[13]

涂爾幹是從社會團結的角度出發，認為儀式通過激發人們的集體情感從而達成社會的穩定，而特納則是立足於現實世界中政治生活的不平等，認為作為反結構的儀式生發出一種充滿正義的、對現實充滿批判的情感。特納雖然強調了作為「反結構」的儀式過程之於常態「結構」的積極意義，但是他終究是在社會政治中探究儀式過程，被涂爾幹忽略的凡俗世界在他這裏依然未被觸及。

西和乞巧儀式中豐富的個人性情感說明宗教儀式與日常生活之間並不完全如涂爾幹所強調的那樣相互隔離。在「乞巧娘娘」的情境中，日常生活確實是懸置的，被阻隔在儀式活動之外，否則儀式就是不成功的。但是在「狂巧娘娘」的情境中，日常生活卻鮮活地登場了，乞巧的女性喜愛在「狂巧娘娘」的時候回望和講述日常生活中的各種體驗，平時淤積心中的各類情感在這種回望和講述中得到了釋放。格爾茨的研究在一定程度上涉及到這一點。格爾茨認為宗教可以被視為兩個方面的統一，即抽象意義上的形而上學、宇宙秩序、觀念等符號體系，和具有實在性的生活方式、行為、實踐，這兩個方面又共同統一於一個象徵符號系統。人們通過信仰實踐來獲得對現實世界的抽象知識、世界秩序或世界觀，反過來，抽象知識又「規訓」現實生活，

讓生活世界得以秩序化、可被理解；這兩個方面最後統一於宗教儀式。[14] 格爾茨在符號體系和現實之外還提出了另外一個元素，那就是「情感」。和涂爾幹一樣，格爾茨也承認宗教的情感維度，但是，他堅持從解釋人類學的理論視角出發，指出符號體系是第一位的；因此，他所說的情感主要是指那些混亂無序的情緒，它們在宗教儀式活動中會得到有效的控制，繼而與現實發生關係，促進人類生活中倫理規範的建立。[15] 在對巴厘人鬥雞儀式的分析中，格爾茨提出儀式是社會秩序的體現，這與特納的「反結構」概念剛好相反，格爾茨認為巴厘人的鬥雞是展現社會秩序的工具。在格爾茨這裏，世界依然是二元的，但二元之間已不再是對立，他看到了日常生活世界與神聖世界之間的互動關係。但是由於他對象徵符號體系的重視，這一點並未得到深入的闡發。

涂爾幹的儀式研究理論奠定了宗教儀式研究的情感維度，他在人的內在情感與外在社會團結之間建立起的深層關係，成為此後人類學儀式研究的基礎。但是，涂爾幹對凡俗與神聖的二元區分，以及以此為基礎對人的情感進行個體情感與集體情感的劃分，導致了凡俗世界和個體情感的被忽略、被壓制的狀態。雖然，特納和格爾茨對涂爾幹都有所突破，但是二者都未能從根本上走出涂爾幹的二元觀念。西和乞巧儀式中的獨特情感狀態至少為我們提供這樣一種思路：集體情感與個體情感是否只能是相互區隔地存在於兩種不同的社會空間之中？

三、社會生活的整體觀與情感表達的文化體系

西和乞巧儀式在情感上所表現出的雙重性，需要在其所處的整體社會生活中才能夠得到較好的理解。一個地方的社會生活的各個部分之間並不是分離的，而是構成一個相互嵌入的整體，對於部分的理解需要建立在一種整體觀之上。西和乞巧在本質上是一種民間宗教儀式活動。表面上看來，乞巧抽離了日常生活，這尤其體現在參與儀式的女性短暫地告別家庭生活，不再是誰的婆婆、母親、妻子或女兒，而也正是在這種抽離的同時，她們將日常生

活的情感維度帶入了乞巧儀式當中，她們會在「狂巧娘娘」的時空裏訴說在家庭生活中淤積的那些情感。乞巧儀式與日常生活之間是看似相互阻隔，實際上是相互沁入的關係，要更好地理解乞巧儀式，就需要從西和當地社會生活的整體觀出發，這種整體觀體現在幾個地方性概念上，分別是「狂」、「耍」和「心上」。

（一）一種「狂耍」的社會生活

「狂耍」是筆者根據西和人常說的「狂」、「耍」二詞的內涵總結出來的一個地方性概念。「耍」和「狂」一樣，包含玩耍、轉悠的意思，很多事情都可以用這兩個詞來指稱，二詞的使用主體也極為廣泛，男女老少都有使用的機會。不過，二者之間也存在一定的區別，比如社火裏的「耍老獅」、「耍老龍」就不能說「狂老獅」、「狂老龍」，再比如玩根雕、收藏或創作字畫，一般也只說「耍」不說「狂」。「狂」一般指群體性或具有社會性的活動，即至少有兩個或兩個以上的人參與其中的活動。比如，如果說一個小孩對家裏人說：「我出去狂一陣子。」那一定是去找同伴玩；西和人將小孩過家家的遊戲叫做「狂屋裏」；成年人在一起散步、聊天也可以叫「狂」；當地老少皆宜、參與人數較多的群體性的「狂」就是「狂社火」和「狂巧娘娘」了。[16]

總之，「狂」和「耍」之間的差異主要表現在前者偏重於強調詞語使用者即主體，而後者則偏重於詞語所涉的對象。「耍」是偏重物件的，諸如「老獅」、「老龍」、「根雕」、「字畫」、「古董」等等，都可以成為「耍」的對象。「狂」是偏重主體的，比如「唱山歌」、「嘮家常」、「打撲克」、「打麻將」等，強調一種必須有他人一起參與的群體性活動。一個人不能構成「狂」，但「耍」可以是個人性的行為。

但是從「耍」的物件以及「狂」的主體的心態上講，二者有着深層的一致性。「狂」和「耍」均有隨意、有意貶低的味道，因此，一般用於長輩對晚輩或者平輩之間，晚輩是不能說長輩「狂」或「耍」的。在當地人看來，「狂」和「耍」有玩耍、娛樂等含義，最重要的是，這些活動都具有一個共

同的特點，那就是這些活動都不是以賺錢為目的，甚至相反，有些「狂」、「耍」是需要花費物資的。另外，雖然「耍」的範疇更多指向的是個人性行為，但在文化的層面上，諸如西和人所喜愛的字畫、根雕、唱山歌等，這樣的個人性行為背後是有一種成熟深厚的觀念支撐的，這種觀念同樣支撐和涵蓋「狂」的內涵。筆者將這一觀念總結為一種「狂耍」的精神內涵，其中包含着一種非理性的社會生活方式和心態。

在西和的社會生活中，比較突出的「狂耍」就是乞巧和社火。這些活動都是以村為單位，而且具有較弱的約束性和較強的義務性。「村」在西和依然是一個非常重要的概念，是「狂耍」的社會基礎。較弱的約束性指的是乞巧和社火雖然有信仰的成分，比如乞巧是祭拜神靈巧娘娘的，社火是祭拜每個村的村神的，而且也有固定的儀式，但是一個村子這一年是否乞巧、狂社火拼不完全由其信仰的部分決定的，而主要由村民們的興趣、時間和物資上的條件以及外部的社會條件來決定。文革期間，西和乞巧一直在被嚴令禁止；新中國建立初期，西和社火的大部分傳統內容一度被秧歌取代。在外部條件允許的情況下，西和人還是非常熱衷於乞巧和社火的，這種熱衷是一種深深的不由自主的喜愛和為之沸騰的熱情。整體的社會生活並不僅僅是追求物質富裕和經濟增長這些可見的成就，同時也追求身體和精神上的休憩和閒暇。

（二）「心上」與「唱巧」

「心上」也是理解西和乞巧的一個重要的地方性概念，就是「心裏」、「心情」的意思；西和人很重視自己「心上」的狀態，他們有很多形容「心上」的詞語，諸如「暢快」、「亮清」、「熬嘈」、「卡人」、「潑煩」等。[17]「唱巧」是乞巧儀式的一部分，就是唱乞巧歌的意思，這裏的「乞巧歌」既可以是祈神類的，也可以是娛樂類的。「唱巧」是一項輕鬆愉快的儀式活動，時間和方式都比較隨意，一般都是在晚飯後，這主要是因為乞巧的女性們須忙完必要的家務活才能抽身出來。她們聚在一起隨性地選唱一些乞巧歌，有時也會排練一下新編的歌曲和舞蹈，唱累了，大家還會回憶起以往的乞巧時光以及

各自的趣事，也會相互間談論一下自己的煩心事。所以，常會聽到西和的女人們說「到巧娘娘這裏來唱一下，心上就亮清了」。

「心上」與乞巧之間正是通過「唱」這個行為得到了連接。實際上，「唱」在西和是一種非常強烈的情感表達方式。西和人愛唱山歌，在清晨的半山腰常常能遇到相約一起唱山歌的人，配有不同的樂器，偶爾也可見到伴舞的人。「唱」不單單是一種個人性行為，也是一種依託於文化的群體性行為。「心上」的各種狀況形成了迥異的心情，而這些心情都是源自於人事圍局；在「唱巧」的時候，雖然大家都一起唱着同一首乞巧歌、揮灑着同樣的舞姿，但是除了對巧娘娘的宗教情感之外，每個人所寄予的內心世界大多是不盡相同的，有的人想着自己與丈夫的不愉快、有的人想着與兒媳婦的矛盾，種種情緒湧上心頭。

「唱巧」是西和女性表達情感的途徑之一，乞巧更是這種情感表達的文化形式；它為當地女性提供了一種特殊的文化空間，能夠在其中表達平時淤積在心中的情感和情緒，因此，乞巧也是西和女性情感表達的一種社會機制。

（三）理解西和乞巧儀式中情感表達的地方邏輯

乞巧儀式中情感表達的地方邏輯深刻地蘊含在「狂耍」和「心上」這兩個地方性概念之中，「狂耍」和「心上」的內涵可以進一步延伸為四個層面。首先，「狂耍」和「心上」成為了西和文化中的精髓，反過來也說明了「狂耍」和「心上」在文化層面上所具有的歷史厚度，即它們是內在於當地文化傳統的。其次，「狂耍」是一種人的自主行為和實踐，是人在精神方面的本能需求在文化上的表現，飽含着人的能動性和創造力。第三，「狂耍」不僅僅是一種實踐，也是心靈上的逍遙，是人們在內心深處對生活中理性思維的排斥，這種理性思維時刻規訓着人們。第四，「狂耍」和「心上」共同構成了一種特殊的觀念，支撐了一種獨特的生活方式和心靈世界。

很顯然，「狂耍」與「心上」有着無法忽視和割裂的內在關聯。它們的合璧代表了西和人一種獨特的生活方式以及價值觀念，即過日子並非僅僅是

養家糊口、追求物質的豐裕，同時也要關心自己內心的狀況。對於內心感受的體悟，最終又訴諸於外在可見的行為活動，即「狂耍」。「心上」是對人的內在情感的描述和關照，同時又連接着人的行為；「狂耍」是對人的行為的描述，但最終關照的則又是人的內在心靈感受，即「心上」。二者的連接之處恰恰在於「狂耍」中所包含的人們對於生活的非理性方面的價值訴求。

「狂耍」與「心上」的這種內在關係，通過「狂巧娘娘」這個地方性說法深刻地體現在西和乞巧中。西和乞巧並不是與當地人的日常生活相分離的儀式活動，恰恰相反，它以靈活的「唱巧」方式以及儀式參與者自身的生活體驗，成功地搭建了儀式與日常生活之間的橋樑，使得當地女性在平時不能輕易表露的情感在乞巧中得到了酣暢淋漓的表達。正是這一點造就了西和乞巧儀式中集體情感與個體情感並存的狀態。

四、情感自覺與民間宗教儀式研究

所謂情感自覺，是指人自覺地認識到內心的情感以及日常或非日常中的情感體驗，是自身生命以及生命活動的重要組成部分，同時能夠關心自己的情感狀態，並找到表達和宣洩的出口。這一出口可以是個人性的訴說，也可以是群體性的文化表達。後者通常體現為較為成熟的文化模式，比如西和乞巧；這裏的個人性和群體性之間構成一種相互嵌入的關係，尤其表現為群體性的文化表達可以容納個人性表達。從外部環境上講，情感自覺的達成首先需要一個被承認的空間。民間社會中的情感表達機制以及文化形式一直以來都是被否定和壓制的。比如在近現代中國的幾次大型社會變革中，人的情感維度一直沒有被真正地認可和強調。縱使五四新文化運動期間以提倡戀愛自由和個體解放為口號，但是這一時期人們的情感以及情感表達並未受到真正地重視，而是變相地被變革傳統家庭結構與傳統文化的激情所替代。改革開放以來，政治意識形態式微，但人們卻即刻跌入了經濟理性的浪潮之中；國家追求經濟發展、GDP 增長，民眾也將物質追求置於最高的位置。

自五四運動以來，對於個人的解放伴生在革新傳統的過程中，傳統的大

家庭遂朝着核心家庭轉變，人們感受到傳統文化的禮儀規範對自己的約束愈發式微；尤其是改革開放以來，個人的表達愈發多元和奔放。但是，我們不能簡單地將這些視為個人自由的獲得，在此過程中，個人情感的表達也不是完全意義上的情感自覺。換言之，情感自覺並不僅僅是對外界壓制的一種反抗，亦有一種自我約束；反思社會決定論、反抗意識形態的壓制以及經濟理性的誘導，並不等於提倡毫無節制地釋放個人情感，比如故意觸犯法律、擾亂社會穩定、與他人為敵等等。因此，情感自覺不僅需要一個被承認的空間，同時，個人對於外在的社會、文化等群體性事物也需要持有一種尊重的態度，總之，情感自覺應該被視為個人和集體相互嵌入和融合的過程和結果。

其次，在民間宗教儀式研究中提倡一種情感自覺還在於反思儀式研究中一貫的一元論價值體系。這種一元論價值體系主要源自涂爾幹的儀式研究傳統。涂爾幹承認了世界的複雜性，並將之劃分為凡俗與神聖兩個部分，繼而在價值訴求上只承認神聖世界的積極意義；因此，涂爾幹雖然在思想上持一種二元論，但在價值觀念上實際上是堅持一種一元論，即他的社會決定論思想。一元論價值體系能夠建立起社會的主導思想，能夠讓民眾在心中建立一種強而有力的生命價值觀念，即認為甚麼是最重要的、甚麼是不重要的。比如，西和人認為「狂」和「耍」之事是不重要的，因為不能掙錢，甚至還要貼錢進去。筆者在田野調查中曾經問過西和人甚麼事情是重要的，他們說，人的一生中最重要的事情莫過於掙錢、養家糊口以及追求生活富裕。乞巧不僅不是養家之事，反而要出錢出力，所以說西和人常說乞巧是不重要的事情。西和人關於重要與不重要的區分是一種典型的理性主義觀念。「以生計為第一要義」曾一度成為諸多學者對中國社會和中國文化的表述模式，中國人也一直被表述為扎根於土地、只會勞作不講究情感表達的理性機器。但是在西和人的實際經驗上，他們又百般浸淫於乞巧這種不重要的事，不惜物力和財力，只因他們喜愛「狂耍」，也需要「狂耍」。

所謂情感自覺，也是要在這個維度上主張恢復被涂爾幹貶低的個體情感和凡俗世界的地位，以此對抗價值觀念的一元化。西和乞巧儀式中集體情感

和個體情感的融合、西和人在行動上對不重要之事的喜愛，以及包含着「狂歡」維度的社會生活，都說明了社會生活、人們的世界及其價值追求並非是單向度的。一旦打通儀式與日常生活之間的邊界，就會發現民間宗教儀式既是集體意義上的，也是個體意義上，只有在這個意義上，我們看到的儀式活動以及人們的情感表達才更為真實的，否則便可能是片面化的。

第三，對情感自覺的強調還在於補充民間宗教儀式研究中情感的多重維度。涂爾幹所建立的儀式研究的情感維度有着重要意義，即承認了情感是人性的重要組成部分，同時人的情感維度對外在的社會團結也具有積極的意義，可以說，情感是人之為人的必要條件。但是，涂爾幹也指出了積極的情感僅僅是集體情感，人的個體情感不僅不具有積極意義，有時甚至會起到消極的作用，因此，個體情感是要受到控制的。涂爾幹雖然承認了情感的重要性，但同時也發展出一套情感控制的理論。情感確實需要有區別地對待，比如蓄意攻擊他人和群體的情感、分裂國家和社會的破壞性情感等，都必須時刻警惕與控制。但是，涂爾幹從社會團結的角度完全否定個體情感的做法，顯然有些籠統和片面，個體情感和日常生活是人們放置自身意義最基本的範疇，它或許對社會團結不構成直接的積極作用，但是它對個人和家庭而言是不可缺的組成部分。

第四，對邁向情感自覺的民間宗教儀式研究的提倡，就是想強調要將人作為更為真實的存在來看待。所謂「更為真實的存在」，體現在生命活動不同維度的意義上，體現在他們具體的日常實踐和行動上，也體現在他們諸多的集體活動上 —— 簡單而言，便是體現在他們自己所認為的一切有意義的生命活動上。反過來，這些生命活動因受到他們重視，從而產生一系列文化形式、社會制度、社會習俗等可見和不可見的形式。可以說，在涂爾幹所建立的儀式研究的情感路徑中，人都是被片面地承認：要麼是積極的集體人，要麼是反抗的個體人，而這兩種都不是人真實存在的狀態。宗教儀式的空間與日常生活之間的邊界，並不是完全如涂爾幹所言是相互隔絕的，涂爾幹認為日常生活是乏味的、毫無意義的；但是我們應該明白他當時所面對的社會現實是戰爭後的法國，是一種鬆散的社會狀態，他所集中思考的問題是如何

讓法國社會盡快進入有序的社會狀態之中，因此，他偏向於在人性中尋找把人們凝聚起來的力量。不過，這種思想並不能因其經典而固化，面對不同的經驗現實，這種理論已然或多或少地失去其解釋力。在當下的時代，我們很難再強調人的意義僅僅在於集體性和社會性，很難再去貶低個人性的一面。一個步向更加成熟的、更加文明的社會，應該是逐漸將公民視為完整的人的過程，即能夠將人視為真正的主體並作為一種社會理想來實現，而不是將人進行片面的處理。

民間宗教的情感路徑需要加入情感自覺的維度，民間宗教儀式不僅僅是理性化的集體意識的外化，也包含着非理性化的生活碎片。當中既包含系統化的情感表達，也包含點點滴滴的日常情緒。人是多面的存在，這種多面因其不同的境遇而生，一旦我們將評價標準置於人自身的具體情境，就很難用唯一的標準來衡量和評價哪一面是最有意義的。換言之，涂爾幹傳統裏的一元論價值體系是建立在一種外化的評價標準之上的，雖然涂爾幹找到了外在社會團結的內在動因，即人的情感維度，但是，他所作出的價值判斷都是外在於人的。

因此，本文所提倡的情感自覺還在於一種內在於人的研究視角，即從活生生的人的角度出發來理解和體驗他們的情感世界。總之，只有像西和乞巧這樣的儀式活動及其文化形式在外部環境中得到真正的尊重和承認，人們才能夠在其中更為順暢地達成情感的自覺，人們才是情感的主體，才能夠成為真正的社會主體。

注釋

1. 原文發表於《民族藝術》，2015 年，第 6 期，本文在原文基礎上有所改動。

2. 2009 年 8 月 13 日至 2010 年 9 月 6 日，我在甘肅省東南部的隴南市西和縣城做田野調查，兩個月的預調查之後，我便一直住在縣城北關村的一戶人家，北關村成為我在西和參與觀察的主要社區。就像八百里秦川的縮影，西和小城也是在群山之中一塊相對寬廣些的平地上發展起來的聚居地；恰似一條南北飄起的絲帶，西和縣城南北走向，東西兩旁依山而立，分別有隸屬道教的朝陽觀和佛教的白靈寺，西漢水的支流「漾水河」穿城而過，與白水河在城北相遇。小城內的廟宇包括，東面觀山上的朝陽觀、西山陣城上的白靈寺、北關的泰山廟、南關的城隍廟、大水街的天主教堂和基督教堂、北關裡的清真寺。現在，西和除了部分的回族和白馬藏族之外，大部分都是漢人，總體上是一個漢人社會。

3. 西和乞巧是以村社為單位、基於對女神巧娘娘的信仰而產生的女性傳統節慶儀式活動；時間為陰曆七月初一至初七子夜，若算上之前的準備階段，先後有一個月左右的時間。乞巧儀式主要包括兩個部分，一個是儀式籌備，包括選址、起會、生巧芽、練習歌舞、身體裝飾以及「挑巧娘娘」（即到當地紙貨鋪裏購買一個巧娘娘像的意思）；一個是乞巧儀式過程：「接巧娘娘—祭拜巧娘娘—唱巧—跳麻姐姐—行情—迎水—辦會會—照花瓣—送巧娘娘。」

4. 「巧頭」，西和方言，即乞巧儀式的組織者。「乞巧歌」，即進行乞巧儀式時所唱的歌，乞巧歌是西和乞巧儀式的重要組成部分。

5. 「狂」，發音為「kuang」（上聲）。目前，西和當地對於這個音的字形究竟該取哪種存在着兩種觀點，一種觀點主張用現代漢語中的「逛」字，偏於表義，《西和縣志》中便用「逛」字；另一種觀點認為「狂」字合適，既可以記音又可以表義。在與他們的討論中，筆者傾向於第二種觀點，認為「逛」字不能涵蓋 kuang 的意涵，而選用「狂歡」中的「狂」字。

6. 「心上」是心裏面、心情的意思；「亮清」指光線好，心情不錯。「心上亮清」就是心情很好的意思。

7. [法] 愛彌爾·涂爾幹著，渠東、汲喆譯：《宗教生活的基本形式》（上海：上海人民出版社，2006 年），頁 81。

8. 同上，頁 85。

9. 同上，頁 161。

10. 同上，頁 209。

11. 同上，頁 329-330。

12. 同上，頁 400。

13. [英] 維克多·特納著，劉珩、石毅譯：《戲劇場景及隱喻：人類社會的象徵性行為》（北京：民族出版社，2007 年），頁 328-331。

14. Geertz,C.Person, Time, and Conduct in Bali, in *The Interpretation of Cultures. Basic Books*, 1973, P. 250-251.

15. [美] 柯利弗德·格爾茨著，王海龍、張家瑄譯：《地方性知識：闡釋人類學論文集》（北京：中央編譯出版社，2000 年），頁 121。

16. 在西和，「社火」的參與成員均為男性，乞巧的參與成員均為女性，可以說，社火和乞巧

分別是西和男性和女性祈神娛樂性集體活動。

17　暢快：心情舒暢；亮清：高興、心情很好；熬嘈：煩心；卡人：過意不去；潑煩：不開心。

第十六章｜織女、七娘媽、月老與
當代台灣七夕節日文化

台灣大學中文系教授｜洪淑苓

在民俗節慶活動中，七夕（農曆七月七日）這個節日因為牛郎織女於七夕相會的愛情故事而特別引人注意。七夕習俗由最初的觀星祈願、穿針乞巧、乞巧會等，衍生了許多活動，在台灣則有拜七娘媽、「做十六歲」[1] 的習俗，近年來更有拜月老的活動，可見隨着各地風俗的不同，七夕的主要活動與精神象徵已有所轉變。台灣民間長久以來把七娘媽與織女神的信仰混同在一起，使七娘媽的稱呼勝過織女神，形成普遍的意識，具有民間信仰在地化的特色。至於請月老則是二十一世紀新興的風氣，並且有愈來愈興盛的趨勢。針對古代七夕習俗的演變、七娘媽信仰的形成作一考察，並針對近年來台南七夕民俗活動加以觀察與評論，能為傳統民俗與現代社會如何結合與創發提供參考。

一、中國古代文獻中的七夕習俗

有關牛郎織女的故事和七夕習俗的研究，筆者的《牛郎織女研究》已經做過相當全面的考察，[2] 以下撮舉其要點，以陳述七夕習俗的演變：

（一）織女的神職、七夕祈願與乞巧會

首先看織女的神格與神職，因為無論在七夕習俗或是牛郎織女的故事中，織女的地位一向高過牛郎，是受人注目的焦點。從《史記・天官書》云：「織女，天女孫也。」可知織女為天帝之女孫，有帝王血統的高貴身份，掌管的是絲織的事。有關織女與天帝的關係，後來的資料都說織女為天帝之女，例如《晉書・天文志》就說：「織女三星，在河北天紀東，天女也，主果瓜絲帛珍寶。」「主果瓜絲帛珍寶」的信仰，可見織女神具有多重、綜合

的神職，符合人們祈求豐收、財富等的願望。而七月初七這個節日，在魏晉以前本是個多元化的節日，有降真會仙、曬書曬衣和作藥等習俗，直到魏晉時代牛郎織女的故事開始流傳，形成「七夕兩星相會」的說法，才逐漸興起七夕觀星祈祝、穿針乞巧的習俗，進而有以女性參與為主的「乞巧會」。譬如南梁朝人宗懍《荊楚歲時記》：

> 周處《風土記》曰：七月七日，其夜，灑掃庭中，露施几筵，設酒脯時果，散香粉於筵上，以祀河鼓、織女，言此二星神當會。守夜者咸懷私願，或云見天漢中有奕白氣，或光耀五色，以為徵應，便拜得福。[3]

隋代杜台卿《玉燭寶典》亦云：

> 《風土》曰：夷則應履曲七，齋河鼓。禮元谷注云：七月俗重是，其夜，灑掃於庭，露施几筵，設酒脯時果，散香粉於筵上，熒重為稱，祈請於河鼓（注：《爾雅》：今河鼓謂之牽牛）織女，言此二星當會。守夜者咸懷私願，或云見天漢中有並正白氣，如地河之波，漾而輝輝，有光耀五色，以此為徵應。見者拜而願乞富乞壽，無子乞子，唯得乞一，不得兼求。見者三年乃得言之，或云頗有受其祚者。[4]

「咸懷私願」的意思，似乎是說任何願望都可以祈求；「見者拜而願乞富乞壽，無子乞子」，就比較明確地說出財富、長壽與子嗣相關的願望，但也僅限於一種，不可兼求。這三個願望是人之常情，但比起官方的《晉書‧天文志》「果瓜絲帛珍寶」之說，民間在七夕時對織女神的祈祝，已經多出了祈求子嗣的特點。《荊楚歲時記》也記載當時七夕風俗：

> 是夕，人家婦女結彩縷、穿七孔針，或以金銀鍮石為針。陳瓜果於庭中以乞巧，有喜子網於瓜上，則以為符應。[5]

可知魏晉南北朝流行的是穿針乞巧、看喜子結網作為吉兆符應；「喜子」

就是蜘蛛，從「喜子」之名也可了解其中暗喻的祈子之意。到了唐宋時代，七夕的節日活動更為多彩多姿，此由南宋孟元老《東京夢華錄》所載的七夕習俗可證。其中，有關七夕時擺設泥偶「摩睺羅」的習俗，也可能和祈求子嗣有所關聯。而唐人陳鴻《長恨歌傳》說，「因仰天感牛女事，密相誓心，願世世為夫婦」，五代後周的王仁裕《開元天寶遺事》又記，唐明皇和楊貴妃於七夕時「求恩於牛女星」等，也可能為後世把七夕習俗、織女信仰和愛情產生關聯，奠定了基礎。[6]

從以上的敘述可以了解，七夕習俗以及對織女神的信仰一直兼顧多種內涵，既有乞巧的遊戲，也有祈求子嗣的祝願。進入明清時期，各地七夕習俗偏重的活動不一，在華北各地的方志，常見乞巧會、女兒節的記載，也就是維持較古老的穿針乞巧的活動，而所謂女兒節則是邀請出嫁女兒回娘家過節，凸顯了七夕是個女性節日的特質。[7]以下從《中國地方志民俗資料匯編》略舉數則文獻資料：[8]

> 七月初七日，俗稱牛郎會織女。閨人盛陳瓜果、酒餌，邀請女眷作「乞巧」，曰「女兒節」。是夕，以碗水曝月下，各投小針，浮之水面，徐視水底月影，則散如花，動如雲，細如線，粗如槌，因以卜女之巧拙。

（天津市《天津志略》二十卷，民國二十年鉛印本《匯編・華北卷》，頁五三）

> 宮廷宰輔，士庶之家，咸作大棚，張掛七夕牽牛織女圖，盛陳瓜果、酒餅、蔬菜、肉脯，邀請女流作「巧節會」，稱曰「女孩兒節」。占卜貞咎，飲宴盡歡，次日饋送還家。

（北京市《順天府志》一百三十卷，清光緒二十八年重印本《匯編・華北卷》，頁五）

> 七月七日，為「女節」。用盎盛水曝日中，水面生膜，投以小針，謂

之「丟巧」。

（北京市《通州志》十卷，清光緒五年刻本，《匯編‧華北卷》，頁二七）

七月七日，時新嫁女多歸寧，以相饋遺。

（上海《紫堤村志》八卷，一九六一年鉛印本，《匯編‧華東卷上》，頁一三）

七月，孟秋月七月七夕，新婦歸寧。

（山東《歷城縣志》十六卷‧民國二十九年影抄本，《匯編‧華東卷上》，頁九四）

（二）七夕習俗的象徵與女性節日之關聯

民俗節日的習俗常常具有叢結的現象，也就是有許多活動混雜在一起，然後逐漸聚焦，形成某個象徵的意義。就七夕而言，從魏晉以後，與道教有關的降真會仙等信仰慢慢淡化，而對於和牛郎織女相會有關的習俗則成為主流。然而對於七夕這個節日的象徵意涵，學者也有不同的詮釋。譬如何根海〈「初七及下九　嬉戲莫相忘」的文化讀釋〉一文，藉由《孔雀東南飛》詩中的「初七及下九，嬉戲莫相忘」句子指出古代每月初七、十九日為陽會日，女子可暫時放下女紅之事，與女伴同玩藏鈎遊戲。但這是古代以陰會陽之日，祈求子嗣的信仰遺蹟：

　　漢時婦女陽會日置酒藏鈎追逐嬉戲應是上古陽會日風習的潭留，周商之前，每月「初七」「下九」的陽會日應是女子以陰會陽之日，是男女間的生殖交媾日，其最初的心理動機是通過每月兩次的古老「情人節」來實現男女交合祈子求嗣，增加家庭、宗族的人口和勞動力，後逐漸蔓衍遞變

為女子甚至是叟嫗兒童等參加的競取巧智藏鉤嬉戲等民俗節日。……

　　到南朝時期，出現了有關七夕「乞巧」的記載，「乞巧」活動的出現，是七月初七陽會日的變形、泛化與世俗化的一種反映。……南朝以後，人們遂將每月初七陽會日與牛女七夕神話相聯結相疊合，「初七」漸漸變成了「七夕」的特質。[9]

　　筆者在〈織女信仰與女性民俗文化 —— 兼及七夕詩文的性別批評〉則認為七夕可稱為女性專屬的民俗節日，[10]女性對織女神的崇拜，以及相關的種種習俗，譬如穿針、乞巧、染指甲、邀女兒回娘家等，在在說明這是個與女性密切相關的日子：

　　　我們更肯定地說，織女信仰與七夕習俗是屬於女性的，而且具備意味深遠的女性同盟之意義：因為在女神與女性信徒之間，織女獲得人間女性的充份信任，而向她祈求女性的願望：穿針乞巧、染指甲、沐浴、淨面等習俗是女性專屬的活動，且這些活動本身也是女性屬性的，當多數的女性在七夕這天一起從事此類活動，便構成了強大有力的象徵，代表女性集體欲求的公開化，在民俗活動中宣示女性主體性的存在，而不再只是日常生活中家務勞動的隱形人而已。女性在乞巧活動與乞巧會中所體會的是，女性找到歸屬的信仰中心，彼此分享喜樂怨嗟：這是小我的感性，也是大我的性別政治 —— 藉由與男性的隔離與女性情誼的交流，在民俗節日的歷史中，女性找到自己的位置。[11]

　　是故，從古代文獻來看七夕習俗，可以掌握的是穿針乞巧是一個重點活動，它提供女性在節日聚集嬉戲、聯誼的功能，乞巧會、女兒節的色彩十分鮮明。至於在向織女神祈祝的內容之中，有關婚姻和子嗣這部分的訴求，在古代文獻中並沒有看到比較明顯的記載，也許這是深藏於女性的內心，可以默默向織女神請託，但織女神在這方面終究沒有被賦予像月老、注生娘娘那樣鮮明的神職。至於織女神被轉化為七娘媽，並具有保護兒童的神職，其間的演變，或許可以從台灣的七夕習俗去探討。

二、台灣傳統七夕習俗與七娘媽信仰

（一）「七娘媽」之名的出現

　　早期台灣的居民多由福建漳、泉移民過來，因此許多信仰、習俗也受到福建閩南的影響。但就所見官修的府志資料，有關福建七夕習俗的記載，最初並未有七娘媽的稱呼，推測這應是民間興起的說法，所以到較晚的官修方志或文人筆記才出現「七娘」、「七星娘」的名稱。譬如以清康熙三十三年（一六九四年）高拱乾編修的《台灣府志》、乾隆五、六年（一七四〇──一七四一）間劉良璧重修的《重修福建台灣府志》以及乾隆十一年（一七四六）范咸重修的《重修台灣府志》三本府志來看，[12] 高志記載：

> 七月七日，是夕人家女兒羅瓜果、線針於中庭，為乞巧會。

　　可見清初官志尚無「七娘媽」的說法，七夕活動也以乞巧會為重點。但劉志卻出現了「七娘壽誕」的說法：

> 七月七日，曰七夕，為乞巧會。家家晚備牲禮、果品、花粉之屬，向簷前祭獻，祝七娘壽誕，畢，則將端午男女所繫五彩線剪斷同焚。或曰魁星於是日生，士子多於是夜為魁星會，備肴歡飲。村塾尤盛。

范志則更詳細：

> 七夕，呼為巧節，家供織女，稱為七星孃。紙糊綵亭，晚備花粉、香果、記記縷剪斷，同花粉擲於屋上。食螺獅，以為明目。黃豆煮熟洋糖拌裹及龍眼芋頭相贈貽，名曰結緣。（「赤崁筆談」）士子以七月七日為魁星誕日。多於是夜為魁星會，備餚歡飲。村塾尤盛。（「舊志」）

　　劉志和范志的編修時間相差僅四年，因此有可能參考了相同的資料來

源。而由范志所引，可知祭七星娘的儀式記載，出於「赤崁筆談」。「赤崁筆談」乃出自黃叔璥《臺海使槎錄》卷一至四，其風俗篇有云：

> 七夕呼為巧節，家供織女，稱為七星娘。紙糊彩亭，晚備花粉、香果、酒醴、三牲、鴨蛋七枚、飯七碗，命道士獻祭，畢，則將端午男女所結絲縷剪斷，同花粉擲於屋上。[13]

清康熙六十年（一七二一），黃叔璥因朱一貴之亂調駐台灣，《臺海使槎錄》可視為他在台灣兩年的台灣采風錄，他記下了民間的風俗，而後也被乾隆時期官修的府志採納。

但是查詢福建漳、泉的府志，在乾隆時期修訂的《泉州府志》和《漳州府志》卻未見相關記載，仍是沿用天孫、乞巧之說：

> 七夕乞巧，陳瓜及粿，小兒拜天孫，去續命縷。（《泉州府志》）[14]

> 七夕，女兒乞巧，持熟豆相遺，謂之結緣。（《漳州府志》）[15]

因此，若說台灣的七夕風俗是跟隨泉州、漳州移民而傳到台灣，那麼七娘媽的稱呼和信仰，極可能是在民間流傳已久，官修漳、泉方志卻一直未將之列入，直到流傳到台灣以後，民間益發盛行，才被黃叔璥采風記下，而後又被官方收錄。

但為何民間把織女神稱為七娘媽，目前尚無確切的推論，比較常見的說法是和牛郎織女故事相關。眾所周知，牛郎織女故事說的是天上的織女下凡，和人間的牛郎相識相愛，但最後被玉皇大帝拆散，兩人分處銀河的兩岸，只能在每年七夕渡河相會。各地流傳的故事情節不一，有的會說兩人生下兒女，因此牛郎是帶着孩子守在銀河的這邊。也有的故事增加了喜鵲傳錯話的情節，指喜鵲因此被罰在七夕這天為牛郎織女搭橋，以便他們可以渡河相會；而有的故事則說喜鵲是自願為兩人搭橋。然而隨着牛郎織女故事的發展，不僅有董永與七仙女的情節匯入，[16] 原本以男女愛戀為故事骨幹，也增

加了生兒育女的情節，而女主角織女對於兒女的疼惜之情，無形中也和七娘媽的信仰結合，織女和七娘媽形象合一，成為保護兒童的母神。這是由婁子匡先生首先提出的，他甚至認為神禡中的七仙女圖像，抱着幼兒的那個，就是織女娘娘，人稱她七娘媽。[17]

另外的說法是，七星娘、七星娘娘是指北斗七星的配偶神。北斗星神主掌人間的生死，具有消災解厄的職掌，而他的配偶七星娘娘若是司育兒之職，和生命密切相關，似乎可以說得通。[18]但這只是猜測，尚無具體的資料可以佐證，而且北斗星君的祭典是獨立進行的，有關他的傳說也未曾見和七星娘娘聯結，為何要另外供奉其配偶神七星娘娘，很難進一步推想。因此，織女神被稱為七星娘娘、七娘媽，或許真的是閩南一帶的特殊用法，而台灣的民間信仰更把它發揚光大，[19]成為保護兒童的育兒神。

（二）「做十六歲」之禮的記載

上述的方志記載，都沒有跟「做十六歲」有關的內容。到了清光緒年間的《安平縣雜記》，才指出家有十六歲子者，在七夕晚間必須準備七娘媽亭祭拜：

> 七月七日，名曰七夕。人家多備瓜、糕餅以供織女（稱曰「七娘媽」）。有子年十六歲者，必於是年買紙糊彩亭一座，名曰「七娘亭」。備花粉、香果、酒醴、三牲、鴨蛋七枚、飯一碗，於七夕晚間，命道士祭獻，名曰「出婆姐」。言其長成不須乳養也。俗傳：男女幼時，均有婆姐保護。婆姐，臨水宮夫人之女婢也。臨水宮夫人，陳姓，名進姑，福州陳昌女。生於唐大曆二年。嫁劉杞。孕數月，脫胎祈雨。卒年二十有四。訣云：「吾死後必為神，救人產難。」以故台南亦奉祀甚虔。廟在今之東安坊山仔尾旁。列泥塑三十六婆姐像。有初生子女者，多到廟虔請婆姐回家供祀。子女長大，然後送回。故雖有泥塑三十六像，無一存在，廟中僅存留壁間畫像而已。又士子以七月七日為魁星誕，多於是夜為魁星會。各塾學徒競鳩資備祭品以祀，亦有演戲者，歡飲竟夕，村塾尤甚。是日，各塾放假，學徒仍呈節敬於塾師。

連橫《台灣通史》卷二十二也有兩則資料提到十六歲者於七夕祭織女，形同成年禮：

> 富厚之家，子女年達十六歲者，糊一紙亭，祀織女，刑牲設醴，以祝成人，親友賀之。入夜，婦女陳花果於庭，祀雙星，猶古之乞巧也。

> 成人之禮，男冠女笄，台灣多以婚時行之。唯富厚之家，子女年達十六歲者，七夕之日，祀神祭祖，父師字之，戚友賀之，以紙製一亭，祀織女，以介景福。

從連橫的記載，可看到台灣民間原本把成年之禮和婚禮合併舉行，這應有經濟上的考量，但富有之家則可以分別舉行，於十六歲這年的七夕這天祭祀織女，作為成年禮。在七夕這天「做十六歲」的習俗，民俗學家朱鋒〈台南的七夕〉一文有更詳細的記載：

> 七夕亦稱乞巧節……現在台南，只剩婦女們此夕在庭裏供牛郎織女，期乞巧針，已成為另一種行事了。

> 此日俗為七星娘娘（俗叫做七娘媽）的壽誕。崇奉此神的本市中區開隆宮……全市的婦女們都遠道而來，虔誠地燒香禮拜，一心一意，求子女的成長。

> 除了前往開隆宮之外，各家庭都備辦了豐富的牲禮，於下午在廳堂致祭七娘媽，尤其是家有十六歲子女的家庭，特別隆重地舉行了成年大典禮。除了應備祭品之外，又從糊紙店購買了一座華麗的「七娘媽亭」，與各親友送來的禮品合在一起致祭……

> 「做十六歲」典禮，已有百年左右的歷史了，最初發源於本市西區一帶，現在已經普遍到全省。本來因為西區方面有五條小港，而居住各港的五大姓的勞動者，各佔一港，為沿港岸的各進口的行郊，以搬運負物為生活。……子弟既長成十六歲時，若在富裕的家庭，尚雇人豢養，但在勞動者的家庭，已跟著爸爸到埠頭當小苦力了，這已成了家庭經濟的幫手，多少賺些錢，減輕父親的負擔，所以他們認為十六歲為成丁，於此日舉行隆重的典禮。

> 這種習俗，不久由城西傳入城內，由勞動者傳入一般家庭，再由本市

傳至南部一帶而普遍至全省，最後由男子傳入女子，現在已演變為本省共通的成丁典禮了。[20]

朱鋒的文章發表於一九五〇年八月二十日的《中華日報》，他所說的百年左右的歷史，往上推也差不多是清代中葉以後的時間，換言之，根據他的理解，「做十六歲」的風俗流傳到台灣，也差不多是這樣的時程。朱鋒更具體的寫下了開隆宮「做十六歲」的祭典，以及由城西五條港地區傳入城內，終致全省風行。而參與者也從窮苦勞動的人家擴大為一般家庭。在朱鋒的詮釋下，「做十六歲」的原始意義是經成年禮而升格為成丁，青少年人可以投入到勞動市場。[21]這和連橫說的富有之家始能在七夕舉辦「做十六歲」成年禮的說法有所不同，但仍可見台南七夕的「做十六歲」習俗，相當普遍，而且深深存在於民眾的記憶之中。

然而，傳統儒家以「男子二十而冠，女子十五而笄」為成年禮，為何閩南、台灣是以十六歲為成年？彭美玲〈台俗「做十六歲」之淵源及其成因試探〉曾就江浙與福建沿海的縣市方志考察，發現東南沿海的地方確實有以十六歲為成年的習俗。[22]因此，七夕「做十六歲」的習俗，應該就是在原有的七夕拜七娘媽的習俗上，加上「做十六歲」成年禮，兩者結合，成為台南七夕的特有習俗。但隨着移民和開發，在中台灣和北台灣也都盛行一時，至少在八十年代初，各縣市的風俗志都有相關的記載。[23]

據吳瀛濤《台灣民俗》所載，七夕拜七娘媽的供品和儀式如下：

是日，家家戶戶，為祈求子女長大，祭拜七娘媽。並於黃昏，在門口，供拜軟粿（湯圓之一種，湯圓中心以指壓凹者）。並為祈求多孫，供拜圓仔花（千里紅）、雞冠花，或供茉莉花、樹蘭花、柴指甲花（鳳仙花）等香花。另供生果、白粉、造花、胭脂、雞酒油飯（糯米飯、胡麻油、酒、雞等合煮者）、牲禮等物。家有成年者，特供粽類、麵線，七娘亭（色紙製，二尺多高亭座，擬為七娘媽神居）盛祭。祭後，燒金紙、經衣（印有衣裳之紙），同時將七娘媽亭焚燒供獻，此稱「出婆姐間」，其

意表示兒子成年。婆姐，傳為臨水宮夫人女婢。拜後，並將生花、白粉、胭脂，投擲於屋上。[24]

這些儀式與供品，或許隨着時代流傳而有所出入，或是各家豐儉不同，但大致上都顯現了和祈求多子多孫、生殖崇拜有關，而白粉、胭脂等物，則和所祀者為女性神有關，共同塑造了七娘媽信仰的圖像。

三、當代台灣七夕節日文化的幾個面向

（一）被創造的民俗 ── 廣告公司創造了「中國情人節」

從古代的七夕乞巧，到七夕拜七娘媽的習俗，其中歷經了不同的時間與空間的變化。而拜七娘媽習俗流傳於閩南與台灣，台灣的台南至今也仍保存「做十六歲」的習俗。然而不知何時起，七夕是「中國情人節」的説法興起，甚至一度蓋過「做十六歲」的習俗，使人以為七夕就是要看銀河中牛郎織女相會，期待浪漫的七夕雨，像牛郎織女一樣，有情人終成眷屬，生生世世為夫妻。

若是要從民俗節日中找一個情人節，正月十五日的元宵節應是最佳的選擇。因為月圓人圓，元宵節是少數幾個古代婦女可以外出的日子，當婦女到街上看燈，「月上柳梢頭，人約黃昏後」，紅男綠女，也可能製造邂逅的機會；有不少小説、戲曲故事即是以元宵節為背景，發展出動人的愛情故事。[25]但為甚麼是七夕被選中為「中國情人節」？為了追探這個説法的起源，筆者依循自己的記憶，應是在上世紀七十年代的某個七夕前，筆者十來歲時，依稀記得曾經看到報紙上刊登大幅的廣告，上面寫着「願天下有情人皆成眷屬」。經過努力的搜尋資料，拜今日網絡發達之賜，終於找到一則部落格裏的文章 ──「馬可汀的湖説」部落格，〈一個行銷活動創造一個文化：中國情人節之父 ── 陳和協先生〉記載了相當完整的來龍去脈。該文一開頭即指出，七夕本來沒有「中國情人節」的説法，是一九七九年由國華廣告公司

陳和協提出來的一個活動構想，而後蔚為風潮。當年二月，陳和協鑒於二月十四日是西洋情人節，於是和公司同仁醞釀把有牛郎織女愛情故事的七夕定名為中國情人節。因農曆七月俗謂鬼月，有許多禁忌，譬如不宜婚嫁、出遊等，而這往往也會影響到經濟活動，連帶還影響廣告公司的業務，因此他們一方面想履行破除迷信的社會責任，另一方面也想藉活動來刺激商機。經過周密的籌劃，他們開始招集廣告公司的業務，並規劃主題與一連串的活動。主題的設計是：

> 在活動主題的設定上，由於當時正值台灣經濟起飛階段，由戀愛而結婚的比率加速增加，也因為工作壓力和社會快速變遷，使得男女的愛情觀念也受到影響，對於家庭和伴侶的重視程度日益淡薄，因此活動對象及活動主題不僅考慮未婚情侶，也認為應該涵蓋已婚夫婦，所以活動主題就定為「願天下有情人終成眷屬」、「願眷屬都是有情人」。

相關活動則從暖身活動開始，於八月三日、四日邀請雜誌、廣播的記者召開說明會；八月二十四日又在北六福客棧舉行記者會，公開向大眾說明活動意義，並邀請破除迷信、將在農曆七月結婚的七對佳偶出面與大家見面，引起大眾的注意。到了八月二十六日則在台北市榮星花園舉行「中國情人節民俗遊覽會」，當天為七對佳偶舉辦結婚典禮，也邀請婚紗、嫁妝行等各類廠商參展，又舉行民俗歌謠演唱會、婚俗大展、情書大展、地方戲曲、牛郎織女傳說展、七世夫妻中國情人故事大展等活動，據估計當日遊客超過三萬五千人，為該園歷年來新高。到了八月二十九日，也就是農曆七夕當天，國華廣告製播長達一小時的「中國情人節」特別節目，於晚間十時十五分在華視電視台播出，收視率高達 15.8%，成功地推動了「中國情人節」。[26]

如同霍布斯邦在《被發明的傳統》的〈導論：創造傳統〉說，「那些看似古老或自稱古老的『傳統』，經常是源自近期，有時候甚至是人為創造的。」而創造傳統的方式有兩種，一是出於刻意創造、建構而成，一是在一段短時間內（或許只要三、五年）無形中形成。「被創造的傳統是對新時局

的反應，卻以與舊情境相關的形式出現，或是以類似義務性質、不斷重複的方式建立自己的過去；一邊是現代世界的經常性變動與創新，另一邊是在社會生活中盡可能維持現狀的企圖。」[27]

　　從以上的記述看來，七夕變成「中國情人節」，確實是個被創造出來的民俗活動。七夕流傳的牛郎織女故事，當然有可能成為情人節的基因，但是傳統一直未曾把幸福愛情、美滿婚姻的祈願明朗化，反而是採取默默祝禱，在向織女「乞巧」、看蜘蛛結網「觀巧」之中，悄悄許下小兒女的心願。這就好像其他私密儀式，如在月下焚香祈祝好姻緣，或是元宵夜「偷挽蔥，嫁好尪」，在在說明了中國式的心靈思維，不是公開自己的情感欲望，而只能低調祈求。因此，廣告公司以西洋情人節為觸發點，選擇七夕為「中國情人節」，正是掌握了牛郎織女的愛情故事中素來流傳久遠、淒美、浪漫的氣氛，那打動了千百年來多少有情人的心靈！加上時代的轉變，人們可以自由戀愛，不再是遵循媒妁之言，因此對情感的需求更強化，但相對也產生新的問題。廣告公司在商業利益的考量下，加上破除迷信、改善社會風氣的包裝，以「有情人終成眷屬」、「眷屬都是有情人」為主打標語，果然達到了效果，甚至可以說超出預期，創造了一個民俗節日的象徵精神和活動意義。

　　「中國情人節」的影響是此後七夕是情人節的口號卻愈喊愈響，加上商業促銷「浪漫七夕，燭光晚餐」的策略，原本拜七娘媽、成年禮的禮俗逐漸式微。而可注意的是，八十年代起中國大陸改革開放之後，以及聯合國二〇〇三年開始宣告「非物質文化遺產保護公約」，中國大陸也在二〇〇四年跟進，因此傳統的民俗節慶也有漸漸甦醒的態勢；而七夕這個節日很明顯就是被當作「中國情人節」來宣傳、行銷，鮮花、禮物、大餐的廣告滿天飛，極其熱鬧。就算是官方有意從牛郎織女傳說的流傳去做文史的考察，也還是要加上「中國情人節」的包裝，吸引更多青年男女參加活動，增添人氣。[28]如此看來，一九七九年七夕台灣廣告公司的創發，不僅打響「中國情人節」的招牌，也影響了後來華人世界的七夕活動。

（二）從「七夕十六歲藝術節」到「打造愛情城市」——台南七夕活動與象徵精神的轉變

　　隨着「中國情人節」的興盛，「做十六歲」的習俗似乎逐漸被淡忘。但官方倡導文化活動的政策，卻令七夕的活動開始出現不同模式，台南的七夕活動是個很好的範例。

1.「2007 府城七夕十六歲藝術節」的活動內容與象徵精神

　　台南是文化古都，市區內有相當多的寺廟，民間的生活中仍然維持傳統民俗的風味。自一九九七年起，由台南市文化局負責規劃「台南七夕節」，二〇〇二年再將其提升為「七夕國際藝術節」，二〇〇六年起，又改稱「府城七夕十六歲藝術節」，加強「做十六歲」的習俗意義。這一系列的活動，不僅是官方主導，同時也有很多民間團體參與，各自負責一部份的活動與經費，顯現了台南人對於這個活動的重視和支持。

　　這類活動會在七夕的一至兩週期間舉行。活動的主要項目是「做十六歲」，也就是以當地的廟宇為中心，如開隆宮、武廟、天后宮等，舉行七夕拜七娘媽，或是「做十六歲」的儀式。此外，每年也有不一樣的表演藝術節目，以熱鬧快樂的氣氛帶動觀光的人潮，之前曾經舉行過的活動有國際鼓樂、國際青少年熱門音樂、少年成長營等等。[29]

　　筆者在二〇〇七年七夕（八月十一日）曾親自到台南考察這樣的模式，對於其中幾個活動印象頗為深刻：

（1）以「十六歲藝術節」注入新觀念

　　在有關七夕的習俗中，台南市的七夕活動選擇以「做十六歲」為重點，但是這個傳統習俗卻以兩個模式呈現：一個是復古，強調「做十六歲」習俗是台南特有的民俗文化，因此鼓勵民眾重拾古風，在家裏或到廟裏舉行「做十六歲」的儀式，也讓一般民眾都能認識「成年禮」的意義；另一個方法是創新，把夏令營的觀念帶進來，舉辦「十六歲少年營」，以各種競賽與學習活動，促使十六歲的少年在「十六歲少年營」中，學習分工合作的團隊精神，讓他們發揮創意，表現青少年的活力。這兩種「做十六歲」活動的主題

精神是「感恩、獨立、擔當」。十六歲正好是由國中進入高中，即將告別童年與少年，而準備進入少年、青年的階段，對成長的孩子確實有特別的意義，因此這樣的營隊也就別具意義。

「藝術節」也是這個活動的另一個重點。節日本來就是人們休閒娛樂的時間，但如何在休閒娛樂當中提升藝術的氣息，就有賴於表演藝術。因此我們看到二○○四年台南的七夕活動是以「國際藝術節」為主題。二○○六年起，活動雖以「做十六歲」為主打活動，但還是邀請國內外的藝術團隊來表演，保持「藝術節」的風格。

（2）佈置七夕民俗文化館與展覽

台南孔廟為著名觀光景點，因此活動就以這一區當做重心，佈置一個「七夕民俗文化館」，展示與七夕「做十六歲」習俗有關的文物，包括福建泉州「做十六歲」的祭桌擺設，以及台南本地的祭桌擺設，以顯示閩南和台灣的風俗異同。這裏可以看到每種祭品都是七碗，跟七娘媽的七字有關聯。這些東西大部份是食物，如麻油雞酒、麵線、乾料（金針、香菇、木耳等）、龍眼乾、三色軟糖、四色粿、甜芋等，還有用品，如香花、香粉和香水、梳子和鏡子、剪刀和針線等，以及紙做的七娘媽亭，再加上外婆家送的禮物衣帽鞋子。

導覽員告訴我們，最特別的是「香餅」，那是台南本地的產婦在做月子時吃的點心。先用麻油、薑絲煎蛋，再把「香餅」弄破一個洞，然後把荷包蛋從那個洞放在香餅裏面，這樣就可以保溫，如果家人外出工作，產婦隨時都可以吃。

這個民俗館除了擺出祭桌展覽之外，在四周的牆壁上也掛了很多圖片說明，讓參觀者可以更了解七夕習俗的歷史。

（3）各寺廟「做十六歲」儀式和相關活動

我們可以這麼說，在農曆七月七日的這一周，「七夕」活動是整個台南市的重要活動，因此這時候的節日氣氛很濃厚。台南市有很多古老的寺廟，其中有幾座寺廟在這段時間都有「做十六歲」的儀式。例如我參觀了開隆宮，它建造於清代雍正十年，主祀七星娘娘，以「做十六歲」儀式而聞名。

在它的廟埕裏，還有一座木刻的「七娘媽亭」，可見這個儀式經常在這裏舉行，因此才不是以用完就燒掉的紙做的，而是用木做，雕刻得很精美，可以供更多人進行這個儀式。

在筆者參觀的那一天，正好有一對母子在那裏拜七娘媽，進行「做十六歲」的儀式。這個十六歲的男孩在媽媽的帶領下，先向七娘媽的神像拜拜，然後由廟方的管理人指導他如何進行儀式的步驟。管理人和她的媽媽把紙做的「七娘媽亭」舉高，然後這個男孩就從底下鑽過去，左邊三次，右邊三次，接着他們就把「七娘媽亭」和一些金紙、「七娘媽衣」拿到庭院的金爐去燒，所有的東西都燒完後，才表示儀式完成。

筆者訪問了這位媽媽，她告訴我，懷孕時不太順利，但因為拜七娘媽，所以孩子才平安生下來，並且平安長大。今年這個孩子正好是足歲滿十五歲，也就是虛歲十六，剛考完高中聯考，考得還不錯，符合他的志向，因此特地來拜七娘媽，也履行「做十六歲」的儀式，感謝七娘媽的保祐。

其他寺廟也有「做十六歲」的儀式活動，例如位於「五條港」的水仙宮，它的主神不是七娘媽，而是水神，但廟方說它是「做十六歲」習俗的起源地，到現在仍有為人舉行「做十六歲」的儀式。又如天后宮，它的主神是媽祖，但是也有舉行「做十六歲」的儀式。又如臨水夫人廟，它的主神是臨水夫人陳靖姑，但是也有舉行「做十六歲」的儀式。而祭拜關公的武廟，也說它有舉行「做十六歲」的儀式。

這些不同主神的寺廟，都說它有舉行「做十六歲」的儀式，但只有主祀七娘媽的「開隆宮」，在進行儀式時必須有「七娘媽亭」。這說明一個現象，「做十六歲」是個成年禮，但它似乎不專屬於某個神祇和寺廟，只有拜七娘媽、具備「七娘媽亭」的，才和七娘媽信仰有密切關係。可是有個問題仍然無法解釋，就是這些廟宇的「做十六歲」為何都集中在七夕這個時候，這是有待進一步研究的問題。

2.「2012 愛情城市七夕嘉年華」的活動內容與象徵精神之轉變

當社會大眾愈發以「情人節」來看待七夕時，台南以「成年禮」與「做

十六歲」作為七夕節日的主要精神，可說具有復古又創新的意義。然而到了二〇一二年的七夕活動，卻出現新的轉變。

二〇一二年，台南縣、市合併，升格為直轄市的台南市，所以活動範圍擴大，除市區之外，原屬台南縣的幾個鄉鎮也加入，並以「2012愛情城市七夕嘉年華」為活動主旨，展開一系列活動。筆者在這年的八月二十三日再度於七夕造訪台南，實地訪查活動的內容與氛圍。

（1）以「愛」為主題，打造「愛情城市」，並加強城市行銷

本年度主辦單位企圖以「愛」為主題，設計各種活動，希望藉此打造「愛情城市」的形象。而主打的標語「愛」，從網站、文宣到實地訪查，都可以看到主辦單位以紅色的心形標誌凸顯這個精神，製造「愛在哪裏」的視覺意象。根據主辦單位的說法，「愛」的內涵包括愛情人、愛城市和愛自己。「愛情人」以兩情相悅的愛情為訴求，「愛城市」以欣賞古蹟、發展城市藝術為重點，「愛自己」則是「做十六歲」成年禮的包裝，企圖藉此達到「從個人的愛，衍生家庭的愛，繁衍到整個城市的愛」。[30]

然而，這三類活動以活動數量和宣傳效應來說，還是「愛情人」的部分最為搶眼，除了與愛情有關的系列演講，還有「愛情電影月」，全美戲院、今日戲院、南門電影書院都在一整個八月播放愛情電影，並舉辦電影講座，被挑選的電影包括《海角七號》、《跳舞時代》、《羅馬假期》、《亂世佳人》等；此外，海安路被設計為「愛情大道」，沿路張貼愛情電影海報、情詩海報以及於八月二十六日晚上設置「情歌點播站」，可說琳瑯滿目。[31]

至於「愛城市」系列活動的訴求，更企圖讓民眾、遊客感覺台南是個有愛、充滿藝術氣氛的城市。同時，除了跟七夕結合營造浪漫氣氛，還強調回歸鄉土的感情，也就是推薦運用在地材料、開發具本地特色的創意店家聯合參展，把心形標誌放在商品或是商店的某處，讓訪客在尋找的過程中，認識更多具有創意的本地商店。如同新聞報道所寫：

> 「心在哪裏」特展活動，係以台灣第一條有計畫興建的歐風街道——民權路為主軸，自本市歷史核心區的中西區民權路東門圓環，一路連接

至安平的安北路，由東往西延伸出「一串心」。整個八月為時一個月的期間，藉由店家與藝術創作者的慧思巧手，或糕餅、或植栽、或壁飾、或裝置藝術、或渾然天成，經由民眾尋訪二十個藏「心」的創意店家，以集章與打卡方式，讓民眾在典雅的老建築裏，進行活潑的藝術創作與時興活動，穿梭在新舊交錯空間中，深入淺出地感受台南城市之愛以及兼具古典和新穎的藝術之美。[32]

很明顯的，這是推動文創產業、城市行銷的系列活動。這反映了一件事：在現代社會中，民俗活動不只是家族、鄉裏的年中行事，而是變成了觀光活動，是外地人到此旅遊的一項賣點，因此也必須和商業結合，才能帶動人潮，帶動錢潮，「拼觀光」、「拼經濟」。

（2）邀請月下老人共襄盛舉

這一次以「愛」為主題的活動，還請出了月下老人來加持。在「月老廟散步之旅」系列活動中，擇定八月十一日、八月十二日、八月十八日、八月十九日、八月二十三日，每一日之九時至十二時、十四時至十七時、十五時至十八時為「月老導覽」時間，帶領事先報名者參觀祀典大天后宮、祀典武廟、中和境北極殿、開隆宮，這些寺廟都有供奉月老，且各有特色。活動希望藉由導覽帶領民眾深入了解月老信仰，也可為自己祈求好姻緣。此外，在「月老廟月甜蜜」系列中，共邀得十家寺廟參與，也是廟中有奉祀月老者，包括台灣首廟天壇、大天后宮、祀典武廟、重慶寺、大觀音亭祀典興濟宮、鹿耳門天后宮、土城正統鹿耳門聖母廟、關廟山西宮、麻豆海埔池王府及開隆宮等，除了希望民眾可以前往遊覽、參拜，並特別設計「月老扭蛋」，及仿照扭蛋遊戲機的做法，把月老公仔裝入扭蛋機，依照扭轉出來的月老公仔衣服的顏色，預言將得到甚麼樣的愛情。[33]

由此可見，二〇一二年的台南七夕活動當中特別重視「愛情」的主題，甚至必須加上月老信仰，鼓勵民眾，特別是未婚男女遊覽月老祠，祈求紅線、姻緣袋等吉祥物，以獲得美好姻緣。這個系列雖沒有以「中國情人節」為訴求，卻把七夕當成情人節來發揮，並構想出到月老廟散步，祈求愛情的構思。

（3）在開隆宮和施姓宗祠舉辦「做十六歲」儀式

筆者在二〇一二年七夕當天，感受到台南市街上「做十六歲」的意味已經淡化，所幸主祀七娘媽的開隆宮仍維持以往的祭拜習俗，香火鼎盛。而官方則在施姓宗祠舉辦「做十六歲」儀式，由民眾攜帶年滿十六歲的子女自由報名參加，參加者施姓或外姓皆可。

開隆宮正殿的供桌上，擺設麻油雞、油飯、茶水、香菇金針木耳等素料、糕點等供品，也有梳子、鏡子、粉餅、香花、剪刀、針線等七娘媽專用供品，加上金紙、五色紙、七娘媽神禡。而若是要舉行「做十六歲」的青年人，長輩就會為他向廟方領取契狀，寫明姓名，連同供品向七娘媽祝禱，然後跟着金紙等一同焚燒。當中也有準備「七娘媽亭」的，在拜拜後一同燒掉。開隆宮正殿的右翼有一小亭，中間安置一座木雕的七娘媽亭，也有人在上香拜拜後，到這個小亭子，鑽過七娘媽亭，以男生繞左三圈，女生繞右三圈的方式，代表「出姐母間」，完成了「做十六歲」的儀式。

在開隆宮外面的馬路中山路上，則有主辦單位搭棚的活動區，算是官方的活動區，須事先報名才能到這裏行「做十六歲」之禮。參加者無論男女都穿上古代的狀元服，到供桌前祭拜後，再從特製的七娘媽亭鑽過，代表完成儀式。這時只見家長都忙着為兒女照相，捕捉鑽出亭腳的鏡頭。隨後，參加者又可以騎上主辦單位提供的馬兒，取「狀元遊街」之意，繞着活動區走一小段，一旁的家長又是忙着拍下照片。

施姓宗親會則在祠堂前庭擺設供桌，前段為宗親會統一安置的供品，後段則是參加者自備的供品。比較特別的是用甘蔗搭了一座拱門，一旁的人說是代表「有頭有尾」。典禮由市長擔任主祭者，行禮之後，台南市長發表簡單談話，然後是宗親會代表致詞。接着頒發成年禮紀念品，鑽七娘媽亭，完成儀式。過程中，家長不斷按下快門，捕捉活動片段與子女的身影。有趣的是，市長離去後，有興趣鑽七娘媽亭的人無論男女老少都排隊嘗試一下，年長者還彼此開玩笑，這是補過「做十六歲」，鑽一次可以減少十六歲。

事實上，「做十六歲」可以在自己家裏做，也可以到廟裏做。若依古代宗族制度，成年禮自然也可以在祠堂裏舉行，由宗族長輩主持；這次安排到

施姓宗祠舉行「做十六歲」，應也是參照此理。比較之下，在宗祠舉行雖然參與人數有限，但比在廟裏舉行較為溫馨，也較為清靜、莊重，不會有人群擁擠，市聲鼎沸的現象。

四、現代社會對傳統民俗的吸收和考驗

從台南近年的七夕活動來看，究竟是要主打情人節還是「做十六歲」，到了二〇一二年似乎有位移的現象。一九九七年的藝術節概念，是把七夕視為一般民俗節日，取其休閒的意味，因此想要用藝術節的模式，引導假期中休閒娛樂的氣氛。二〇〇六年抓住「做十六歲」為活動主軸，此後幾年的時間都是以此為亮點，試圖結合成年禮，形塑文化古都的民俗風情。但二〇一二年卻有極大的轉向，如愛情電影、月老廟散步等活動，共同聚焦的無疑是愛情，也就是以情人節的思考在經營這個節日文化。或許是因為「做十六歲」的活動已顯軟疲，所以改弦易轍，保持「做十六歲」，但突出「愛情城市」，開創一個新面向。這種做法是否穩操勝算，還要看未來幾年的表現。

無獨有偶的，二〇一二年七夕，新北市板橋林家花園也推出了月老出巡的民俗活動，並舉辦了未婚男女的聯誼會。[34] 而台北市的七夕活動，也和台北市大稻埕城隍廟的月老信仰連結，形成「七夕拜月老」的風氣。[35] 以月老和七夕民俗結合，可說是二十一世紀在台灣一個獨特的「被創造」的民俗。

以上述情形來看，七夕習俗變成情人節與成年禮並列，可以反映平民心理中對於美滿婚姻與宣告成年的需求。人們從牛郎織女的愛情故事裏，提煉出永恒有誠、恩愛不渝的愛情信念，所以分離者、單身者感到吾道不孤，就算分離孤單，也有那牛郎織女年年有信，年年相會；成雙者更看到相聚的可貴，並且祈願人間天上都是「有情人終成眷屬」。這就等同於成年禮的「做十六歲」，則在織女有情、慈愛的脈絡下，接受了「七娘媽」的信仰系統，讓孩童在女神、母神的保護下成長，宣告成年，並以感恩的心情，屨踐負責、獨立的精神。

然而所謂傳統民俗也必須面對現代社會的考驗。「中國情人節」被廣告

公司創造出來，當然有七夕牛郎織女的故事與習俗的基本因素，但後來能夠廣為接受，流傳開來，應是切合了現代人之所需。愛情成為大眾普遍關注的話題，也是現代社會疏離的人際關係下，人們內心深層的願望和渴求。而成年禮久已為人淡忘，加上現代人身心發育的狀況與古人大有不同，何時、何類活動或事件可以具有成年禮、通過儀式的意義，恐怕都已超出傳統的定義；若是源於台南五條港的「做十六歲」，便有慶祝成年以充當勞工、負擔家計的意義，其對成年年齡的概念不太適合現代社會。但筆者認為把「做十六歲」轉化為「青少年夏令營」的做法是可行的，虛歲十六，正是國中畢業、考高中的年紀，那個暑假也正是一個人生的轉變期，如果在暑假裏的七夕渡過「做十六歲」的儀式，對自我的成長也是一個不錯的經驗。至於情人節，祈求愛情與婚姻也是人之常情，只是切莫被商業宣傳牽着鼻子走，若金錢利益大過情感深度，反而不美。

從當代台灣七夕節日文化來看，古代七夕的乞巧習俗今已不存，連帶的乞巧會、女兒節等女性專屬的節日色彩也已淡化。現代社會從傳統中提煉出來的是情人節和「做十六歲」，跟原本的七夕習俗、牛郎織女故事、織女暨七娘媽信仰都有所關聯，再加上以藝術節、夏令營、音樂會等現代活動形式來包裝，似乎也提供了現代人休閒娛樂以及調劑身心的功能。但若說民俗節日中的信仰會逐漸弱化，似乎也不一定，因為在七夕抬出月下老人，也是要利用民眾對月下老人的信仰，加重情人節的氛圍，以此產生相輔相成的效果。因此，每逢七夕，「七夕拜月老」、「脫單」、「脫魯」，已成為網絡搜尋的熱門詞彙。進入二十一世紀的台灣，七夕習俗愈發創新，也留待後續的觀察和研究。[36]

注釋

1. 「做十六歲」是個成年禮，指的是原本孩童以七娘媽為「契母」（如同人間的乾媽），佩戴其香火袋（捾絭），受其庇佑；待其長到十六歲這年，代表他已成年，所以必須行「做十六歲」儀式，到七娘媽廟或在自家神案前，向七娘媽祝禱感恩之後，從架高的「七娘媽亭」鑽過去，代表「出婆姐間」（或做「出鳥母間」，婆姐、鳥母都是七娘媽的隨從），從此就是成年人。這個儀式具有「通過儀式」的意義。參見洪淑苓，《牛郎織女研究》（台北：學生書局，1988年），頁262-265。

2. 洪淑苓：《牛郎織女研究》（台北：學生書局，1988年）。

3. 《歲時習俗資料彙編》，第30冊（台北：藝文印書館，1970年），頁46-47。

4. 《歲時習俗資料彙編》，第2冊（台北：藝文印書館，1970年），頁448。

5. 洪淑苓：《牛郎織女研究》，頁45－46。

6. 以上詳參洪淑苓：「有關七夕風俗之考釋」，《牛郎織女研究》，第5章。

7. 筆者曾針對七夕習俗後續考察，撰寫〈織女信仰與女性民俗文化 —— 兼及七夕詩文的性別批評〉，文中整理明清方志中七夕習俗記載，發現七夕穿針乞巧，有演變為浮水投針，以針影的巧拙定出得巧與否；也有以取水洗面、染指甲花等女性專屬的活動。見《台大文史哲學報》，2001年，第54期，頁227-260。

8. 丁世良、趙放主編：《中國地方志民俗資料匯編》（北京：書目文獻社，1987－1995年）。

9. 何根海：〈「初七及下九 嬉戲莫相忘」的文化讀釋〉，《鵝湖月刊》，1999年，第25卷，第6期，頁27-31。

10. 洪淑苓：〈織女信仰與女性民俗文化 —— 兼及七夕詩文的性別批評〉，《台大文史哲學報》，2001年，第54期，頁227-260；亦收入洪淑苓，《民間文學的女性研究》，第4章（台北：里仁書局，2004年）。

11. 洪淑苓：〈織女信仰與女性民俗文化 —— 兼及七夕詩文的性別批評〉，《民間文學的女性研究》，頁207。

12. 以下三本台灣方志，皆使用中央研究院漢籍電子文獻台灣方志資料庫，http://hanji.sinica.edu.tw/，最後訪問日期：2013年1月15日。

13. 黃叔璥：《臺海使槎錄》（台北：台灣商務印書館影印，1983年）；《影印文淵閣四庫全書冊》，第592冊，頁891。

14. ［清］李維鈺原本、吳聯董曾纂、沈定均續修：《泉州府志》，《中國地方志集成（8）‧福建府志輯》，第22冊，第20卷（上海：上海書店複印，2000年）。

15. ［清］李維鈺原本、吳聯董曾纂、沈定均續修：《漳州府志》，《中國地方志集成（8）‧福建府志輯》，第29冊，第24卷（上海：上海書店複印，2000年）。

16. 在牛郎織女故事的流傳過程中，織女曾經被視為玉皇大帝或是王母娘娘的七個女兒中的第七個，因此也稱七仙女，而這個七仙女所結識的對象就是董永，他們兩人最後也被玉皇大帝（或王母娘娘）拆散，織女返回天宮，而董永則高中狀元，並娶尚書千金為妻。後來，織女送回董永的兒子。這個故事來自晉代干寶《搜神記》中「董永賣身葬父」的故事，但到了宋代話本小說《董永遇仙傳》就已經增加許多情節內容。「董永與七仙女」、「牛郎和

織女」似乎是兩個不同系統的傳說故事，但又因織（仙）女下凡而有一些混淆的情節，因此有的戲曲或民間故事，也會把董永故事的結局和牛郎織女分處銀河兩岸的結局結合在一起，變成牛郎的角色就是董永。參見洪淑苓，〈牛郎織女傳說主流 —— 董永故事〉，《牛郎織女研究》，第 3 章。

17　婁子匡：《台灣民俗源流》，第 64 冊（台北：東方書局複印，1970 年），頁 17–19。

18　在一般介紹民俗節慶的通俗書籍或網絡資料上，常可看到這種說法。這應是源於「七星」的聯想。但北斗七星的星神信斗宿，北斗星君有九宮，民間僅採七宮加以祭祀，稱為北斗七元君；此外，也有將北斗星君視為單一神體的「玄天上帝」，其說依據「北方之斗、牛、虛、危、室、壁七宿為玄武」的說法；另外，北斗七星中 —— 至四星的「斗魁」，民間亦祭祀，稱作「魁星爺」。見該書，〈拜請南北斗 —— 消災法會中的七星橋〉，頁 188-211。筆者認為，因為民間傳說七月七日也是魁星生日，因此，七星娘娘會不會是指斗魁、魁星爺的夫人呢？暫且存疑。

19　鄭道聰認為七夕拜娘媽、做十六歲的習俗，應在乾隆以後，而據泉州民間傳說，七娘媽是由織女神一分為七演變而來，這個說法也被帶到台灣了，因為台南開隆宮有嘉慶年間泉州人寫的一副對聯，內容就是這樣的意思。參見鍾琴，《台灣七夕習俗的母性結構研究》（上海：上海大學，法學碩士［民俗學］學位論文，2011 年），文末附錄的訪談，頁 75。但鍾文記載對聯是「散星機石金本一身化為七座」，文意不通，經查對，對聯文字應是「機石散星精本一身分為七座，開隆新寶殿合四民總無二心」，匾額亦書「德符七曜」與「寶婺齊輝」；可知民間傳說七娘媽已經分身為七個女神，而第七個就是指織女。

20　朱鋒：〈台南的七夕〉，《南台灣民俗》，北大民俗叢書，第 33 冊（台北：東方文化書局，1970 年），頁 101–102。

21　劉還月云，五條港的做十六歲禮的意義是，在十六歲之前只能領半薪，滿十六歲以後領全薪。見其《台灣的歲節祭祀》（台北：自立晚報社，1991 年），頁 94–95。

22　彭美玲：〈台俗「做十六歲」之淵源及其成因試探〉，《台大中文學報》，1995 年，第 11 期，頁 363–394。

23　前引劉還月云，「做十六歲」以新竹、台南兩地為盛。但筆者生長於台北，自幼家中及鄰居也有此習俗；朱鋒說由台南而風行全省，應該就是指隨着移民和開發，北部地方也有祭祀七娘媽和「做十六歲」的習俗。又，彭美玲前揭文亦指出，1950 至 1970 年代的基隆、台北、新竹、雲林、台南等縣市的方志，也都載明七夕有祭七娘媽和「做十六歲」的習俗

24　吳瀛濤：《台灣民俗》（台北：眾文圖書公司，1977 年），頁 18–19。但「經衣」一項，筆者以為是有誤的，中元節才焚燒經衣，七夕所燒的應是「七娘媽衣」或是五彩的色紙。

25　洪淑苓：〈小說戲曲中的節日情境與女性之關聯‧元宵愛情故事〉，《民間文學的女性研究》，第 5 章（台北：里仁書局，2004 年），頁 283–285。

26　〈一個行銷活動創造一個文化：中國情人節之父 —— 陳和協先生〉，「馬可汀的湖說」部落格，2010 年 8 月 12 日，http://blog.yam.com/yet_sen/article/30068715，最後訪問日期：2013 年 1 月 13 日。文中所說的報紙廣告、活動報道等，可參照民國 68 年（1979年）8 月 29 日《中國時報》第一版左欄廣告。

27　霍布斯邦（Hobsbawm, E. J. [Eric J.], 1917- ）等著，陳思仁等譯，《被發明的傳統》（台

北：猫頭鷹出版社，2002 年），頁 10-12。

28　筆者曾於 2007 年 8 月 13 至 16 日，應邀到山東沂源縣牛郎官莊考察當地織女洞、牛郎廟的文史古蹟，並參加山東大學民俗學研究所主辦之「首屆牛郎織女傳說學術研討會」，發表論文。此會因當地政府有意申報為牛郎織女的傳說發源地，故邀請各界學者前往勘查，並為文討論。後經中國民俗學會認定為牛郎織女傳說的故鄉。當地除文史古蹟古物外，也興建「牛郎織女博物館」，於每年七夕也都舉辦活動，並以情人節為主題。本章之初稿，即筆者當時所發表論文〈從節俗與婚俗看民俗審美的心理趨向〉，但今已大幅度修改，並增加本節「當代台灣七夕活動的創發與思考」。

29　主辦單位曾架設官方網站「2007 府城七夕十六歲藝術節」，http://2007tn16.tncity.tw/#top，但今已較難查詢，可參考吳幸樺，〈七夕做 16 歲 —— 府城藝術節生命禮俗展打頭陣〉，《自由時報》電子版，2007 年 8 月 7 日，https://ent.ltn.com.tw/news/paper/146003，最後訪問日期：2020 年 1 月 31 日。另可參考官方網站「2009 府城七夕十六歲藝術節」，http://tn162009.tncity.tw/，最後訪問日期：2020 年 1 月 31 日。

30　主辦單位曾架設官方網，「2012 愛情城市七夕嘉年華」，http://itainan.tnc.gov.tw/welcome/listPage/1，但今已較難查詢。另可參考洪志榮，〈七夕嘉年華 到府城感受浪漫〉，《中國時報》電子報，2012 年 8 月 7 日，https://www.chinatimes.com/newspapers/20120807000663-260107?chdtv，最後訪問日期：2020 年 1 月 31 日。

31　但以筆者當日到安海路走一趟的感覺，電影或是情詩海報並不是那麼明顯，可能因為道路甚長，而且被紅綠燈中斷，因此視覺效果不如預期。

32　〈「心在哪裏？ —— 心心相連在台南」〉，悠遊台灣網站，2012 年 8 月 12 日，http://uutw.com.tw/shownew.asp?id=16111&model=A&page=978，最後訪問日期：2020 年 1 月 31 日。

33　桃色代表甜蜜的愛，天藍色代表澄淨的愛，青綠色為青春的愛，白色則代表自由的愛，可供自由繪色。參考古秀美，〈2012 愛情城市七夕嘉年華系列活動～月老見證，「扭」出愛情〉，PChome 個人新聞台，2012 年 8 月 21 日，http://mypaper.pchome.com.tw/sweetcandy0606/post/1323163622，最後訪問日期：2020 年 1 月 31 日。

34　此活動由新北市文化局主辦，中華民俗藝術基金會承辦，將台北市霞海城隍廟的月老請到板橋林家花園出巡，後才返回城隍廟。城隍廟的月老祠夙負盛名，因此有此創舉。2012 年 8 月 11 至 12 日活動，參見林家花園官方網站，「林本源邸」，http://www.linfamily.tpc.gov.tw/html/linfamily/activity/activity01.jsp?nid=8597，最後訪問日期：2013 年 1 月 25 日。

35　筆者隨後曾就此現象撰文研究，參見洪淑苓，〈城市、創意與傳統節日文化 —— 台北、仙台的七夕活動觀察與比較〉，《文化遺產》，2016 年，第 1 期，廣州中山大學編印，頁 1-8。

36　本文根據筆者〈台灣七夕習俗與七娘媽信仰〉一文修訂、增補而成。原文參見洪淑苓：〈第五章〉，《台灣民間文學女性視角論》（台北：博揚文化出版公司，2013 年）。

第十七章│何昔再顯七夕 —— 以新加坡為例

新加坡國家檔案館口述歷史中心│賴素春

作為一個曾經由移民組成的社會，新加坡有許多文化習俗都是由移民從原屬國度帶來並建構而成的。目前，新加坡華人人口比例佔了全國人口74.3%，[1]新加坡的節慶可說大部份來自中國。從春節到冬至，一年到頭華人仍慶祝着各種各樣的華族傳統節慶。然而，隨着時代的發展、教育政策的改革、新加坡各種族的融合，某些傳統節日的慶祝習俗有了本土化的趨勢，也有些節日逐漸被人們所遺忘。七夕，就是一個逐漸被時代變遷淹沒的其中一個。

戰前二三十年代與戰後五六十年代是七夕慶祝的巔峰時期。但自七十年代後，七夕活動就逐漸消沒，近年甚至見不到商家如何像春節、元宵、中秋等節日般為七夕有關商品打廣告，這顯示七夕不受新加坡人重視。事實上，有許多年輕人並不知道七夕，新加坡也幾乎無人慶祝七夕了。

有關新加坡七夕慶祝的記錄甚少，新加坡宗鄉會館聯合總會於一九八九年出版的《華人禮俗節日手冊》[2]有簡要的介紹。七夕在新加坡多稱為乞巧節，也叫七姐誕，源自於膾炙人口的「牛郎織女」的故事。《華人禮俗節日手冊》將之形容為「中國傳統節日中最具浪漫色彩的節日」，慶祝時祭拜七姐，除了祈求智慧和巧藝，也祈求七姐賜下美滿姻緣。在二十世紀五六十年代，這個節日在牛車水（新加坡唐人街）曾有非常熱鬧的慶祝活動。

七夕乃每年農曆七月初七夜晚，天上的織女與牛郎通過鵲橋相會之時。因織女乃天上神仙，因此有了祭拜活動；由於傳說中織女手巧，因此七夕被賦予了「乞巧」的習俗；也因織女與牛郎悱惻纏綿的愛情故事，節日有了愛情為主題。

由於文字記錄匱乏，筆者主要參考了新加坡國家檔案館口述歷史中心的口述歷史訪談資料，從人們的集體記憶嘗試還原乞巧節在新加坡的慶祝方式、探討口述資料與《華人禮俗節日手冊》所書的相異之處。同時，也嘗試

分析導致七夕在新加坡沒落的因素。

一、新加坡獨立前的乞巧節

通過口述歷史資料，[3]可知在新加坡慶祝乞巧節的為婦女，多為廣東人，[4]來自東莞、鶴山、三水、順德、新會等地；其中又以單身婦女為主，佔了 80%。[5]在此說明一下，單身婦女不一定是未婚，早期的已婚婦女獨自過番生活的不在少數，下文將再敍述。

慶祝組織有七姐會、會館，也有個人形式。慶祝地點主要在牛車水。雖說多數口述歷史記錄都顯示乞巧節是廣東人才慶祝的，但張雪君[6]的訪談則表示潮州人也有拜七姐，吳銘[7]的訪談更有細說福建人如何慶祝乞巧節。由於非廣東人的記述稀少，且其中的慶祝儀式相似度高，本文不另行敍述。至於為何舉辦慶祝的以廣東人為主，概因廣東曾是中國絲業中心地區之一，有許多繅絲廠與紡織有關的工業，因此盛行祭拜織女，此習俗又被過番的廣東婦女帶到新加坡。

綜合口述歷史的錄音資料與參考中國傳統慶祝乞巧節的情況，新加坡的慶祝應該有所簡化，但主要的相似之處還是很明顯。新加坡獨立前的七夕慶祝活動基本如下：

1. 何人祭拜？何人慶祝？

先說說慶祝乞巧節的婦女。她們許多都是二十世紀二十年代過番的，當時中國鄉下貧苦，恰逢英國殖民地政府在一九二八年為調控新加坡男女比例，於三十年代針對經濟大蕭條限制男性到新加坡，導致新加坡出現許多新的女性移民，包括紅頭巾（來自三水和廣東四邑［台山、開平、恩平、新會］，擔任建築工人）、媽姐（來自順德，自梳女，為住家或妓館幫傭）等。她們當中有許多紅頭巾是不婚／脫婚族，媽姐則有很多是梳起不嫁的。這些婦女到新加坡後，多數與同鄉合租一個通房，擠在地板上或木架床上休息，而且往往會與同房、同屋組成七姐會。她們少則十來人一會，也有多達數十

人組成一個會，每月繳上大約一元的會費，在七夕時組織慶祝活動。另外也有些七姐會是由親朋戚友組成，選定在一個會員家裏慶祝。

會館的慶祝則以廣東的沙溪同鄉會為主，在恭錫街舉辦。除了有組織性的活動，也有個別婦女在自家家中祭拜，但往往只祭以簡單瓜果糕餅，祈求家庭和順爾。

除了上述人士與組織會主持祭拜慶祝，有更多人並非七姐的信徒，只以觀眾形式參與。他們包括不同籍貫人士和年齡層，男女皆有，甚至有非華族人士。這些人並不為崇拜天仙而祭拜七姐，他們只是觀眾，只為參觀祭品、觀看祭拜過程，簡單來說就是湊熱鬧的一群人。以往人們娛樂不多，七夕慶祝地點多集中在牛車水的幾條街上，人們參觀非常便利。加上慶祝儀式是公開免費的，又備有精緻可觀賞的祭品，乞巧節便成為了他們的娛樂活動。這也是為何在乞巧節祭拜七姐的主要是廣東婦女，但仍舊有一大群人支持，熱熱鬧鬧地成為重要節慶。

2. 何時慶祝？

訪談中多位受訪者都說祭拜是在七月初六，與更多受訪者的口述印證後，應該是初六晚開始祭拜，到初七淩晨完成。然而新加坡的祭拜活動也不一定全在七月初七左右舉行，各七姐會不時早於六月尾便開始準備。為了讓人參觀祭品，同時自己也可以參觀他人準備的祭品，祭拜活動有時會從初一開始，直到初七結束。規模大的七姐會和沙溪同鄉會則多在早一天就擺出祭品，但待得七月初七淩晨後才燒祭品，完成整個慶祝。

3. 何地慶祝？

據口述歷史資料，慶祝地點主要在牛車水的恭錫街、豆腐街、長泰街等。恭錫街在新加坡獨立前是會館與琵琶館林立之處，沙溪同鄉會的會員有許多順德媽姐，其會館便是恭錫街主要慶祝地點。據口述歷史資料，琵琶仔、阿姑（青樓女子，有指琵琶仔是不賣身的，但在新加坡有些也是賣身的）是不參與活動的，但會有老鴇祭拜。[8]沙溪同鄉會會將祭品擺放在會館二樓，連續開放幾日供人參觀。參觀人數最多時達一二百人，得排隊上

樓參觀。[9]

　　豆腐街則是三水婦女聚居處，長泰街就在隔鄰。這二處可推測是三水婦女慶祝乞巧節的主要地點。展示祭品供人參觀的是七姐會會員租用的通房。她們會暫時收起床架，擺上大桌、擺放祭品。當然牛車水的其他街道也有七姐會的慶祝活動，但數目沒有前面幾處那麼多。

4. 如何慶祝？

i. 拜七姐

　　七姐會會擺張大桌子，桌子上置水果、糕點、鮮花，並備香燭元寶等，而祭品的重點在七姐衣與七姐盆上。七姐衣有七套，因為織女有七個姐妹。衣服大小如實際人形般大，顏色鮮艷，多數是紙紮的，但也有富有的七姐用薄布做成真衣服。[10] 其中福建人的七姐衣是紙紮、小型的，與廣東的不同。[11]除了衣服，還配有鞋。鞋不是紙紮，多是七姐會會員自己做的小鞋子，絨布鞋面上繡兩隻鳳在鞋頭，鞋子僅三、四寸[12]大，與衣服不成比例，這可能源自古代纏足的習俗，將鞋子做成三寸金蓮。此外亦有一套給牛郎的男裝。

　　七姐盆是另一重點祭品。所有女性用得到的東西如：鏡子、梳子、水粉、手絹、牙刷、化妝品等都用紙紮做成，貼在盆裏。小盆直徑可以是半碼（約四十六公分），大的可達兩碼。七姐盆都會被掛起來，供人觀賞，祭拜後燒給七姐。

　　除了會被焚燒的祭品——七姐衣和七姐盆，另一不可缺的是七姐秧。這是事先種在小盆或碗裏的秧苗，得將盆擠得滿滿的，而且必須長得筆直而高的。其他供品如時令瓜果、糕點、鮮花、各色針線、元寶蠟燭等，則在數量、品種上都沒有規定，可以隨意。有些富裕的七姐會還會供奉燒豬，這在中國傳統乞巧節狀似是沒有這項貢品的，可能是受到其他節日如新加坡中元節的影響才加入的。在祭拜後，會員都可分食供品，並分得燒豬肉回家。

ii. 展示手藝

　　除了祭品，佔了大桌餘下大部份剩餘位置的是七姐會會員的手工藝品，都是些精緻小型的東西。例如李順森的訪談中就很詳細地形容七姐會會員

如何挖白土做成各種動物的小小模型，以白芝麻一粒粒地黏成惟妙惟肖的小動物。[13] 也有用谷、米、墨魚骨、各種顏色紙等砌成或以水果雕成景物、圖案、花草、章回小說《西廂記》、《水滸傳》等等裏頭的人物的手工藝品。此外更少不了繡品，手絹、枕頭套、鞋子、桌蓋等等可以展示繡工的成果。

5. 為何慶祝？

i. 乞巧

展示精巧的手工藝品、穿針比賽，是希望獲得七姐的垂青。由於崇拜七姐的心靈手巧，祭拜的主要原因之一便是請七姐賜予聰慧與靈巧的手。方焯佳在訪談中指出，祭拜者希望得到聰明、會做事、會針線活，並懂得「家務與家庭技術」。[14] 在新加坡拜祭七姐的婦女，多是職業女性，不論是建築行業的三水婦女或是當幫傭的順德婦女，乞求的都是手藝、生活技藝。

ii. 為求姻緣嗎？

中國傳統慶祝乞巧節，求姻緣似乎是一項重要慶祝原因，《華人禮俗節日手冊》也提到「求賜美滿姻緣」。可是，新加坡由於拜祭的七姐會會員背景關係，被問及這點的受訪者都指：「拜七姐，不是為了找人嫁或為了求姻緣。」[15] 他們展示手藝的目的純粹，不是為了吸引物件，只是展示自己的技藝。而男性也不會乘乞巧節的機會尋找對象，因七姐會的女性並非人選。謝愈君還說男性要找女伴，會到「世界」遊藝場去，而非在乞巧節的慶祝活動上。筆者認為文字資料屬於中國傳統，至於新加坡的真實情況，筆者幾乎全傾向採用口述歷史資料。

先從順德媽姐看，她們有一些是梳起不嫁的，乞巧時自然以取得技藝傍身為重，與乞求婚姻無關。至於紅頭巾三水婦女則相反，由於在家鄉不嫁將被娘家村裏的人看不起，很多女士都早早出嫁。即使有些未婚就過番的，家鄉長輩也會在鄉下安排婚姻，以「生雞（公雞）拜堂」完婚，所以絕大多數紅頭巾都是已婚婦女。這些已婚婦女有些是無法在夫家生活下去而出洋的，也有一些是為了掙脫自己不喜歡的男人或丈夫早逝、生活沒了依靠而不得不過番。不管出於甚麼原因離鄉背井，這些三水婦女過番後，仍舊為夫家、為

娘家任勞任怨，不會去找新姻緣，因此祭拜七姐的新加坡婦女，一是不婚者，一是因其他理由而不需要，所以都不會在乞巧節乞求姻緣。這是新加坡當地語系化的情況，與中國傳統不同。《手冊》裏的記錄，可能是根據傳統中國習俗，沒有考慮到新加坡的實際情況。

iii. 女子聚會與自我認同

在中國鄉下，乞巧節是婦女的一次聚會，在新加坡也是。為了慶祝乞巧節，婦女都早早準備自己要展現的工藝，一般會在晚上的休息時間做，慶祝當天更是一定會向僱主請假以出席聚會。有說乞巧節對她們而言，可能比春節更重要。以媽姐來說，春節時僱主家需要幫忙，可能無法休假。由於單身，春節也沒家人共聚，因此不放假也問題不大，但乞巧節則是她們一年一度能夠與同居姐妹聚會的日子，是她們高高興興玩樂吃喝的女子日。

通過展示自己的手藝與姐妹分享，也是她們自我認同的一個方式。舊時婦女社會地位低，沒有甚麼機會讓她們表現自己。通過乞巧節，她們可以證明自己有優秀技藝，得到社會的承認與讚許，進而認同自己、提升自我的信心。

iv. 單身女性的祈求、信仰

乞巧節雖是紀念牛郎織女的愛情傳說，當中真摯的愛情、美滿的家庭，是歷代以來民眾，特別是婦女對美好生活的期望與追求，可是在新加坡慶祝乞巧節的婦女，除了個別在家中祭拜七姐祈求家庭美滿者外，主要的是「不婚族」（自梳女）與「有婚但單身族」（三水婦女）。這些「單身」婦女的主要祈求都與謀生和個人自身有關，以祈求賜予智慧、技藝、國家平安為主。

宗教信仰方面，織女並非主神，牛郎更是凡人，因此乞巧節對拜祭者而言，未達到信仰層次。例如順德媽姐在新加坡主要拜的是觀音，其他廣東人也拜觀音、大伯公、菩薩、佛祖、媽祖、灶君等等。織女僅是在七夕祭拜，其他時候需要信仰支援時，都會另作它選。

三、新加坡獨立後乞巧節的沒落

1. 經濟角度的愈加弱化

　　新加坡在社會的現代化進程中，農業絕對不是主要的經濟產值。對於舊中國傳統農業社會因為男耕女織而祭拜牛郎織女的情況，在新加坡絕對無法成立，以往的乞巧節慶祝也不是基於祈望織女守護農業的緣由。

　　新加坡獨立後，政府迅速設定經濟改革方向，一九六五至一九八〇年間，主要採取勞工密集的經濟發展策略，使得幾乎所有鄉村土地都得給工廠、公路、商行、寫字樓讓位。城市化過程幾乎吞噬了所有鄉村，從經濟角度上更加弱化了乞巧節的慶祝。

2. 城市重建，慶祝據點的消失

　　牛車水一直是乞巧節主要的慶祝地點。然而新加坡獨立後不久，大力推行城市重建計畫，牛車水居住人群的搬遷、通房更換成商業用途等等，使得慶祝乞巧節的人群搬離慶祝據點到組屋新鎮。同時，在政府的種族和諧居住政策下，每個組屋區都有一定比例的華、巫、印各種族人家居住，廣東人散落獅島各組屋區內，不再有同一聚居地。人們搬遷到的組屋，屬於高樓，每個單位劃分成住房、客廳、廚房、洗手間，不同空間都有規定的用途與一定的阻隔，破壞了原本便於一起慶祝的生態，導致不適合舉辦乞巧節慶祝。

3. 教育的影響

　　新加坡女性的受教育機會在二十世紀七十年代家庭計畫運動「兩個就够了」展開後，就與男性等同。繡工、女紅、家事，不再是女性的必備技能，不再是女性最重要的自我期許。女性受教育的機會提高了，不再學習手藝，令許多乞巧的手藝失傳，想再復還已無能為力。現代女性可以讀書、工作，擁有獨立人格的角色，擁有多樣的發展，傳統的乞巧活動所蘊含的意義、祭拜慶祝的因由在現代人的生活中已格格不入、急劇減弱。

　　教育在某方面可以推動一些傳統節日，如提倡孝道的清明節、提倡愛國

的端午節。但乞巧節原本的意義，並不在國家教育要提倡的範疇以內。在國家、家庭教育中都忽視了乞巧節，自然也就漸漸為人所摒棄，鮮為年輕人所知了。

四、乞巧節在新時代難現過往盛況

隨着物質生活水準的提高，新加坡自上世紀八九十年代已開始關注到傳統文化正受着西方文化的侵蝕，着手在國民教育方面加強推廣自家的文化習俗。其中一例為新加坡宗鄉會館聯合總會於一九八九年出版的《華人禮俗節日手冊》，綜合了華族主要的傳統節日與習俗的簡介、來源與慶祝方式。該手冊在社會推行，讓年輕人認識傳統。但國民教育的推廣原則，基本取決於節日的功能是否符合國家教育目標。

在新加坡獲得推廣的節日，如突出家庭核心的春節、提倡孝道的清明節，又或推崇愛國情操的端午節，都包含重要的核心思想。然而到了乞巧節就尷尬了，乞巧節只是源自牛郎織女的傳説，推崇男耕女織在新加坡的經濟環境下不合適；若説是提倡家庭和美，牛郎織女卻是一年才見一次；至於突出愛情，《華人禮俗節日手冊》嘗試建議將乞巧節提升為華人的「情人節」，[16] 然而新加坡已有西方情人節，亦有元宵節為東方情人節，因此讓乞巧節成為另一情人節就顯得多餘了。因此，這一建議，一直未能真正推廣開來。

到了二十一世紀，據日本合田美穗博士在二〇〇一年的調查，新加坡大多數年輕華人都慶祝華族傳統中的重要節日 —— 春節；七成以上的人慶祝中秋節、六成以上的人慶祝或參與端午節、大約五成的年輕人參加中元節以及在清明節時去掃墓。不過，慶祝乞巧節的人數則不多。合田美穗認為「春節、端午節、中元節、中秋節以及冬至，因為有社會的推動力或吃某種傳統食物的習慣，人們慶祝和關心的程度比較高。」[17]

的確，乞巧節的慶祝目前在新加坡瀕臨絕跡，往往不見任何公共活動，私人的慶祝也鮮少聽説，已無法再現獨立前的熱鬧情景。

注釋

1　Population Trends 2018, https://www.singstat.gov.sg/-/media/files/publications/population/population2018.pdf, p. 5, 最後訪問日期：2019 年 10 月 29 日。

2　《華人禮俗節日手冊》（新加坡：新加坡宗鄉會館聯合總會，1989 年）。

3　資料整合自新加坡國家檔案館口述歷史中心訪談，見參考資料表。

4　Pang, C.L. (Ed.). (2016). *50 years of the Chinese community in Singapore* (p. 46). Singapore; New Jersey: World Scientific.

5　CHIA Yee Kwan（謝愈君）訪談

6　Teo Sok Koon（張雪君）訪談

7　Goh Beng（吳銘）訪談

8　LIEW Seng Hwa（廖醒華）訪談

9　CHIA Yee Kwan（謝愈君）訪談

10　LEE Soon Sum（李順森）訪談

11　Goh Beng（吳銘）訪談

12　LEE Soon Sum（李順森）訪談

13　LEE Soon Sum（李順森）訪談

14　FONG Chiok Kai（方焯佳）訪談

15　FONG Chiok Kai（方焯佳）、LEE Sum Mui（李三妹）、CHIA Yee Kwan（謝愈君）訪談

16　〈新加坡宗鄉會館聯合總會〉，https://www.sfcca.sg/qiqiao，最後訪問日期：2019 年 10 月 30 日。

17　〈日本學者調查顯示：本地多數華族年輕人慶傳統節日〉，新加坡《聯合早報》，2001 年 3 月 5 日。

參考資料：新加坡國家檔案館口述歷史訪談

1. FONG Chiok Kai（方焯佳）. Accession number 000185. Singapore: National Archives of Singapore. Oral History Centre, 1982, reel 17

2. LEONG Yin Yoke（梁燕玉）. Accession number 000505. Singapore: National Archives of Singapore. Oral History Centre, 1984, reel 01-02

3. LEE Sum Mui（李三妹）. Accession number 000627. Singapore: National Archives of Singapore. Oral History Centre, 1986, reel 05

4. LEONG Ah Hoe（梁亞好）. Accession number 000635. Singapore: National Archives of Singapore. Oral History Centre, 1986, reel 05

5. WONG Hon Sum（黃漢森）. Accession number 000639. Singapore: National Archives of Singapore. Oral History Centre, 1986, reel 01

6. WAN Ah Yong（溫亞茸）. Accession number 000684. Singapore: National Archives of Singapore. Oral History Centre, 1986, reel 04

7. TANG Maun Lee（鄧萬利）. Accession number 000834. Singapore: National Archives of Singapore. Oral History Centre, 1987, reel 01

8. LIEW Seng Hwa（廖醒華）. Accession number 000926. Singapore: National Archives of Singapore. Oral History Centre, 1988, reel 04

9. LEONG Chun Loong（梁鎮龍）. Accession number 001017. Singapore: National Archives of Singapore. Oral History Centre, 1989, reel 05

10. LEE Soon Sum（李順森）. Accession number 001096. Singapore: National Archives of Singapore. Oral History Centre, 1989, reel 09 and 15

11. GOH Beng（吳銘）. Accession number 001192. Singapore: National Archives of Singapore. Oral History Centre, 1990, reel 01-02

12. TEO Sok Koon（張雪君）. Accession number 001384. Singapore: National Archives of Singapore. Oral History Centre, 1992, reel 08

13. SEW Teng Kwok . Accession number 002209. Singapore: National Archives of Singapore. Oral History Centre, 1999, reel 22

14. LEE Oi Wah（李愛華）. Accession number 002217. Singapore: National Archives of Singapore. Oral History Centre, 1999, reel 07-08

15. FOONG Lai Kum（馮麗金）. Accession number 002226. Singapore: National Archives of Singapore. Oral History Centre, 1999, reel 02-03

16. PHOON Kim Seng（潘儉盛）. Accession number 002253. Singapore: National Archives of Singapore. Oral History Centre, 2000, reel 39

17. TAN Gake Koon（陳玉坤）. Accession number 002264. Singapore: National Archives of Singapore. Oral History Centre, 2000, reel 11

18. SONG Moh Ngai. Accession number 002304. Singapore: National Archives of Singapore. Oral History Centre, 2000, reel 22

19. CHEONG Swee Kee. Accession number 002315. Singapore: National Archives of Singapore. Oral History Centre, 2000, reel 08

20. CHIA Yee Kwan（謝愈君）. Accession number 002381. Singapore: National Archives of Singapore. Oral History Centre, 2000, reel 39-41

21. LAI Yuet Meng（黎月明）. Accession number 002389. Singapore: National Archives of Singapore. Oral History Centre, 2000, reel 06

22. WONG Oi Kum（黃愛金）. Accession number 002394. Singapore: National Archives of Singapore. Oral History Centre, 2000, reel 12

23. LEE Wai Moi（李慧妹）. Accession number 002398. Singapore: National Archives of Singapore. Oral History Centre, 2000, reel 07-08

24. WOO Choy Yin（胡彩燕）. Accession number 002402. Singapore: National Archives of Singapore. Oral History Centre, 2001, reel 05-06,16

25. WONG Chew Chung（黃潮聰）. Accession number 002398. Singapore: National Archives of Singapore. Oral History Centre, 2000, reel 17

26. YIT Shue Kee（葉樹基）. Accession number 002451. Singapore: National Archives of Singapore. Oral History Centre, 2000, reel 02

27. NG Pek Fong（吳碧芳）. Accession number 002454. Singapore: National Archives of Singapore. Oral History Centre, 2000, reel 11-12

28. LOH Sow Lan（羅秀蘭）. Accession number 002527. Singapore: National Archives of Singapore. Oral History Centre, 2001, reel 11

29. LEE Whai Chu（李慧珠. Accession number 002540. Singapore: National Archives of Singapore. Oral History Centre, 2001, reel 04

30. CHIN, William Fook Sang（錢福順）. Accession number 003676. Singapore: National Archives of Singapore. Oral History Centre, 2011, reel 01

31. CHAY, Abigail Sheng Ern（謝昇恩）, Abigail Chay（謝季）. Accession number 003782. Singapore: National Archives of Singapore. Oral History Centre, 2012, reel 39

第十八章｜中日兩國的七夕文化 [1]

新亞研究所／香港浸會大學歷史系｜周佳榮

　　七夕節是中國傳統節日之一，相傳在農曆七月初七那天的晚上，牛郎和織女渡天河相會，故事浪漫而感人。這個神話後來發展成為社會習俗起源，人們並且為節日賦予不同的意義和內容。

　　《詩經》之中有牽牛織女的篇章，將兩顆星擬人化為兩人墮入愛河，致織女織不出布，牛郎駕不出車，後世遂發展為二人一年一度相會的傳奇故事。西漢司馬遷撰《史記‧天宮書》說：「織女，天女孫也。」織女是仙女，後世說她是七仙女，尊為「七姐」，因此七夕節又叫做「七姐誕」

　　《淮南子》佚文謂「織女七夕當渡河，使鵲為橋」。有了一道鵲橋，織女就可以渡河與牛郎相會。東漢末年成詩的《古詩十九首》，就有一首歌詠牛郎織女故事，詩云：

> 迢迢牽牛星，皎皎河漢女。
> 纖纖擢素手，札札弄機杼。
> 終日不成章，泣涕零如雨。
> 河漢清且淺，相去復幾許。
> 盈盈一水間，脈脈不得語。

　　東漢班固等編撰的《漢書‧藝文志》說：「粵地，牽牛、婺女之分野也。」粵地亦作越，婺是古星名，即「女宿」，舊時應用作對婦人的頌辭。民間流行的七姐誕，便將美好願望與牛郎織女的傳說結合起來。到了晉代，雙星就成為人們心目中求福的神靈。三世紀時周處《風土記》說到，在七夕夜晚，人們擺設酒會於牛郎織女相會時祈求富貴或兒子。在乞富、乞壽、乞子之中，只能選擇一項，不能兼求。

　　後來七夕又變成「乞巧節」。民間風俗中，婦女向織女乞求智考，希望自己也有一雙善於女紅的巧手。大約六世紀中葉，南朝梁的宗懍撰寫了一本

《荊楚歲時記》，介紹中國南方荊楚地方每年行事，當中有以下記載：

> 七月七日，為牽牛織女聚會之夜。是夕，人家婦女結彩縷，穿七孔
> 針；或以金銀鍮石為針，陳瓜果於庭中乞巧。有喜子網於瓜上，則以為
> 符應。

「七孔針」是用黃銅製成的細針，婦女以五色細針對月迎風穿針，穿
進了便是「得巧」，於是七夕節就變成「女兒節」。如果供品上有蜘蛛巧
妙結網便是靈驗了。不過古代的乞巧，不獨在七夕，正月和八、九月都可
以乞巧。

無論如何，牛郎織女相會的主調是最感人的。唐代杜甫的《牽牛織
女》詩云：

> 牽牛在河西，織女處河東，
> 萬古永相望，七夕誰見同？

時至今日，七夕仍被很多人視為中國的情人節。

七夕的風俗傳入日本是在奈良時代（七一○一七八四年），很快就被日
本化，加入了「棚機傳說」，節日的儀式也與中國有些不同。據日本七一二
年成書的《古事記》所載，古代的日本農村裏，有一個巫女用紡織機紡織祭
祀的衣物，這個紡織機叫做「棚機」（tanabata），巫女就是「棚機津女」，
亦即「織女」的意思。七夕讀成 tanabata 即源於此。

每年到了七夕，日本人用彩色的長紙條（叫做「短冊」），寫下願望和
詩歌，掛在竹子上，祈求手藝精進，願望成真。日本人「乞巧」除了縫紉以
外，還包括書法、珠算等技藝。七夕當晚預備的「風向袋」，袋裏裝着供奉
給織女的織線，還有紙鶴以祈求長壽，包巾則寓意財運亨通。

當晚吃素麵，據說吃了不會生病，在雪白的掛麵上面，放些小星星、小
黃瓜、紅蘿蔔做點綴，樣子看來有如星空裏的銀河。人們參加「七夕祭」時

穿着傳統服飾載歌載舞，各地多有自己的特色，以愛知七夕祭最為有名。

　　一八七二年，即明治維新初年，日本改採太陽曆，自此很多傳統節日都改在新曆的相應時間舉行。例如慶祝新曆新年的情況與舊曆新年相若；端午節改在新曆五月五日舉行，變成男子節，祈祝男孩健康成長，前程似錦。有男生的人家會在戶外懸掛「鯉幟」，即用布做的鯉魚旗，並有吃年糕、粽子等習慣。

　　與男子節相應的，是新曆三月三日的女兒節，稱為「雛祭」或「桃花節」，家長在這天為女孩慶祝節日。關西一帶還有「流離」的習慣，將小人偶放入河中，隨水漂流，沖走惡運。其實這個節日亦源自中國，唐詩中就有這兩句：「三月三日天氣新，長安水邊多麗人。」指的就是女孩子在當天出外遊玩，可能後來觀念改了，強調女子三步不出閨門，三月三日的女兒節就流行不起來了。

　　日本的「七夕」改在新曆七月七日舉行。但當晚怎會看到牛郎織女星相會的情景呢？舉頭眺望，天上盡是星星，所以七夕又叫做「星之祭」，意即「星星的節日」；到了新曆八月十五日就是「月亮的節日」了。時至今日，日本有少數地方仍然沿用舊曆，稱為「舊七夕」。每逢到了七月，商店街就會懸掛星星之類的裝飾，持續一個半月，就可以新舊兼顧了。從七夕文化可以看到中日兩國風土習俗的淵源和異同。

注釋

1　本文有關中日七夕文化的研究，見丘慧瑩：《牛郎織女戲劇研究》（台北：國家出版社，2014 年）、鍾敬文：〈中國的天鵝處女型故事 —— 獻給西村真次和顧頡剛兩先生〉，《鍾敬文文集》（合肥：安徽教育出版社，2002 年），頁 581-619；畢雪飛：《日本七夕傳說研究》（北京：中國社會科學出版社，2013 年）；施東愛主編：《中國牛郎織女傳說·研究卷》（桂林：廣西師範大學出版社，2008 年）一書。

責任編輯 白靜薇
裝幀設計 黃希欣
排　　版 肖　霞
印　　務 劉漢舉

潘志賢　葉映均　區志堅 主編

節慶與傳播 七夕文化

出版

中華書局（香港）有限公司
香港北角英皇道四九九號北角工業大廈一樓B
電話：（852）2137 2338
傳真：（852）2713 8202
電子郵件：info@chunghwabook.com.hk
網址：http://www.chunghwabook.com.hk

發行

香港聯合書刊物流有限公司
香港新界大埔汀麗路三十六號
中華商務印刷大廈三字樓
電話：（852）2150 2100
傳真：（852）2407 3062
電子郵件：info@suplogistics.com.hk

印刷

美雅印刷製本有限公司
香港觀塘榮業街六號海濱工業大廈四樓A室

版次

2020年8月初版
©2020中華書局（香港）有限公司

規格

16開（230mm×170mm）

ISBN

978-988-8676-17-0